普通高等教育"十一五"国家级规划教材配套教材
普通高等教育应用型本科"十三五"教材

汽车构造与原理 第4版

（中册 底盘 车身）

丛 书 主 编 蔡兴旺
丛书副主编 王海林 刘仁鑫 吴伟斌
本 书 主 编 刘仁鑫 蔡兴旺
本书副主编 廖一峰 李 锦
本 书 参 编 龙江启 谢锐波

机械工业出版社

本丛书将汽车的构造与原理有机融合，以乘用车为主，全面地介绍了现代汽车的结构、工作原理、拆装、日常使用维护与主要检查调整等内容，突出了现代汽车电子控制技术（如 EFI、VTEC、DLI、SVC、VCM、ECD、FSI、ISC、CAN、CISS、AT、ABS、EBD、ESP、ASR、ETS、EDS、SRS、CCS、SSS、GPS、TCS、TPMS、BSG、RFID 等）及新一代高压共轨电控柴油机、直喷汽油机、电动汽车和燃气汽车等新车型，可变气缸控制、车辆动态集成控制、车载网络 CAN、智能启动系统等新结构、新技术的介绍。

本丛书包括《汽车构造与原理 上册 发动机》《汽车构造与原理 中册 底盘 车身》《汽车构造与原理 下册 电气设备 新能源汽车》和《汽车构造与原理 实训》配套实训教材，可作为普通高等院校应用型本科汽车类各专业的专业基础或专业教材，也可以作为高职高专、成教、职大及汽车培训机构的参考教材。

本书为中册，内容包括汽车传动系统，汽车行驶系统，汽车转向系统，汽车制动系统，车身壳体及车门、车窗，汽车座椅及安全防护装置，专用汽车车身及改装。

本丛书附带教师参考资料，内含 PPT、视频资料、图库和习题解答，生动、形象地展示了现代汽车各总成与零部件的构造、工作原理、拆装与部分检查调整，可极大地方便教师备课、授课和学生课外学习。

图书在版编目（CIP）数据

汽车构造与原理. 中册，底盘、车身/刘仁鑫，蔡兴旺主编. —4 版. —北京：机械工业出版社，2018.10（2023.6 重印）
普通高等教育"十一五"国家级规划教材配套教材
普通高等教育应用型本科"十三五"教材
ISBN 978-7-111-61498-2

Ⅰ.①汽… Ⅱ.①刘…②蔡… Ⅲ.①汽车-构造-高等学校-教材②汽车-底盘-高等学校-教材③汽车-车体-高等学校-教材 Ⅳ.①U463

中国版本图书馆 CIP 数据核字（2018）第 267830 号

机械工业出版社（北京市百万庄大街 22 号　邮政编码 100037）
策划编辑：葛晓慧　　　　　责任编辑：葛晓慧
责任校对：李锦莉　刘丽华　封面设计：陈　沛
责任印制：郜　敏
北京富资园科技发展有限公司印刷
2023 年 6 月第 4 版·第 6 次印刷
184mm×260mm·13 印张·317 千字
标准书号：ISBN 978-7-111-61498-2
定价：43.00 元

电话服务　　　　　　　　网络服务
客服电话：010-88361066　　机　工　官　网：www.cmpbook.com
　　　　　010-88379833　　机　工　官　博：weibo.com/cmp1952
　　　　　010-68326294　　金　书　网：www.golden-book.com
封底无防伪标均为盗版　　机工教育服务网：www.cmpedu.com

汽车常用缩略语

ABS——防抱死制动系统
A/F——空燃比
ASR——驱动防滑
AT——自动变速器
BLIS——盲点信息系统
BSG——传动带驱动起动/发电一体机
CA——曲轴转角（°）
CAN——控制器局域网
CCS——电子巡航系统
CISS——集成性安全核心系统
CNGV——压缩天然气汽车
CO——一氧化碳
DIS——无分电器点火系统
DLI——无分电器电子点火
DOD——可变排量技术
DOHC——双顶置凸轮轴
DSC——动态稳定控制系统
EBD——电子控制制动力分配系统
ECD——电控柴油机
ECU——电控单元
EDS——电子差速锁
EFI——电控燃油喷射
EGR——废气再循环
EI——电子点火
ESC——汽车电子稳定控制
ESP——电子稳定程序
ETS——电子驱动力调节系统
EV——电动汽车
FCEV——燃料电池电动汽车

FSI——燃料分层喷射
GDI——汽油机缸内直接喷射
GPS——全球卫星定位系统
HC——碳氢化合物
HCCI——均质充量压缩点燃
HEV——混合动力电动汽车
ISC——怠速控制
KS——爆燃传感器
LPGV——液化石油气汽车
MCE——多循环发动机
MPI——多点汽油喷射
NO_X——氮氧化物
OBD-Ⅱ——第二代车载自诊断系统
RFID——无线射频识别
SOHC——单顶置凸轮轴
SPI——单点汽油喷射系统
SRS——辅助约束系统（安全气囊）
SSS——速度感应式转向系统
SVC——可变压缩比
TCS——牵引力控制系统
TPMS——轮胎压力监测系统
VCM——可变气缸控制发动机
VIN——车辆识别码
VSA——汽车稳定性辅助
VSC——汽车稳定性控制
VTEC——可变正时和气门升程电控装置
VVT——可变相位
VDIM——车辆动态集成控制
4WD——4轮驱动

前　言

由机械工业出版社出版，蔡兴旺、王海林、刘仁鑫、吴伟斌等教授主编的《汽车构造与原理》（上、中、下册）和《汽车构造与原理实训》教材从 2004 年出版到现在，均已修订 2 次，连续印刷 20 余次，受到全国广大师生认可和好评，其中《汽车构造与原理实训》《汽车构造与原理上册》被教育部评为普通高等教育"十一五"国家级规划教材，《汽车构造与原理 实训》还被评为国家精品教材和"十二五"规划教材。

近年来，随着汽车专业教学改革不断深入，大量本科院校转型应用型本科，着力加强技术技能的培养，加上汽车新技术和新结构不断涌现，为了适应新形势下汽车相关专业教学改革需要，对原教材进行第 3 次改版，形成了本套丛书。

本丛书将汽车的构造与原理有机融合，以乘用车为主，全面地介绍了现代汽车的结构、工作原理、拆装、日常使用维护与主要检查调整等内容，突出了现代汽车电子控制技术等新结构、新技术的介绍。本丛书编写突出以下主要理念：

1）以社会需求为目标，技术应用能力为主线，着力提高学生实践技能、应用水平、创新能力和综合素质。

2）以学生学习为主体，老师教学为主导。

3）理论与实践紧密结合，汽车结构、原理与实践有机融合。

4）精简内容，及时补充学科、行业的新标准、新知识、新技术和新成果。

5）按照学生认识规律，进行教材设计，由感性至理性。实用性、实践性、科学性、先进性、思想性、趣味性和人文交融性相结合。

6）风格新颖、活泼、通俗、精练，多采用图表；配套教师参考资料，方便教学和学生自学。

本丛书可作为普通高等院校应用型本科汽车类各专业的专业基础教材或专业教材，也可以作为高职高专、成教、职大及汽车培训机构的参考教材。

本丛书分为《汽车构造与原理上册 发动机》《汽车构造与原理中册 底盘 车身》《汽车构造与原理下册 电气设备 新能源汽车》3 册共 29 章以及《汽车构造与原理实训》配套实训教材，由蔡兴旺教授担任丛书主编，王海林、刘仁鑫、吴伟斌 3 位教授担任丛书副主编。

本丛书的《汽车构造与原理上册 发动机》由王海林教授和蔡兴旺教授担任主编，王斌、余志兵担任副主编。编写分工为：王海林编写第 4 章；蔡兴旺编写总论，第 1、2、5 章；王斌编写第 3 章；余志兵编写第 6 章；李晓珍编写第 7 章；黄大星编写第 10 章；张毅编写第 8、9 章。

本丛书的《汽车构造与原理中册 底盘 车身》由刘仁鑫教授和蔡兴旺教授担任主编，廖一峰、李锦担任副主编。编写分工为：刘仁鑫编写第 11 章的 11.2 ~ 11.5 节，蔡兴旺编写第 14 章，廖一峰编写第 12 章，李锦编写第 13 章，龙江启编写第 15、16、17 章，谢锐波编写第 11 章的 11.1、11.6、11.7。

本丛书的《汽车构造与原理下册 电气设备 新能源汽车》由吴伟斌教授和蔡兴旺教授担

任主编，王斌担任副主编。编写分工为：吴伟斌编写第22、23、24章；蔡兴旺编写第19、21、25、27、28、29章；王斌编写第18章；李晓珍编写第20章；黄大星编写第26章。

本丛书的《汽车构造与原理 实训》由蔡兴旺教授担任主编，王海林、刘仁鑫、吴伟斌3位教授担任副主编。编写分工为：蔡兴旺编写总论，第1、2、5、14、19、21、25、27、28、29章；王海林编写第4章；刘仁鑫编写第11章的11.2~11.5；吴伟斌编写第22~24章；王斌编写第3、18章；余志兵编写第6章；廖一峰编写第12章；李锦编写第13章；李晓珍编写第7、20章；龙江启编写第15、16、17章；张毅编写第8、9章；黄大星编写第10、26章；谢锐波编写第11章的11.1、11.6、11.7。

本丛书附带教师参考资料，内含PPT、视频资料、图库和习题解答，生动、形象地展示了现代汽车各总成与零部件的构造、工作原理、拆装与部分检查调整，可极大地方便教师备课、授课和学生课外学习。

本书编写及课件制作过程中，得到广东省教育厅、广州汽车工业集团、机械工业出版社、清华大学、华南理工大学、华南农业大学、江西农业大学、韶关学院、温州大学、顺德东升汽车修理厂等单位和个人的大力支持与帮助，在此深表感谢。本书引用了国内外一些工厂、研究所、大专院校的产品图样和试验研究资料，引用了百度、搜狐和优酷等网站的资料，在此谨致深切的谢意。

本书涉及面广，编者才疏学浅，疏忽谬误之处在所难免，敬请同行专家和广大读者批评指正。

《汽车构造与原理》编写组

目 录

第二篇　汽　车　底　盘

第三篇　汽　车　车　身

第二篇　汽车底盘

　　汽车底盘是整个汽车的基体，支承着发动机、车身等各种零部件，同时将发动机的动力进行传递和分配，并按驾驶人的意志行驶（加速、减速、转向和制动等）。它一般由传动系统、行驶系统、转向系统和制动系统四大系统组成，如图 Z-1 所示。

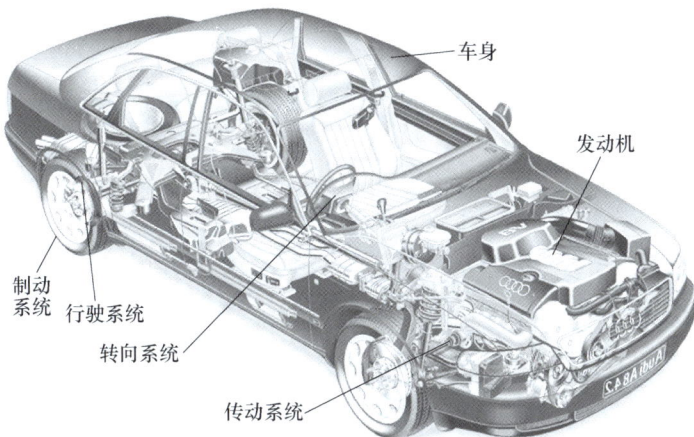

图 Z-1　汽车底盘的组成

　　汽车传动系统的作用是将发动机发出的动力传给驱动车轮，并实现减速增矩等功能。传动系统包括离合器、变速器、万向传动装置（包括传动轴、万向节）和驱动桥（包括主减速器、差速器以及半轴等），如图 Z-2 所示。

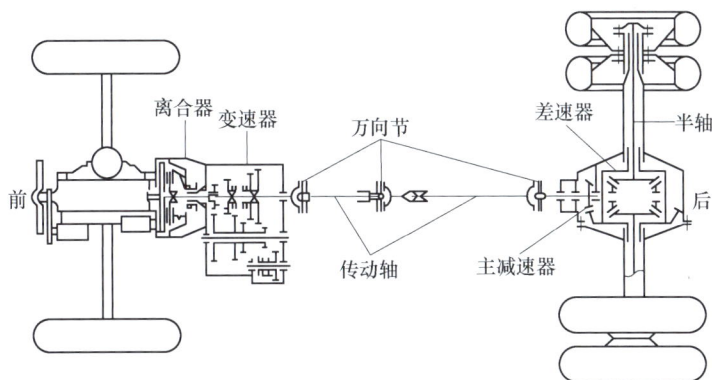

图 Z-2　汽车传动系统的组成

第 ⑪ 章

汽车传动系统

内容架构

```
            第 11 章  汽车传动系统
    ┌──────────┬──────────┬──────────┬──────────┐
11.1 汽车离合器   11.3 液力机械传动自   11.5 CVT 的结构   11.7 汽车驱动桥
的结构与工       动变速器的结构      与工作原理      的结构与工
作原理          与工作原理                       作原理

        11.2 汽车手动变      11.4 双离合变速器    11.6 汽车万向传动
        速器的结构          的结构与工作        装置的结构与
        与工作原理          原理               工作原理
```

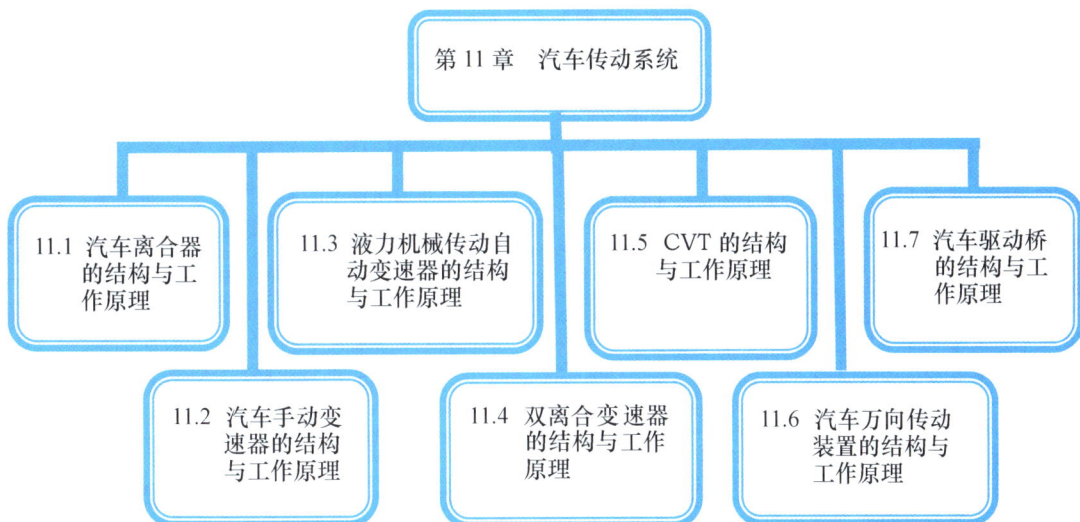

教学目标要求、重点与难点

序号	教学目标要求	教学重点	教学难点
1	掌握离合器的作用、结构与工作原理	✓	
2	掌握手动变速器的结构与工作原理	✓	
3	掌握液力机械传动自动变速器的结构与工作原理	✓	✓
4	掌握双离合自动变速器的结构与工作原理	✓	✓
5	掌握 CVT 的结构与工作原理	✓	✓
6	掌握万向传动装置的分类、结构与工作原理	✓	
7	理解十字轴万向节的不等速原理		✓
8	掌握驱动桥的结构与工作原理	✓	
11	理解差速器的分类、结构与工作原理		✓
12	理解四轮驱动的分类、系统组成、结构与工作原理		
13	能够识别汽车传动系统各总成与零部件	✓	

11.1　汽车离合器的结构与工作原理

11.1.1　汽车离合器概述

1. 离合器的主要功用

离合器安装于发动机与变速器之间，用于暂时分离和平顺接合发动机的动力传递，以利于汽车平稳起步和平顺换档，还可以防止传动系统过载。

2. 离合器的基本组成与工作原理

以摩擦式单离合器为例，其结构如图 11-1 所示，主要由主动部分（飞轮）、从动部分（摩擦盘）、压紧机构（膜片弹簧）和操纵机构（分离套筒、操纵杆）四部分组成。

当离合器踏板处于自由状态时，摩擦盘在膜片弹簧的作用下压紧在飞轮端面。当发动机工作时，飞轮旋转，靠离合器摩擦盘与飞轮端面之间的摩擦力将动力传给变速器。

踩下离合器踏板时，通过操纵杆使分离轴承克服膜片弹簧作用力右移，带动压盘右移，使摩擦盘与飞轮端面出现间隙，切断发动机动力的传递。

当汽车起步时，先踩下离合器踏板，切断发动机动力，挂上档后，再缓慢松开离合器踏板，摩擦盘逐渐与飞轮端面接触压紧，将动力由小到大传到变速器，使汽车平稳起步。

图 11-1　离合器基本结构

当汽车紧急制动时，传动系统将产生很大的惯性力矩，并作用在离合器摩擦盘上，超出摩擦盘所能传递的最大转矩，则摩擦盘打滑，避免了传动系统与发动机产生扭转，保护了机件。

3. 离合器的类型

目前汽车上采用的离合器基本上都是摩擦式离合器，按从动盘的数目，可以分为单片离合器和双片离合器。轿车、客车和部分中、小型货车多采用单片离合器；双片离合器由于增加了一片从动盘，比单片离合器所能传递的转矩增大了一倍，多用于重型车辆上。

摩擦式离合器按操纵机构的不同，可分为机械式（杆式和绳式）、液压式、气压式和空气助力式等。

摩擦式离合器按压紧弹簧的形式，可以分为周布弹簧离合器、中央弹簧离合器和膜片弹簧离合器。周布弹簧离合器和中央弹簧离合器采用螺旋弹簧，分别沿压盘的圆周和中央布置；膜片弹簧离合器采用膜片弹簧，目前应用最广泛。

11.1.2　摩擦式离合器的结构与工作原理

图 11-2 所示为桑塔纳 2000GSi 汽车摩擦式离合器，主要由主动部分、从动部分、压紧装置和操纵机构四部分组成。（离合器的拆装与结构认识参见《汽车构造与原理 实训》教

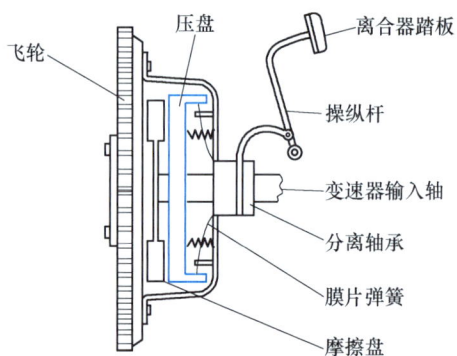

材及其光盘的项目 11.1）

1. 主动部分

主动部分包括飞轮、离合器盖和压盘等。在离合器分离和接合过程中，压盘可沿轴线做平行移动。

2. 从动部分

从动部分主要由从动盘组件（简称从动盘）组成。从动盘有带扭转减振器与不带扭转减振器两种结构形式。

不带扭转减振器的从动盘（图 11-3）的从动盘钢片直接铆接在从动盘毂上。为了提高接合的柔和性，在从动盘钢片与摩擦片之间加铆波浪形弹性钢片，使从动盘具有一定的轴向弹性。为了获得足够的摩擦力矩，在从动盘钢片上铆接前、后两片摩擦片，它通常用石棉合成物制成，具有较大的摩擦因数，良好的耐磨性、耐热性和适当的弹性。这种从动盘结构简单，重量较轻，多用在双片离合器中。

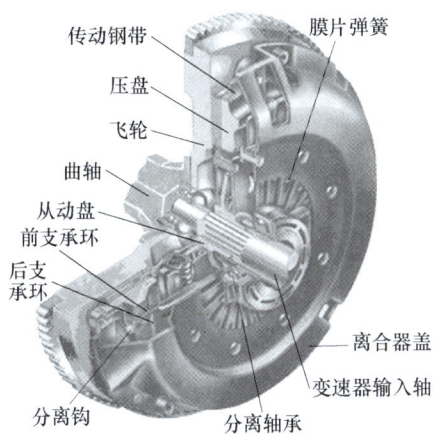

图 11-2　桑塔纳 2000GSi 汽车摩擦式离合器

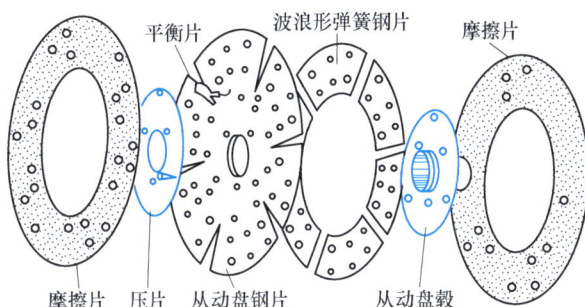

图 11-3　不带扭转减振器的从动盘

由于发动机传到汽车传动系统中的转矩周期性变化，使得传动系统中产生扭转振动。如果这一振动的频率与传动系统的某一固有频率重合，将发生共振和产生噪声，这对传动系统零件的使用寿命有很大影响。此外，当在不分离离合器的情况下进行紧急制动或猛烈接合离合器时，瞬间将给传动系统造成很大的冲击载荷。为了减少共振和冲击载荷，现大多数汽车在离合器从动盘中安装有扭转减振器（图 11-4）。它由减振器盘、减振器弹簧、碟形垫圈、摩擦板和摩擦垫圈组成。从动盘本体与从动盘毂之间通过减振器传递转矩。其动力传递路线如图 11-5 所示。

3. 压紧装置

压紧装置有螺旋弹簧压紧装置和膜片弹簧压紧装置两种。

（1）螺旋弹簧压紧装置　图 11-6 所示为螺旋弹簧压紧装置，由多个沿圆周分布的螺旋压紧弹簧组成。其优点是分离杠杆刚性好，分离力相对较小，缺点是由于发动机的转速不断提高，螺旋弹簧在高转速离心力的作用下，总成压紧力显著降低，压紧弹簧易歪斜、磨损。目前国内在中、重型货车上仍在广泛应用。

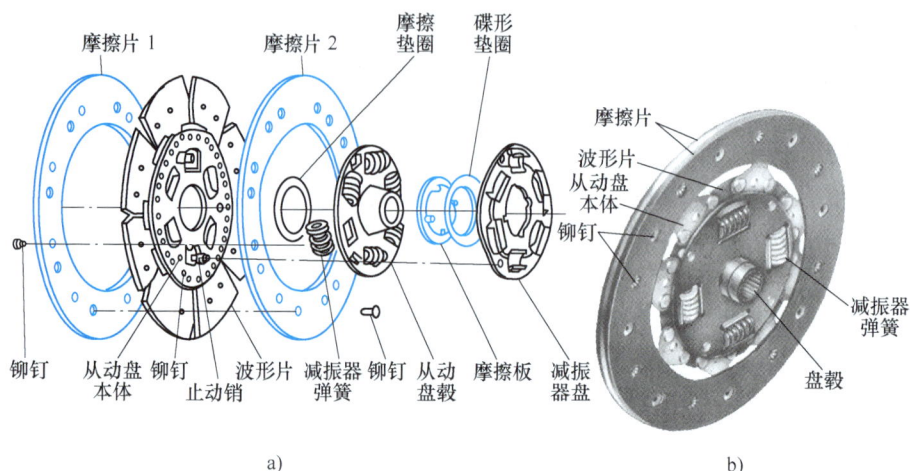

摩擦片1　　摩擦片2　　摩擦垫圈　　碟形垫圈

摩擦片
波形片
从动盘本体
铆钉
减振器弹簧
盘毂

铆钉　从动盘本体　铆钉　止动销　波形片　减振器弹簧　铆钉　从动盘毂　摩擦板　减振器盘

a)　　　　　　　　　　　　b)

图11-4　带扭转减振器的离合器从动盘

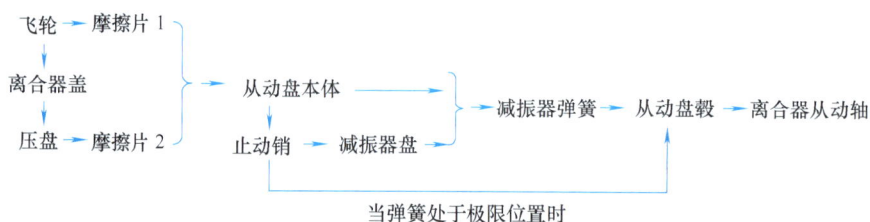

图11-5　离合器动力传递路线

（2）膜片弹簧压紧装置　图11-7所示为奥迪100型轿车的膜片弹簧离合器。其结构特点是压紧弹簧是用薄弹簧钢板制成的带有锥度的膜片弹簧，其靠中心部分开有18条径向切口，末端接近外缘处加工呈圆孔，形成18根弹性杠杆。支承铆钉穿过膜片弹簧末端圆孔铆在离合器盖上。膜片弹簧外缘抵靠在压盘的环形凸起上。膜片弹簧两侧有钢丝支承环作为膜片弹簧的支点。转矩通过传动片、离合器盖传至压盘。

膜片弹簧离合器的工作原理如图11-8所示。当离合器盖未固定在飞轮上时，膜片弹簧不受力，处于自由状态。飞轮与离合器盖端面之间有一个距离 l（图11-8a）。当用螺钉将离合器盖紧固在飞轮上时，离合器盖靠向飞轮，消除距离 l，后钢丝支承环压紧膜片弹簧使之发生弹性变形（锥角变小）；同时，膜片弹簧外端对压盘产生压紧力，使离合器处于接合状态（图11-8b）。当分离离合器时（图11-8c），分离轴承左移，膜片弹簧被压在前钢丝支承环上，其径向截面以支承环为支点转动（膜片弹簧呈反锥形），于是膜片弹簧外端后移，并通过分离钩带动压盘后移使离合器分离。可见，膜片弹簧起到压紧弹簧和分离杠杆的双重作用。

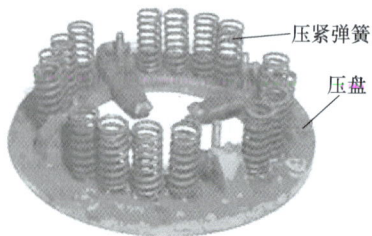

图11-6　螺旋弹簧压紧装置

膜片弹簧的优点：由于膜片弹簧具有非线性特性，因此当摩擦片磨损后，弹簧压力可以基本保持不衰退；膜片弹簧的安装位置与离合器轴的中心线是对称的，因此其压紧力受离心

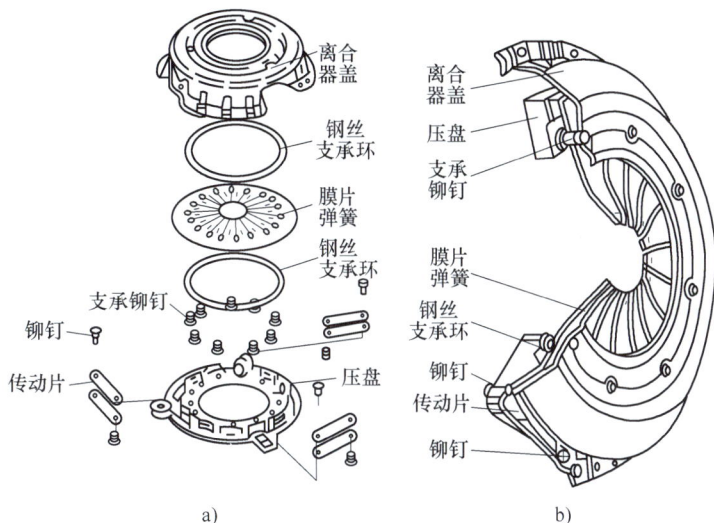

图 11-7 奥迪 100 型轿车的膜片弹簧离合器

a) 分解图 b) 组装图

力的影响较小，性能稳定、平衡性也好；膜片本身兼起压紧弹簧和分离杠杆的作用，离合器的结构大为简化，零件数目减少，重量减轻并显著缩短了其轴向尺寸；弹簧压力分布均匀，摩擦片的接触良好、磨损均匀。缺点是对材质要求高，对加工尺寸、精度要求高，制造工艺复杂，只适合大批量生产；无法修复与补偿，因膜片弹簧本身兼杠杆的作用，故零件损坏后不能返修，只能更换总成。

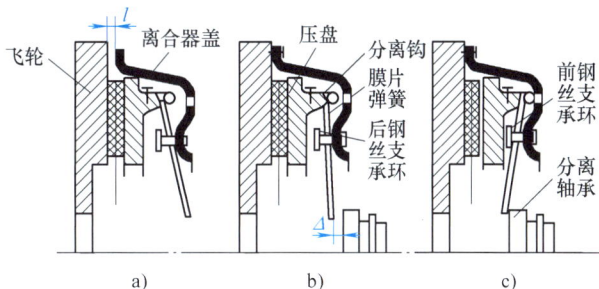

图 11-8 膜片弹簧离合器的工作原理

a) 安装前位置 b) 接合状态 c) 分离位置

膜片弹簧离合器的分离轴承与膜片弹簧小端同样必须有一定的分离间隙 Δ，其间隙的调整是通过调整分离轴承回位时的轴向位置实现的。

4. 离合器操纵机构

离合器操纵机构是驾驶人借以使离合器分离和接合的一套机构。它起始于离合器踏板，终止于飞轮壳内的分离轴承。按照分离离合器操纵能源的不同，操纵机构分为人力式和助力式两类。人力式按所用传动媒介的不同分为机械式和液压式两种。

（1）机械式操纵机构 机械式操纵机构有杆式传动和绳索式传动两种。杆式传动操纵机构由一组杆系组成（图 11-9），

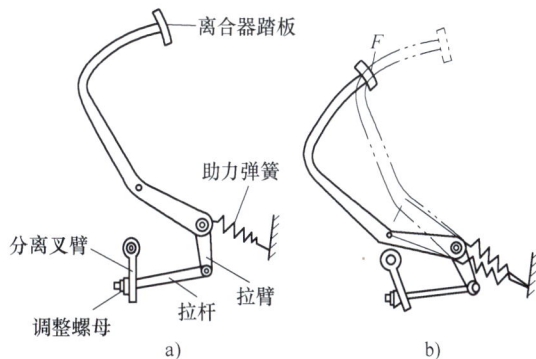

图 11-9 离合器杆式传动操纵机构

当踩下离合器踏板时，通过拉臂拉动拉杆、分离叉臂，使离合器分离轴承移动，离合器分离。

绳索式操纵机构以绳索代替上述杆件，柔性更好。

（2）液压式操纵机构 液压式操纵机构以油液作为传力介质，结构如图11-10所示。主缸构造如图11-11所示。主缸体借补偿孔、进油孔通过低压油管与储液罐相通。主缸体内装有活塞，活塞中部较细，使活塞右方的主缸内腔形成油室。活塞两端装有皮碗。活塞左端中部装有止回阀，经小孔与活塞右方主缸内腔的油室相通。当离合器踏板处于初始位置时，活塞左端皮碗位于补偿孔与进油孔之间，两孔均开放。

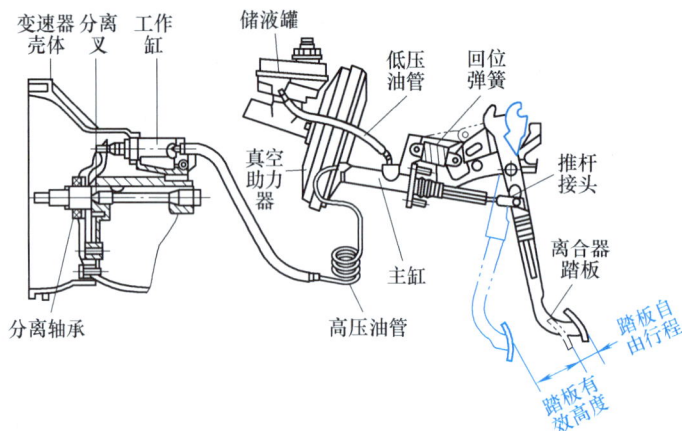

图 11-10 离合器液压操纵机构的结构

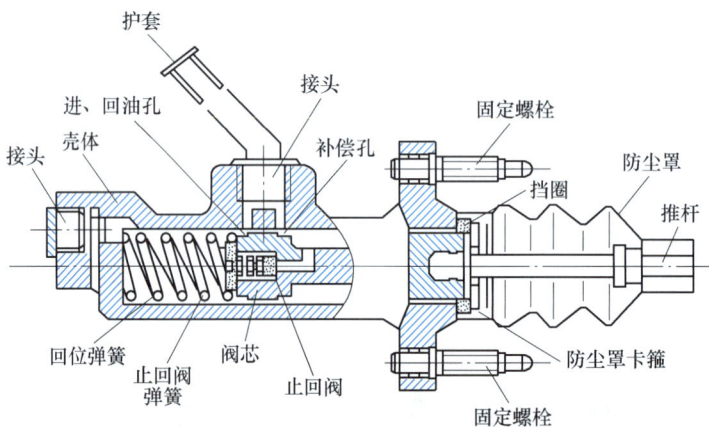

图 11-11 离合器主缸构造

工作缸构造如图11-12所示。缸内装有活塞、皮碗和推杆等，缸体上还设有放气螺塞。当管路内有空气存在而影响离合器操纵时，可拧松放气螺塞放气。当踩下离合器踏板时，通过主缸推杆使活塞向左移动，止回阀关闭。当皮碗将补偿孔关闭后，管路中油液受压，压力升高。在油压的作用下，工作缸活塞被推向右移动，工作缸推杆顶头直接推动分离板，从而带动分离轴承，使离合器分离。通过调节主缸推杆接头（图11-11）在踏板臂上的连接位置，可以调节推杆在缸内的位置，即关闭补偿孔的时刻，从而调整了踏板的自由行程。当迅

速放松离合器踏板时，踏板回位弹簧通过主缸推杆使主缸活塞较快右移，而由于油液在管路中流动有一定阻力，流动较慢，使活塞左面可能形成一定的真空度。在左右压力差的作用下，少量油液通过进油孔经过主缸活塞的止回阀流到左面弥补真空。在原先已由主缸压到工作缸去的油液重新流回到主缸时，由于已有少量补偿油液经止回阀流入，故总油量过多。这多余的油液即从补偿孔流回储液罐。当液压系统中因漏油或因温度变化引起油液的容积变化时，则借补偿孔适时地使整个油路中油量得到适当的增减，以保证正常油压和液压系统工作的可靠性。

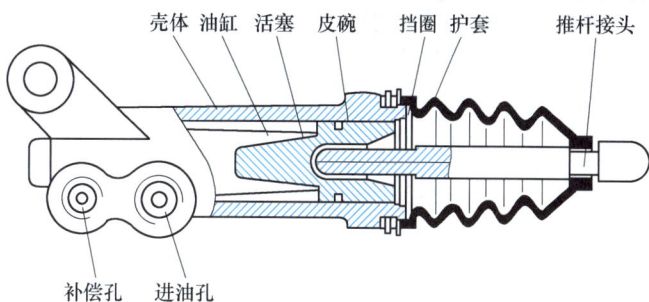

壳体　油缸　活塞　皮碗　挡圈　护套　推杆接头

补偿孔　进油孔

图 11-12　工作缸构造

想一想　离合器踏板能不能没有自由行程？为什么？

11.2　汽车手动变速器的结构与工作原理

11.2.1　变速器概述

1. 变速器的功用

（1）变速变矩　扩大驱动轮转矩和转速的变化范围，以适应汽车在各种行驶条件下所需的牵引力和合适的行驶速度，并使发动机经常能够在动力性和经济性比较有利的工况下工作。

（2）实现倒车　利用倒档，改变驱动轮的旋转方向，从而实现汽车倒向行驶。

（3）中断动力　利用空档，切断离合器与传动轴之间的动力传递，以便汽车换档和发动机起动及怠速运转。

2. 变速器的类型（表 11-1）

表 11-1　变速器的类型

分类方法	分　类		特　征
按操纵方式分	手动变速器		靠驾驶人直接操纵变速杆进行换档，换档机构简单，工作可靠，操作复杂
	自动变速器		根据汽车的运行状况自动换档，无离合器，通过加速踏板控制车速，操作简单，结构复杂
	半自动变速器	组合式	常用档位采用自动换档，其余档位由驾驶人手动操作
		预选式	驾驶人先用按钮选定档位，在踩下离合器踏板或松开加速踏板时，接通自动控制和执行机构进行自动换档

（续）

分类方法	分　类		特　征
按传动比变化方式分	有级变速器	平行轴齿轮式	变速器具有若干个数值一定的传动比
		行星齿轮式	
	无级变速器	机械传动	传动比在一定范围内连续变化
		液力传动	
		电力传动	
	综合式变速器（液力自动变速器）		一般由液力变矩器和齿轮式有级变速器组成的液力机械式变速器，其传动比在几个区段内无级变化。这种结构既可得到较大的传动比，又可实现无级变速

3. 变速器的基本工作原理

由齿轮传动的原理可知，一对齿数不同的齿轮啮合传动时可以变速变矩（图 11-13）。主动齿轮转速与从动齿轮转速之比值称为传动比，用 i_{12} 表示：

$$i_{12} = n_1/n_2 = z_2/z_1$$

式中　　n_1、z_1——主动齿轮的转速、齿数；

$\qquad n_2$、z_2——从动齿轮的转速、齿数。

如果传动无效率损失，则传动比 i_{12} 还可以表示为

$$i_{12} = M_2/M_1$$

式中　　M_1——主动齿轮转矩；

$\qquad M_2$——从动齿轮转矩。

手动变速器就是通过主、从动齿轮齿数的不同而实现变速变矩的。

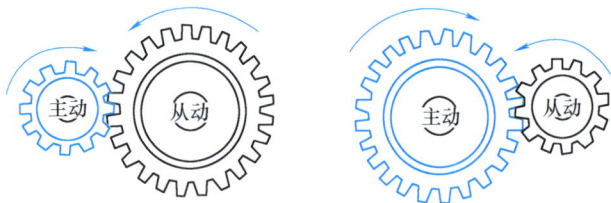

图 11-13　齿轮传动的基本原理

变速器的档位数指前进档位的数目，如 5 档变速器表示有 5 个前进档位。一般变速器有 4 ~ 6 个档位。对于重型和超重型汽车，为了得到更多的档位，采用组合式变速器，变速器分为主、副变速器两部分，主变速器档位数一般有 4 ~ 5 个；副变速器中档位数一般有 2 ~ 4 个档，这样可使变速器得到 8 ~ 20 个档位。越野汽车的分动器也具有副变速器的作用。

11.2.2　手动变速器的构造与工作原理

手动变速器根据齿轮轴的数目可分为两轴式变速器、三轴式变速器及组合式变速器。下面以两轴式为例介绍其结构与工作原理。

1. 基本结构

图 11-14 所示为桑塔纳 2000GSi 轿车用的两轴式变速器的结构图和机构简图（两轴式变速器的拆装与结构认识参见《汽车构造与原理实训》教材及其光盘的项目 11.2）。

2. 动力传递路线

该变速器有 5 个前进档和 1 个倒档。操纵变速杆，通过接合套移动，使接合套与同步器锁环的接合齿圈和档位齿轮接合齿圈接合，从而实现不同传动比的动力传递。

a)

b)

c)

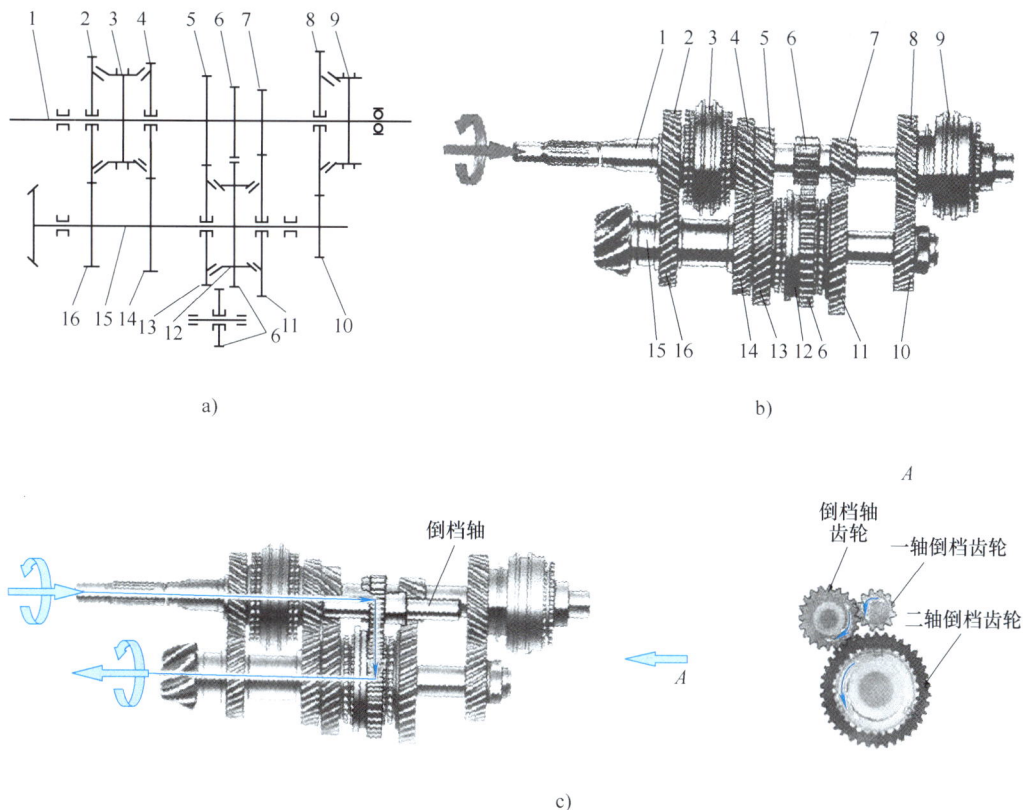

图 11-14　桑塔纳 2000GSi 轿车用的两轴式变速器的结构图和机构简图

a）机构简图　b）空档　c）倒档

1—第一轴　2—第一轴 4 档齿轮　3—3、4 档接合套同步器组件　4—第一轴 3 档齿轮　5—第一轴 2 档齿轮
6—倒档齿轮组　7—第一轴 1 档齿轮　8—第一轴 5 档齿轮　9—5 档接合套同步器组件　10—第二轴 5 档齿轮
11—第二轴 1 档齿轮　12—1 档、2 档接合套同步器组件　13—第二轴 2 档齿轮
14—第二轴 3 档齿轮　15—第二轴（带主动锥齿轮）　16—第二轴 4 档齿轮

以挂 3 档为例，同步接合套右移，动力传递路线为：第一轴→花键毂→3、4 档同步器接合套→3 档齿轮接合齿圈→第一轴 3 档齿轮→第二轴 3 档齿轮→第二轴。

当挂倒档时（图 11-14c），通过拨叉拨动倒档轴上的惰轮移动，使倒档轴上的惰轮同时与输入第二轴上的倒档齿轮啮合，其动力传递路线为：第一轴→第一轴倒档齿轮→倒档轴惰轮→第二轴倒档齿轮→1 档、2 档同步器接合套→花键毂→第二轴。由于倒档位的齿轮传递中多一个中间惰轮，因此，第二轴的旋转方向与前进档位时相反。

想一想　其他档位的传动路线如何？

桑塔纳 2000GSi 轿车变速器各档位的传动比为：$i_1 = 3.455$，$i_2 = 1.944$，$i_3 = 1.286$，$i_4 = 0.969$，$i_5 = 0.800$，$i_R = 3.167$。可以看出，该变速器 1 档、2 档、3 档为减速传动，4 档、5 档为增速传动（即超速档）。

3. 变速器的润滑

手动变速器一般采用飞溅润滑，依靠齿轮旋转将润滑油甩到各运动零件的工作表面。为了润滑第二轴的前轴承和各个空套齿轮的衬套或轴承，有的齿轮钻有径向油孔，或在轮毂端面开有径向油槽，以便使润滑油进入各衬套和轴承表面。一些重型汽车为了润滑可靠也采用压力润滑。

为了防止润滑油泄漏，变速器盖与壳体以及各轴承盖与壳体的接合面处装有密封垫或用密封胶密封；第一轴和第二轴与轴承盖之间则用自紧油封或回油螺纹密封。在轴承盖下部一般制有回油凹槽，在壳体的相应部位开有回油孔，使润滑油流回壳体内。装配时，应使凹槽与油孔对准。为了防止变速器工作时由于油温升高，使气压过大而造成润滑油渗漏，在变速器盖上装有通气塞。

4. 同步器

（1）同步器的作用　变速器在换档过程中，必须使所选档位要啮合的一对齿轮轮齿的圆周速度相等，才能平顺地啮合而挂上档。同步器的功用是使接合套与待啮合的齿圈迅速同步，实现无冲击换档，缩短换档时间，简化驾驶人的换档操作。

（2）同步器的基本结构及工作原理　同步器有常压式、惯性式和自行增力式等种类。目前广泛采用的是惯性式同步器，它有锁环式和锁销式等形式。下面以锁环式同步器（图11-15）为例说明。

以3档挂入4档（直接档）来说明其工作过程。当接合套刚从3档退出到空档位置时（图11-16a），接合齿圈（与齿轮制成一体）、接合套与锁环在惯性的作用下，继续沿原方向转动。设它们的转速分别为 n_4、n_7 和 n_5，

图11-15　锁环式同步器
a）装配图　b）分解图

则此时 $n_5 = n_7$，$n_4 > n_7$，即 $n_4 > n_5$。锁环在轴向是自由的，所以其内锥面与接合齿圈的外锥面并不接触。

若要挂入4档，驾驶人通过操纵机构拨动接合套并带动滑块一同向左移动。当滑块左端面与锁环缺口的内端面接触时，便推动锁环移向接合齿圈，使具有转速差（$n_4 > n_5$）的两锥面一经接触便产生摩擦作用。接合齿圈便通过摩擦的作用带动锁环相对于接合套超前一个角度，到锁环缺口的另一个侧面与滑块接触时，锁环便与接合套同步转动。由于滑块已紧靠锁环缺口的一侧，较位于缺口中央时，使接合套花键齿相对于锁环花键齿错开了约半个齿厚，使接合套的齿端倒角与锁环相应的齿端倒角正好互相抵触而不能进入接合（图11-16b）。

此时要使接合套的花键齿圈与锁环的花键齿圈进入接合，必须让锁环相对于接合套后退一个角度（见图11-16b左上角的齿端局部放大图）。由于驾驶人始终对接合套施加一个轴向力，使接合套齿端倒角始终与锁环齿端倒角紧贴，于是锁环的锁止角斜面上作用有法向压力 N。法向压力 N 可以分解为轴向分力 F_1 和切向分力 F_2。切向分力 F_2 形成的力矩力图使锁环

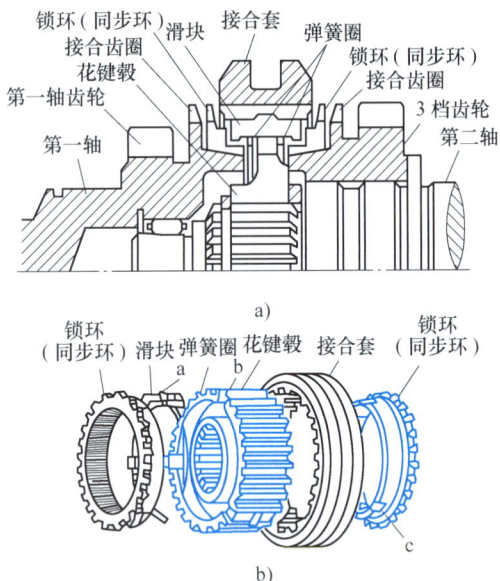

相对于接合套向后退转，称为拨环力矩。轴向分力 F_1 使锁环与接合齿圈之间的锥面产生摩擦力矩，使两者转速迅速接近。由于锁环通过接合套、花键毂、第二轴与驱动轮乃至整个汽车相联系，因而转动惯量大，转速 n_5 变化较慢，可以近似认为基本不变，而接合齿圈通过第一轴与离合器从动盘相联系，转动惯量较小，因此转速 n_4 下降较快。因此可以认为 n_4 趋近于 n_5。由于 n_4 是减速转动，根据惯性原理，即产生惯性力矩，惯性力矩的方向与旋转方向相同，此惯性力矩由摩擦锥面作用的摩擦力矩来克服。在锁环上作用着两个方向相反的力矩，其一为切向分力 F_2 形成的力图使锁环相对于接合套向后退转的拨环力矩 M_2；其二

图11-16　锁环式同步器的工作过程示意图

为摩擦锥面上阻止锁环向后转的摩擦力矩 M_1。在 n_4 尚未等于 n_5 之前两个锥面之间的摩擦力矩的数值 M_1 与作用在接合套上的惯性力矩 M_j 数值总是相等，如果 $M_2 > M_1$，则锁环就可能相对于接合套向后退转一个角度，使二者进入接合。由于摩擦力矩 M_1 与轴向分力 F_1 垂直于摩擦锥面的分力成正比，拨环力矩 M_2 则与切向分力 F_2 成正比。F_1 与 F_2 都是法向力 N 的分力，两者的比值取决于花键齿锁止角的大小。所以，在设计同步器时，适当地选择锁止角和摩擦锥面的锥角，便能保证在达到同步（$n_4 = n_5$）之前，接合齿圈作用在锁环上的摩擦力矩总是大于拨环力矩，即 $M_1 > M_2$。因而，不论驾驶人通过操纵机构作用在接合套上的轴向推力有多大，接合套花键齿端与锁环花键齿端总是互相抵触而不能接合。由于锁环对接合套的锁止作用是接合齿圈的惯性力矩产生的，因此称为惯性式同步器。

当继续增加操纵力于接合套上时，摩擦作用就迅速使接合齿圈的转速 n_4 降低到与锁环的转速 n_5 相等，而后两者保持同步旋转，于是惯性力矩便消失。但是，由于轴向分力 F_1 的作用，两个摩擦锥面还是紧密接合着的。因而此时切向分力 F_2 所形成的拨环力矩 M_2 便使锁环连同接合齿圈及与之相连的所有零件一起相对于接合套向后退转一个角度，使滑块移到锁环缺口的中央，两花键齿不再抵触，此时接合套压下弹簧圈继续左移与锁环的花键齿进入接合（图11-16c），锁环的锁止作用消失。

接合套与锁环接合后，轴向分力 F_1 已不复存在，锥面之间的摩擦力矩消失。如果此时接合套花键齿与接合齿圈的花键齿发生抵触（图11-16c），则与上述相似，作用在接合齿圈的花键齿端斜面上的切向分力，使接合齿圈及其与之相连的所有零件一起相对于接合套向后退转一个角度，使接合套与接合齿圈的花键齿圈进入接合（图11-16d），最后完成换入4档的全过程。

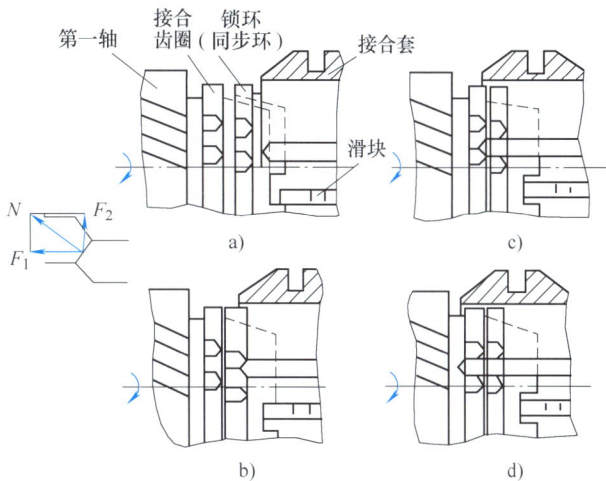

5. 手动变速器的操纵机构

变速器操纵机构的主要作用是操纵变速齿轮换档，保证准确可靠地使变速器挂入所需要的档位，并可随时退到空档。

（1）变速器操纵机构的结构及工作原理　根据操纵杆与变速器的相互位置不同，可分

为直接操纵式和远距离操纵式两种类型。

直接操纵式变速器布置在驾驶人座位附近，变速杆及所有换档操纵装置都设置在变速器壳上，驾驶人可直接操纵变速杆来拨动变速器壳内的换档操纵装置换档。

图 11-17 所示为四档变速器操纵机构，选档时可使变速杆绕其中部支点横向摆动，以其下端球头对准与所选档位相应的拨叉向前或向后移动，即实现挂档。例如，横向扳动变速杆使其下端球头伸入拨叉顶部凹槽中，再向纵向拨动变速杆，拨叉连同其轴即沿纵向向前移动一定距离，便挂入 2 档；若向后移动一定距离，则挂入 1 档。

图 11-17　四档变速器操纵机构

有的汽车变速器的安装位置离驾驶人座位较远，为此在变速器与操纵手柄之间加装了一套传动元件（有杆件式和绳索式），构成远距离操纵的形式。操作原理与上述类似。

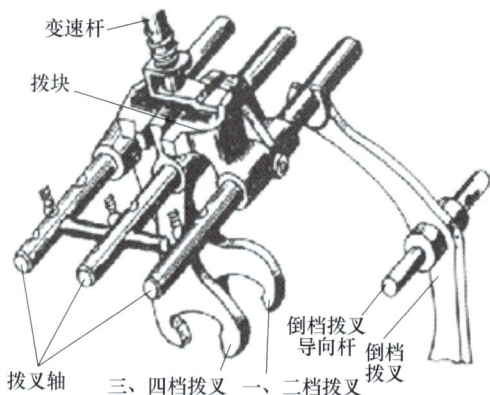

（2）变速器安全装置　变速器操纵机构除了保证变速器在任何情况下都能准确、安全、可靠地工作外，还应满足下列要求：

1）防止变速器自行挂档或挂档后自行脱档，并能保持传动齿轮全齿长啮合。

2）防止同时挂入两个档。

3）防止误挂入倒档。

为了达到上述要求，在变速器操纵机构中设置了自锁装置、互锁装置和倒档锁装置。

①自锁装置。如图 11-18 所示，当移动拨叉轴，挂入某一档位（或回到空档）后，自锁钢球在弹簧的推力作用下，正好落入拨叉轴的凹槽内，拨叉轴的轴向位置即被固定，不能自行脱出，从而滑动齿轮或接合套被固定在某一档位的工作位置或空档位置，形成自锁。

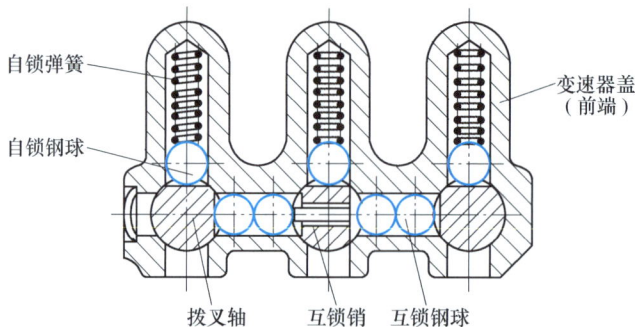

图 11-18　自锁和互锁装置

②互锁装置。拨叉轴上相邻凹槽之间的距离，等于为保证全齿宽上啮合或是完全退出啮合所必需的拨叉及其轴的移动距离。当需要换档时，驾驶人通过变速杆对拨叉轴施加一定的轴向力，克服弹簧加于钢球的压力，将钢球经凹槽边缘挤回孔内，拨叉轴进行轴向移动，直至钢球落入相邻的另一凹槽，就挂上了另一档位或退回空档。

③倒档锁装置。汽车在前进行驶中，换档时由于疏忽而误挂入倒档，将会使轮齿间产生极大的冲击。此外，若汽车起步时误挂倒档容易发生事故。为防止误挂倒档，操纵机构中应设有倒档锁。它有弹簧锁销式、锁片式、扭簧式和锁簧式等多种形式，应用最多的是弹簧锁销式。

找一找

找几辆汽车，看变速器是否有倒档锁，结构原理如何。

11.3　液力机械传动自动变速器的结构与工作原理

11.3.1　概述

1. 自动变速器的特点

自动变速器（Automatic Transmission，AT）指汽车行驶时，变速器的操纵和换档操纵全部或部分实现自动化的变速器。

与手动变速器相比，自动变速器具有操作简单省力，行车安全性好，生产率高，舒适性好，机件的使用寿命长，动力性、排放性能好等优点，但也存在结构复杂、精度高、成本高、传动效率低和维修困难等缺点。

2. 自动变速器的类型

自动变速器的类型及特点见表11-2。目前轿车自动变速器用得最多的是电子控制液力自动变速器，具有结构紧凑、传动平稳和换档冲击小等特点。

表 11-2　自动变速器类型及各特点

分类方法	类　型	特　点
按变矩的方式分	液力传动式	由液力变矩器实现一定范围的无级变矩，齿轮组实现有级变矩，两者组合传递动力，目前被广泛使用
	机械传动式	用机械离心式自动离合器和可变半径的 V 带轮来实现无级变速
	电力传动	由发电机将发动机机械能转换为电能，并输送给车轮电动机，控制车轮无级变速
按换档的控制原理分	液压控制、液力传动	将节气门和车速参数转化为液压信号，控制换档执行机构，实现自动换档
	电子控制、液力传动	将节气门、车速等参数转化为电信号，输入 ECU，确定换档信号，再输出控制液压信号，执行换档
	电子控制、机械式	由电子控制器根据节气门的开度、车速直接控制离合器及齿轮变速器变速，以实现自动换档

3. 自动变速器总体组成与基本工作原理

自动变速器主要由液力变矩器、齿轮变速器、液压控制系统和电子控制系统等几部分组成，如图11-19所示。（自动变速器的拆装与结构认识参见《汽车构造与原理实训》教材及其光盘的项目11.3）

工作时，汽车各种传感器，将发动机转速、节气门开度、车速、发动机冷却液温度、自动变速器液压油温度等参数转变为电信号，并输入 ECU；ECU 根据这些电信号，按照设定的换档规律向换档电磁阀、油压电磁阀等发出电子控制信号；换档电磁阀和油压电磁阀将 ECU 的电子控制信号转变为液压控制信号，阀板中的各个控制阀根据这些液压控制信号控制换档执行机构的动作，从而实现自动换档。

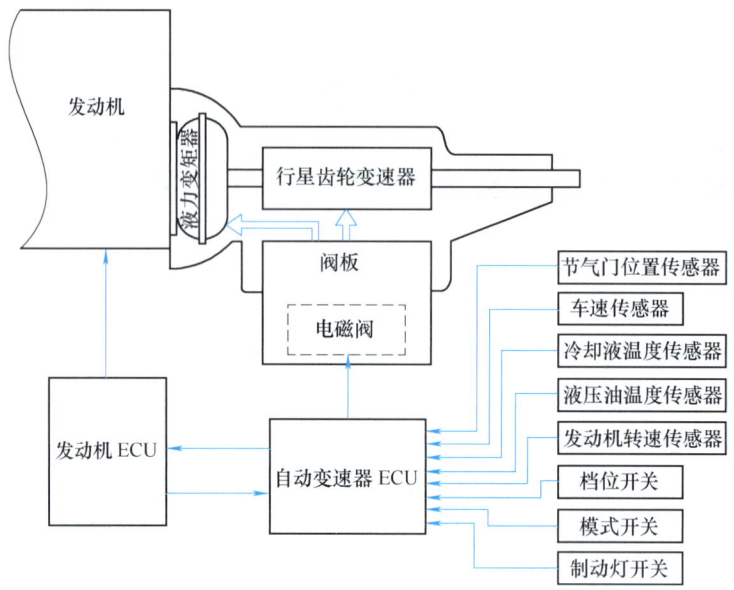

图 11-19　电子控制自动变速器

11.3.2　液力变矩器

1. 作用

液力变矩器安装在发动机的后端。它将发动机的动力传给自动变速器的输入轴，并具有一定的自动变速和变矩功能。

2. 结构

液力变矩器的结构如图 11-20 所示，泵轮与变矩器壳体连为一体，涡轮通过轴承支承在变矩器壳体上并与自动变速器的输入轴相连，导轮内圈固定，内圈与外圈之间有一个单向离合器约束导轮单方向转动。泵轮、涡轮和导轮上都有特定角度的叶片和导流槽，且泵轮与涡轮之间有约 3mm 的间隙。

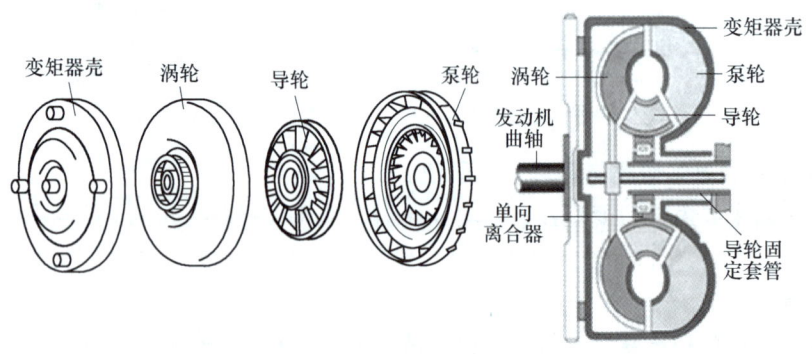

图 11-20　液力变矩器的结构

3. 工作原理

液力变矩器的结构与液力耦合器基本相似，不同的是液力变矩器在泵轮和涡轮之间加入

了导轮。类似在两个风扇后面安装一个空气管道（图 11-21），这样，通电的风扇不仅吹动未通电的电扇，还可以从后面吸动未通电的电扇，也就是未通电的电扇不仅受到吹来的气流作用，还将受到吸力，使得吹来的风力加大。

用液力变矩器叶轮的展开图（图 11-22）来说明液力变矩器的工作原理。将循环圆上的中间流线（此流线将液流通道断面划分为面积相等的内、外两部分）展开成一条直线，各循环圆中间流线均在同一平面上展开，泵轮、涡轮和导轮依次被展开为 3 个环形平面。

图 11-21　液力变矩器

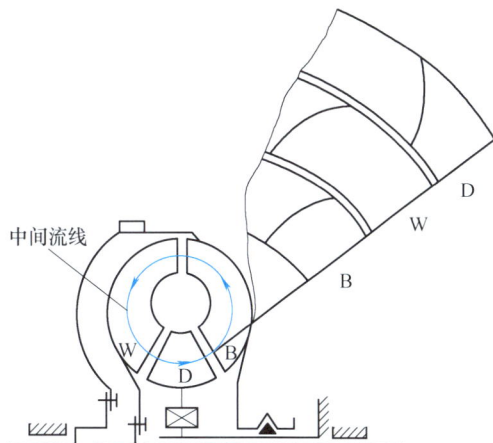

图 11-22　液力变矩器展开图
B—泵轮　W—涡轮　D—导轮

当汽车起步时，汽车先静止不动，因此涡轮转速 n_W 为零（图 11-23a）。设液力变矩器的输入转矩 M_B 和转速 n_B 为常数，工作液在泵轮叶片带动下以一定的绝对速度沿箭头 1 所示的方向冲击涡轮叶片，因此时涡轮静止不动，工作液将直接沿涡轮叶片流出，沿箭头 2 所示的方向冲击导轮叶片正面，同时，液体有一个反作用力作用于涡轮，因此涡轮上同时受到泵轮和导轮两个冲击力矩。当液体冲击导轮叶片正面时，因单向离合器锁住导轮而固定不动。所以，液流从导轮叶片沿箭头 3 所示方向流入泵轮中。当液体流过叶片时，受到叶片的作用力，其方向发生变化。设泵轮、涡轮和导轮作用于液流的转矩分别为 M_B、M_W'、M_D，根据液流平衡条件可以得 $M_W' + M_B + M_D = 0$。由于液流对涡轮作用的转矩 M_W（即液力变矩器输出转矩）与 M_W' 大小相等、方向相反，因此在数值上涡轮转矩 $M_W = M_B + M_D$，因此 $M_W > M_B$，即液力变矩器起了增大转矩的作用。

当汽车起步并加速行驶时，涡轮转速 n_W 从零逐渐增加（图 11-23b），此时液流从涡轮冲向导轮的速度 v 应为液流沿涡轮叶片流动的相对速度 w 与随涡轮转动时沿圆周方向的牵连速度 u 的矢量和。假设泵轮转速 n_B 为常数，起变化的只是涡轮转速 n_W，故涡轮出口处液流相对速度 w 为常数，只是牵连速度 u 与涡轮转速 n_W 的变化成正比，冲击导轮叶片的液流的绝对速度 v 将随牵连速度 u 的增加（即涡轮转速 n_W 的增大）而逐渐向左倾斜，使导轮所受转矩逐渐减小，因而涡轮输出转矩 M_W 逐渐减小。当涡轮转速增大至某一数值时，由涡轮流出的液流正好沿导轮出口方向冲向导轮，这种状态下工作液流经导轮时方向没有改变，液流与导轮叶片之间无相互作用力，所以，导轮转矩 $M_D = 0$，可得出 $M_W = M_B$，即涡轮输出转矩与泵轮输入转矩相等。

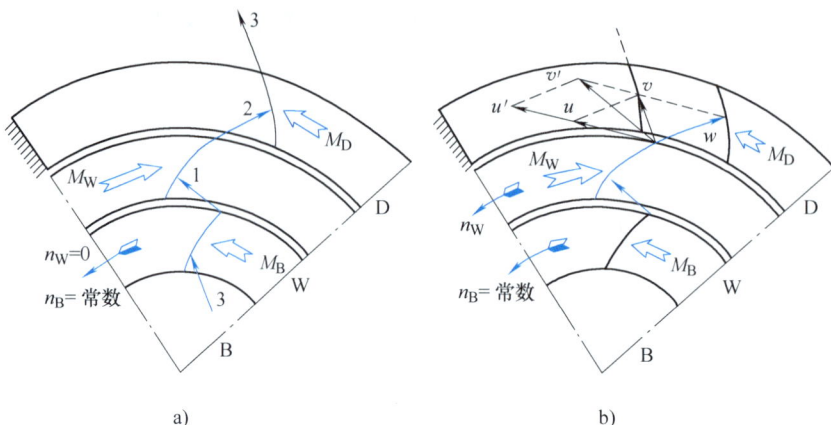

图 11-23　液力变矩器的工作原理
a）起步工况　b）行程工况
B—泵轮　W—涡轮　D—导轮

当涡轮转速 n_W 继续增大时，由涡轮流出的液流速度方向继续向左倾斜（图 11-23b 中的 v'），此时液流冲击导轮叶片背面，导轮转矩方向与泵轮转矩方向相反，则涡轮输出转矩 $M_W = M_B - M_D$，因此 $M_W < M_B$，即液力变矩器输出转矩比输入转矩小，同时传动效率开始下降。

为避免这种现象发生，在液力变矩器导轮与壳体之间设置了单向离合器，当液流冲击导轮叶片背面时，导轮绕导轮固定套管空转，液流作用在导轮上的转矩 $M_D \approx 0$，故 $M_W \approx M_B$。

4. 液力变矩器的特性

液力变矩器的特性可用几个与外界负荷有关的特性参数来评价。描述液力变矩器的特性参数主要有转速比、泵轮转矩系数、变矩系数、效率和穿透性等。

（1）转速比 i_{WB}　转速比用来描述液力变矩器的工况，一般 $i_{WB} < 1$。

$$i_{WB} = n_W / n_B \tag{11-1}$$

式中　n_W——涡轮转速（r/min）；
　　　n_B——泵轮转速（r/min）。

（2）变矩系数 K

$$K = M_W / M_B \tag{11-2}$$

式中　M_W——涡轮转矩；
　　　M_B——泵轮转矩。

变矩系数用来描述液力变矩器改变输入转矩的能力。由变矩器原理分析可知，变矩系数 K 是随涡轮转速 n_W（或转速比 i_{WB}）变化而变化的。当 $K > 1$ 时，称为变矩工况；当 $K = 1$ 时，称为耦合器工况。当涡轮转速 $n_W = 0$ 即转速比 $i_{WB} = 0$ 时，这种工况相当于汽车起步之前，故称为零速工况（也称为起动工况或制动工况），在此工况下变矩系数为最大（K 值一般为 1.9~5）。目前，汽车常用液力变矩器的变矩系数为 2~2.3。

（3）变矩器效率 η

$$\eta = N_W / N_B \tag{11-3}$$

式中　N_W——涡轮轴输出功率；
　　　N_B——泵轮轴输入功率。

因为轴功率等于转速与转矩乘积，式（11-3）可改写为

$$\eta = M_{\text{W}}n_{\text{W}}/M_{\text{B}}n_{\text{B}} = Ki_{\text{WB}} \qquad (11\text{-}4)$$

可见，液力变矩器的效率等于变矩系数与转速比的乘积。

（4）变矩器穿透性　变矩器穿透性指变矩器涡轮轴上的载荷变化对泵轮轴的转矩和转速（即对发动机工况）影响的性能。若涡轮轴上转矩和转速出现变化而发动机工况不变，这种变矩器称为是不可透的；反之，称为是可透的。汽车自动变速器上采用的液力变矩器是可透的，当涡轮轴因负荷增大而转速下降时，转速比随之下降而使发动机的负荷增大。

11.3.3　齿轮变速机构

液力变矩器虽然能进行自动和无级地改变转矩和传动比，但存在变矩系数（涡轮转矩/泵轮转矩）小、效率（涡轮轴输出功率/泵轮轴输入功率）不高等缺点，难以满足汽车实际需要，目前广泛采用的是液力变矩器后配齿轮变速机构。

齿轮变速机构有行星齿轮式和平行轴式，目前绝大多数自动变速器采用行星齿轮变速机构。

1. 行星齿轮变速机构的组成和变速原理

（1）组成　行星齿轮变速机构由太阳轮、行星轮、行星架和齿圈等组成（图 11-24）。

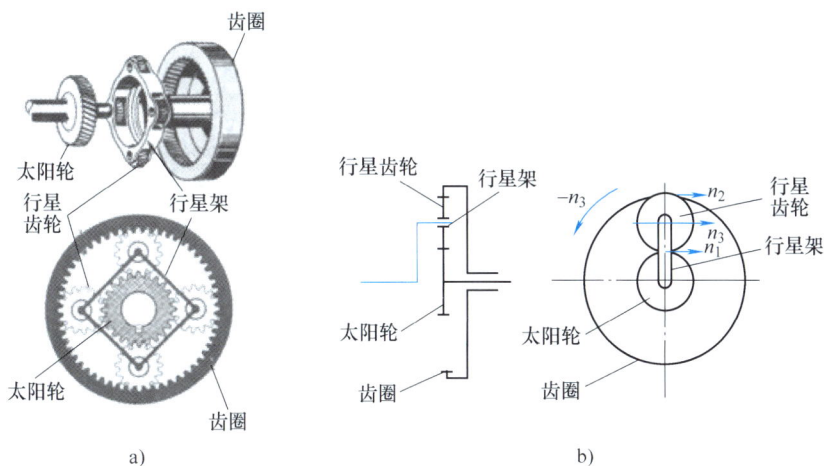

图 11-24　行星轮机构

a）结构图　b）变速原理示意图

（2）变速原理

1）行星齿轮变速机构运动规律。行星齿轮变速机构为动轴轮系，设太阳轮、齿圈和行星架的转速分别为 n_1、n_2、n_3（图 11-24 中所示为参考方向，负值表示方向相反）。行星轮机构的运动规律分析如下：

若 $n_3 = 0$，即行星架固定不动，则动轴轮系转化为定轴轮系，行星轮为惰轮，只改变运动方向，不改变传动比，太阳轮转速 n_1 与齿圈转速 n_2 关系为

$$n_1/n_2 = -z_2/z_1 = -\alpha$$

式中　z_1、z_2——太阳轮、齿圈的齿数；

　　　　α——齿数之比。

若 $n_3 \neq 0$，给整个行星齿轮机构施加一个与行星架转动方向相反、转速相同的运动，则太阳轮、齿圈和行星架三者的转速 n_1'、n_2'、n_3' 分别为：

$$n_1' = n_1 - n_3 \qquad n_2' = n_2 - n_3 \qquad n_3' = n_3 - n_3 = 0$$

此时行星架转速为 0，即行星齿轮机构转化为定轴轮系

$$n_1' n_2' = -z_2 / z_1 = -\alpha$$

即

$$(n_1 - n_3) / (n_2 - n_3) = -\alpha$$

整理得
$$n_1 + \alpha n_2 - (1 + \alpha) n_3 = 0 \tag{11-5}$$

2）行星齿轮机构各种运动情况分析。对行星齿轮机构施加不同的约束，可得到表 11-3 所示的 8 种运动。

表 11-3　行星齿轮机构 8 种运动情况

序号	太阳轮	齿圈	行星架	传动比	运动特点	适用档位
1	固定	输入	输出	$i = (1+\alpha)/\alpha$ $i > 1$	减速运动 输入与输出同向	低速档
2	固定	输出	输入	$i = \alpha/(1+\alpha)$ $1 > i > 0$	超速运动 输入与输出同向	超速档 （O/D 位）
3	输入	固定	输出	$i = (1+\alpha)$ $i > 1$	减速运动 输入与输出同向	低速档
4	输入	输出	固定	$i = -\alpha$ $\|i\| > 1,\ i < 0$	减速运动 输入与输出反向	倒档 （R 位）
5	输出	固定	输入	$i = 1/(1+\alpha)$ $1 > i > 0$	超速运动 输入与输出同向	超速档 （O/D 位）
6	输出	输入	固定	$i = -1/\alpha$ $\|i\| < 1,\ i < 0$	超速运动 输入与输出反向	倒档 （R 位）
7	任两个连成一体			1	直接传动	直接档
8	既无任一元件固定，又无任意两元件连成一体			自由转动	不传递动力	空档

若不施加约束，则太阳轮、齿圈和行星架各元件都可自由转动，行星齿轮机构不能传递动力，即为空档。

若将三件中任意两件连成一体转动，即两件转速相等，则由式（11-5）可知，第 3 个元件必然与前三者转速相同，即行星机构中所有元件无相对运动，为直接档。

若太阳轮固定（$n_1 = 0$），齿圈输入运动，行星架输出运动，根据式 $n_1 + a n_2 - (1+\alpha) n_3 = 0$ 得

$$a n_2 - (1+\alpha) n_3 = 0$$

传动比 $i =$ 输入组件转速/输出组件转速 $= n_2 / n_3 = (1+\alpha)/\alpha$，$i > 1$，该运动为减速运动，输入与输出方向相同。

同理可推出其他 5 种传动结果。

（3）基本应用　自动变速器为了获得多个前进档位，需采用多排行星齿轮机构。图11-25所示为目前应用比较多的辛普森式行星齿轮机构。其特点是由两个完全相同齿轮参数的行星排组成，整个齿轮系具有相同的齿圈，6个相同的行星轮和一个供两个行星排共用的加长太阳轮。因采用相同的齿轮而使加工量减至最小，而且工艺性好以及制造费用低。通过换联主动件，可使两个行星排实现三进一倒的较多档位。它结构简单紧凑、传动效率高、换档平稳，每次换档仅需要一个操纵件。

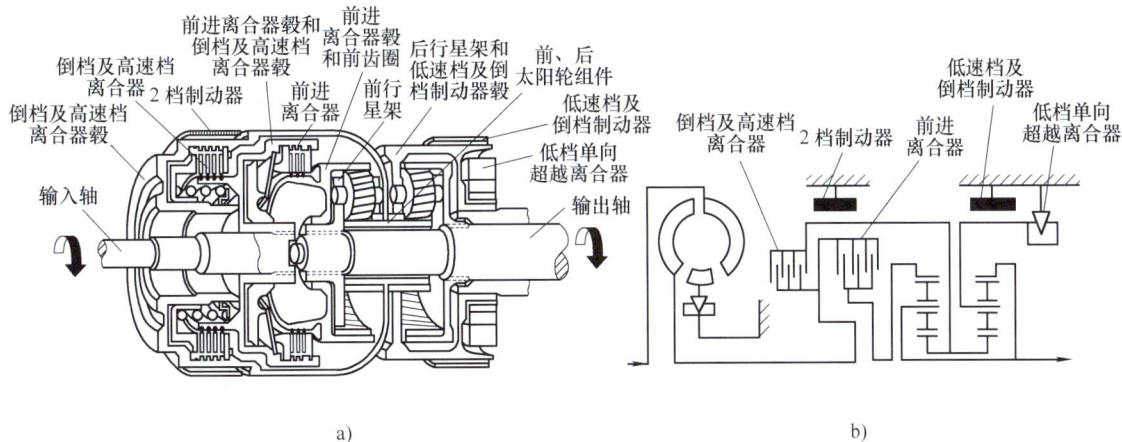

图11-25　辛普森式行星齿轮机构
a）结构　b）换档执行元件的布置

辛普森式行星齿轮机构档位见表11-4。

表11-4　辛普森式行星齿轮机构档位

档位	C_1	C_2	B_1	B_2	i
1档	○	×	×	○	$2 + 1/\alpha$
2档	○	×	○	×	$1 + 1/\alpha$
3档	○	○	×	×	1.0
倒档	×	○	×	○	$-\alpha$

注："○"表示操纵件起作用，"×"表示操纵件不起作用。

双排辛普森行星齿轮机构运动关系为：

$$n_{11} + \alpha n_{12} - (1 + \alpha) n_{13} = 0$$
$$n_{21} + \alpha n_{22} - (1 + \alpha) n_{23} = 0$$

同时有：$n_{11} = n_{21}$，$n_{13} = n_{22}$。当挂入1档时，离合器 C_1 和制动器 B_2 起作用，则 $n_i = n_{12}$，$n_{23} = 0$，$n_{13} = n_{22} = n_o$ 代入方程组求解得

$$i = n_i / n_o = 2 + 1/\alpha$$

其他各档传动比可同样求得。

2. 换档执行机构

自动变速器换档执行机构由离合器、制动器和单向离合器组成，代替了普通手动变速器中的同步器，而且完全由电液系统实现自动控制。

（1）离合器

1）离合器的作用。

①连接作用。将行星齿轮机构中某一组件与输入部分相连。

②连锁作用。将行星齿轮机构中任意两组件连锁为一体，使3个组件具有相同转速，这时行星齿轮机构作为一个刚性整体，实现直接传动。

2）离合器的组成（图11-26）。离合器主要由摩擦片、压板、活塞、离合器毂和缸体等组成。

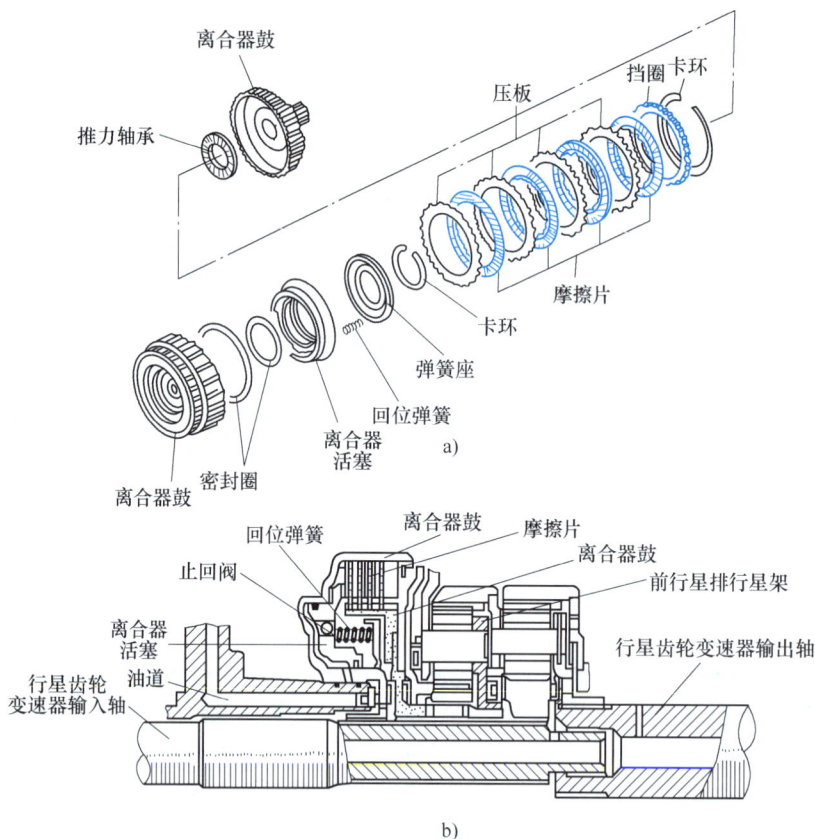

图 11-26　离合器

a）离合器分解图　b）离合器装配图

3）离合器的工作原理。

①接合过程。当需要某一离合器接合工作时，自动变速器液压控制系统将液压油通过离合器毂进油道送到活塞后方，给活塞压力，同时液压油将单向阀关闭，活塞受力克服回位弹簧的弹力，逐渐将压板与摩擦片压紧产生摩擦力。离合器的接合过程要求平稳柔和。

②分离过程。当离合器分离时，缸体内主要油压由原油道泄出，同时单向阀打开帮助泄出残余油压，活塞在回位弹簧的作用下迅速回位，离合器摩擦片与压板分离。离合器的分离过程要求迅速彻底。

（2）制动器　制动器的作用是将行星齿轮机构中某一组件与变速器壳体相连，使该组件受约束而固定。制动器有盘式制动器和带式制动器，盘式制动器的结构和工作原理与离合

器完全相同。制动器连接的是运动的组件与变速器壳体，而离合器连接的是两个运动组件。

图 11-27 所示为带式制动器，主要组成部件包括制动带、液压缸和顶杆等，制动鼓通常就是离合器的外壳。当液压油从活塞右端进入时，作用在活塞上的油压克服弹簧力及活塞左端的残余油压，活塞被推向左端，通过顶杆使制动带抱紧离合器的外壳，起制动作用；当需要解除制动时，液压油从活塞左端进入，而活塞的右端卸压，活塞在回位弹簧力的作用下迅速右移，制动带释放。

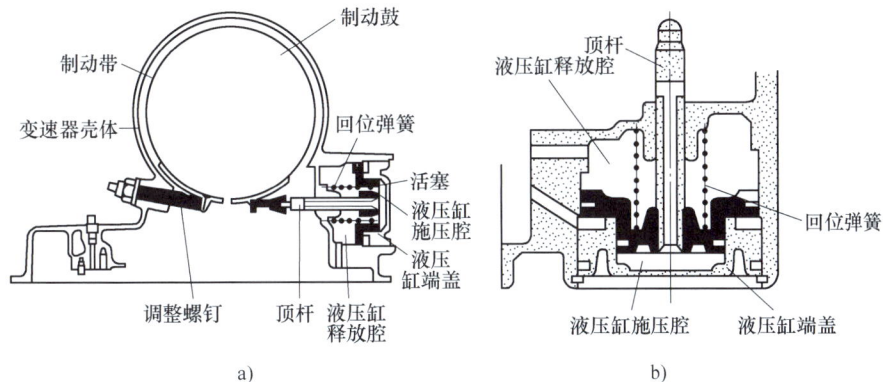

图 11-27　带式制动器

a) 安装示意图　b) 活塞结构

（3）单向离合器

1）单向离合器的作用和种类。单向离合器可限制一些运动组件只能做单方向的转动，或限制两个组件在某一方向自由转动，在相反的方向相互制约。单向离合器目前在自动变速器中应用的有滚柱式单向离合器和楔块式单向离合器两种。

2）单向离合器的工作原理

①滚柱式单向离合器：工作原理如图 11-28 所示。外圈的内表面上开有若干偏心的弧形空间与内圈外表面形成若干个楔形空间，滚柱位于楔形空间内，被叠形弹簧压向较窄的一端。当外圈相对内圈逆时针运动时（图 11-28a），滚柱在摩擦力的作用下被压缩弹簧推向楔形空间宽的一端而处于自由状态，外圈和内圈可相对转动。若

图 11-28　滚柱式单向离合器的工作原理

a) 自由状态　b) 锁止状态

外圈相对内圈顺时针转动，则情况相反（图 11-28b），滚柱在弹簧压力和摩擦力的作用下被推向楔形空间的窄端，于是内、外圈被楔紧在一起而不能相对转动。

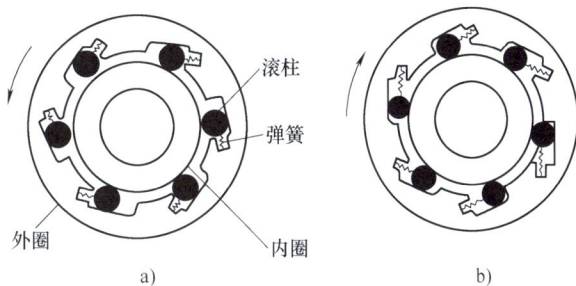

②楔块式单向离合器：工作原理图如图 11-29 所示。楔形块两个方向的尺寸 A、C 与环形槽的宽度 B 之间的关系是 $A > B > C$。当外圈相对内圈逆时针运动时，楔块以小端尺寸 C 介于内、外座圈之间自由转动；做顺时针运动时，楔块将内、外座圈锁在一起，只能一起转动。

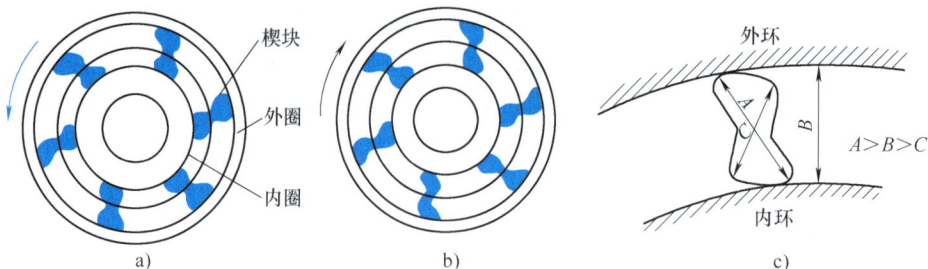

图 11-29　楔块式单向离合器的工作原理
a）自由状态　b）锁止状态　c）楔块尺寸

11.3.4　液压控制系统

1. 液压控制系统的总体组成与控制原理

液压控制系统主要由液压泵、各种阀门组成的自动换档机构和锁止机构等组成。

换档系统的组成与控制原理如图 11-30 所示。节气门阀、调速阀分别将负荷信号、车速信号转化为油压信号作用在换档阀上，当负荷、车速变化到某一特定范围时，驱动换档阀动作，接通或断开换档油路，控制相应的离合器、制动器闭合或分离，改变行星齿轮机构的传动关系，从而实现自动换档。驾驶人通过操纵变速杆手动阀的位置，接通或断开各换档阀油路，控制某些档位可以自动变档，有的则被限制不允许自动换档。

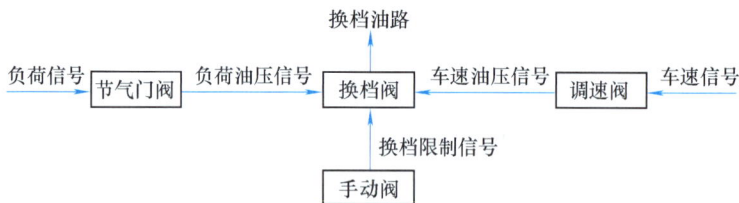

图 11-30　换档系统的组成与控制原理

2. 液压控制系统主要部件的结构及工作原理

（1）液压泵　液压泵是自动变速器液压控制系统的压力来源。液压泵通常安装在自动变速器的前方，由发动机驱动，也有部分汽车液压泵安装在自动变速器的后方。

自动变速器用液压泵有齿轮泵、转子泵和叶片泵几种形式，目前广泛采用的是齿轮泵，齿轮泵分为内啮合式和外啮合式。

图 11-31 所示为内啮合齿轮液压泵的结构。当齿轮旋转时，进油容积由小变大，产生真空度，不断吸油；同时，出油容积由大变小，提高油压，不断泵油。

（2）节气门阀　在行驶过程中，驾驶人会根据各种情况来控制节气门（油门）的开度。液压控制系统中反映节气门开度的控制阀称为节气门阀。节气门阀根据节气门信号输入的方式不同有机械式和真空式两种。

真空式节气门阀是利用发动机进气总管的真空（负压）使控制阀中的真空节流阀工作的。真空式节气门阀安装在变速器的外壳上，用真空管与进气总管相通。其构造如图 11-32 所示。

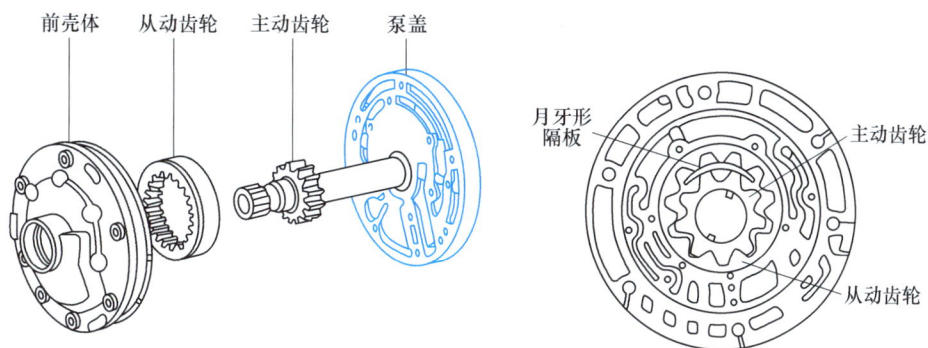

图 11-31　内啮合齿轮液压泵的结构

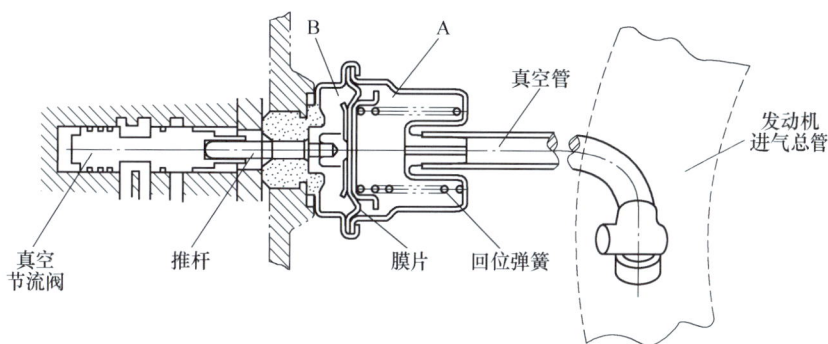

图 11-32　真空式节气门阀

　　真空式节气门阀的气室被橡胶材料制成的膜片分隔成真空室 A 和大气室 B 两部分。真空室 A 通过真空管与发动机进气总管连接，膜片的右侧承受进气总管的负压和回位弹簧的弹力。大气室 B 与大气相通，膜片的左侧承受大气压力。膜片右侧与左侧的压力差称为真空反力，它通过推杆控制位于变速器内的真空节流阀工作。当节气门全开、发动机转速尚未充分上升时，进气总管内的混合气流速较慢，总管内真空度较低。因此，真空反力较大，推动膜片连同推杆左移，从而推动真空节流阀的滑阀左移。反之，当发动机转速很高、混合气流速很快或节气门关闭时，进气总管内的真空度变大，作用于膜片右侧的压力减小，即真空反力变小，则膜片连同推杆右移，从而使真空节流阀的滑阀右移，使真空节流阀调节出完全反映发动机负荷状态的油路压力送给控制阀，以确定最佳换档时刻。

　　机械式节气门阀直接由节气门拉索拉动凸轮驱动阀芯，达到调压的目的。

　　（3）调速阀　调速阀安装在输出轴上，位于油流分配器的后面，它由初级调速阀和次级调速阀组成（图 11-33）。调速阀随输出轴一同旋转，能够将油路压力调制成随输出轴转速即车速变化的油压，此油压称为调速压力，作为控制油压去控制换档阀的动作。调速阀的工作原理如图 11-34 所示。

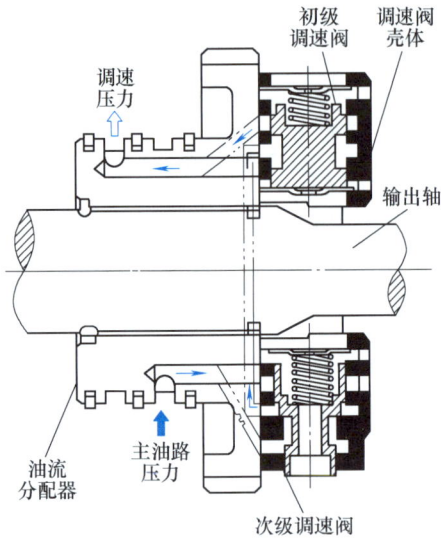

图 11-33　调速阀的结构

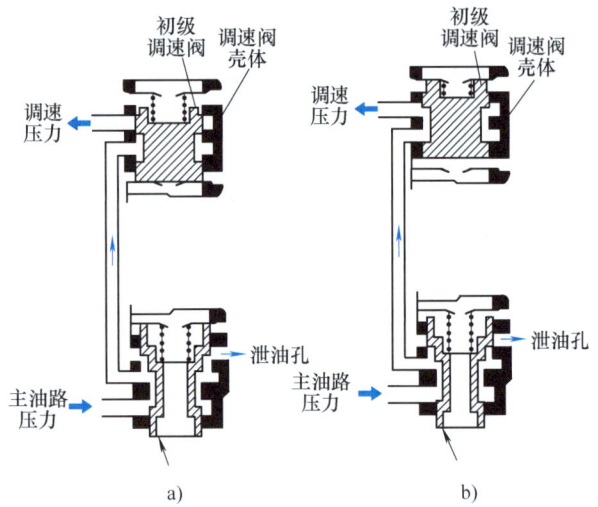

图 11-34　调速阀的工作原理
a）车速较低时　b）车速较高时

次级调速阀的作用是将主油路压力调节成调速压力。当车速较低时，次级调速阀内泄油孔的开度较大，因而油路压力较低，从而调速压力也较低。当车速提高时，次级调速阀阀芯受离心力的作用逐渐向外移动，泄油孔开度变小，油路压力上升，从而调速压力相应提高。

初级调速阀的作用是将次级调速阀所调节的调速压力送往各控制阀。当车速较低时，由于弹簧的作用力大于阀芯的离心力，初级调速阀的出油口被关闭。随着车速的提高，阀芯的离心力逐渐增大，推动阀芯往外移动，当车速增大到一定程度时，使出油口开启，从而将调速压力送往各控制阀。

（4）调压装置　调压装置能将液压泵泵出的油压稳定在一定的范围（0.5～1MPa）内，以供液压系统在各档位工作时使用。

调压装置通常采用阶梯式滑阀（图 11-35）。油道 3 的油压来自压力校正阀。当车速较高时，来自压力校正阀的油压较高，通过油道 3 作用在主阀芯 1 的上部，使泄油孔 10 的开度变大，主油路油压下降；反之，当车速较低时，主油路油压上升；当发动机转速上升时，来自节气门阀的反馈油压上升，通过油道 5 作用在调压柱塞底部，使泄油孔 10 的开度变小，主油路油压上升；当操纵手柄位置处于 R 位时，来自手控阀的油压通过油道 4 作用在调压柱塞的环

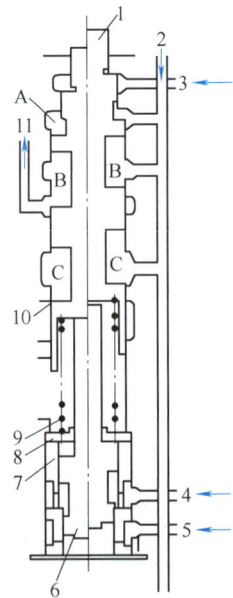

图 11-35　阶梯式滑阀调压装置
1—主阀芯　2—主油路　3—来自压力校正阀的反馈油路　4—来自手动阀的倒档反馈油路　5—来自节气门阀反馈油路　6—调压柱塞　7—套筒　8—弹簧座　9—调压弹簧　10—泄油孔　11—至液力变矩器的油路

形油腔内，使泄油孔 10 的开度变小，主油路油压上升。另外，主油路油压还可以通过油腔 B、油道 11 送到液力变矩器。调压弹簧的弹力始终让泄油孔 10 的开度变小，增大油压。

（5）手控制阀 手控制阀在自动变速器液压控制系统里相当于油路总开关，由驾驶室内的换档手柄控制。当操纵手柄位于不同的位置时，手控制阀将主油路分配给不同的工作油道。

自动变速器操纵手柄常见的位置有 6 个，个别车型有 5~7 个。手柄各位置的含义为：P－停车位，R－倒档位，N－空档位，D（D$_4$）－前进档位（此时变速器可以在所有前进档位变换），2、1（S、L 或 3、2、1 或 D$_3$、2、1）－闭锁档位

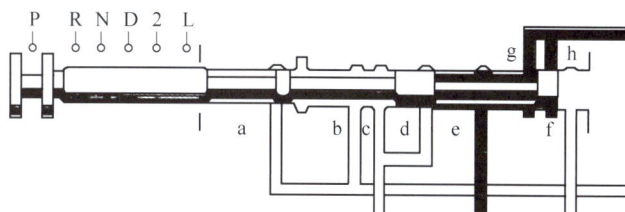

图 11-36 丰田 A43D 自动变速器的选档阀

（此时变速器只能在较低的几个档位变换或只能在某一低档位行驶，且可以利用发动机制动）。

图 11-36 所示为丰田 A43D 自动变速器的选档阀。它是一个 6 位的方向阀，其位置为 P、R、N、D、2、L。

当变速杆在各位置时，自动换档范围和主油路接通的油道见表 11-5。

表 11-5 丰田 A43D 自动变速器自动换档范围和手动阀油路

位置	自动换档范围	与主油路 e 相通的油道	位置	自动换档范围	与主油路 e 相通的油道
P	停车		D	1~4 档自动换档	c、d
R	倒车	F、g、h	2	不能由 2 档升 3 档	a、b、c、d
N	空档		L	只能在 1 档行驶	a、b、c、d、g、h

（6）换档阀 换档阀是自动换档操纵系统中的核心机件。它的制造质量和磨损程度不仅直接关系到自动变速器的性能好坏，而且影响到整个车辆的使用性能。其主要功用如下：

1）自动选择档位。按照换档规律的要求，随着控制参数（节气门开度和车速）的变化选择最佳换档时刻，发出换档信号。

2）完成换档操纵。操纵换档执行机构（换档离合器和换档制动器）的分离或接合动作。

3）进行换档区范围的人工选择。随着行车条件的变化，能让驾驶人手动选择自动换档的档区范围。

一般一个换档阀只控制一个前进档油道，而前进 1 档油道直接由手控制阀控制，因此在一个液压控制系统中换档阀的总数比前进档总数少 1 个。通常把控制前进 2、3、4 档的换档阀分别称为 1-2 档、2-3 档、3-4 档换档阀。

目前自动变速器换档阀的工作几乎都由换档电磁阀控制。其控制方式有两种：一种是施压控制，即通过开启或关闭换档阀控制油路的进油孔来控制换档阀的工作；另一种是泄压控制，即通过开启或关闭换档阀控制油路的泄油孔来控制换档阀的工作。

换档阀施压控制方式的工作原理如图 11-37 所示。换档阀的左端通过油路和换档电磁阀相通。当电磁阀关闭时，没有油压作用在换档阀左端，换档阀在右端弹簧弹力的作用下移向

左端（图11-37a）；当电磁阀开启时，主油路液压油经电磁阀作用在换档阀左端，使换档阀克服弹簧弹力移向右端（图11-37b），从而产生油路变换，实现换档。

有4个前进档的自动变速器通常有3个换档阀，这3个换档阀可以分别由3个换档电磁阀来控制，也可以只用两个电磁阀来控制，并通过3个换档阀之间油路的互锁作用实现4个档位的变换。目前大部分自动变速器采用由两个电磁阀控制3个换档阀的控制方式。其工作原理如图11-38所示。它采用了泄压控制的方式。由图中可知，1-2换档阀和3-4换档阀由换档电磁阀A共同控制，2-3换档阀则由换档电磁阀B单独控制。电磁阀不通电时关闭泄油孔，来自手控制阀的主油路液压油通过节流孔后作用在各换档阀右端，使阀芯克服左端弹簧弹力而左移。电磁阀通电时泄油孔开启，换档阀右端液压油被泄空，阀芯在左端弹簧的作用下右移。

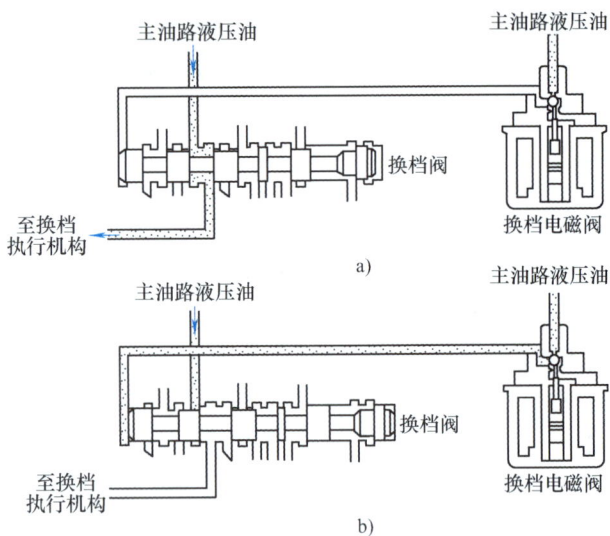

图11-37 电液式控制系统换档阀的工作原理图
a）换档电磁阀关闭 b）换档电磁阀开启

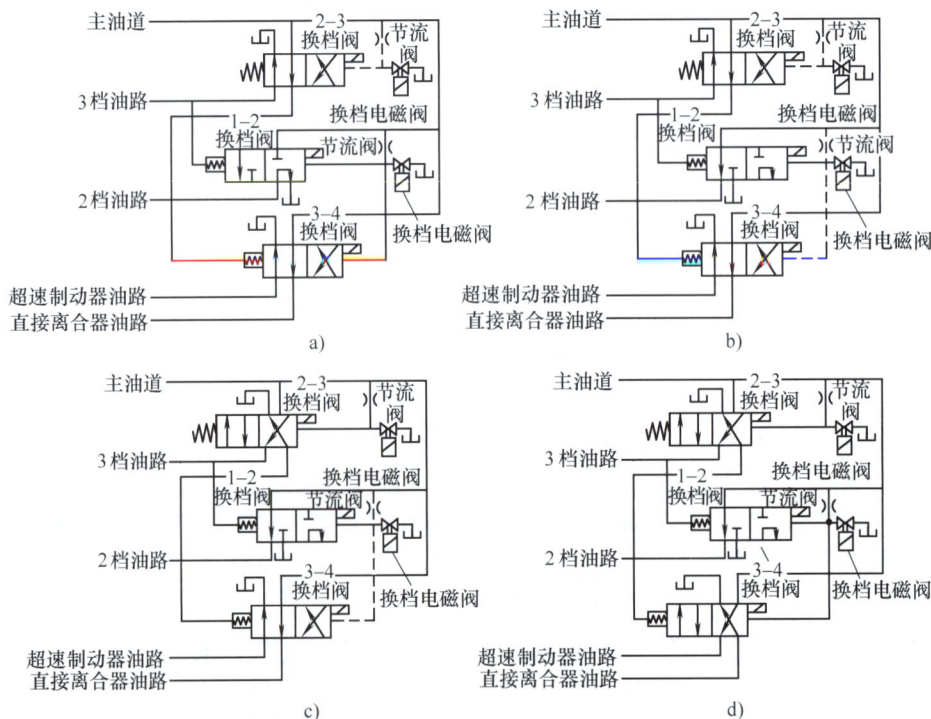

图11-38 电子控制自动变速器换档控制原理图
a）1档 b）2档 c）3档 d）4档

当 1 档时，换档电磁阀 A 不通电，换档电磁阀 B 通电，1-2 换档阀左移，关闭 2 档油路，2-3 换档阀右移，关闭 3 档油路。同时，使主油路油压作用在 3-4 换档阀左端，让 3-4 换档阀锁止在右端位置。

当 2 档时，换档电磁阀 A 和换档电磁阀 B 同时通电，1-2 换档阀右端油压下降，阀芯右移，打开 2 档油路。

当 3 档时，换档电磁阀 A 通电，换档电磁阀 B 不通电，2-3 换档阀右端油压上升，阀芯左移，打开 3 档油路。同时，使主油路油压作用在 1-2 换档阀左端，并让 3-4 换档阀左端油压泄空。

当 4 档时，换档电磁阀 A 和换档电磁阀 B 均不通电，3-4 换档阀右端控制压力上升，阀芯左移，关闭直接离合器油路，打开超速制动器油路。此时，由于 1-2 换档阀左端有主油路油压作用，虽然右端有控制油压，阀芯仍保持在右端而不能左移。换档电磁阀的工作状态见表 11-6。

表 11-6　换档电磁阀的工作状态

换档电磁阀	工作状态			
	1 档	2 档	3 档	4 档
A	×	○	○	×
B	○	○	×	×

注：×表示不通电，○表示通电。

（7）锁止离合器控制阀　锁止离合器控制阀的作用是当车速上升到一定值时，将液力变矩器的泵轮与涡轮直接连接起来，实现液力变矩器直接传动，提高传动效率。锁止离合器以电磁阀控制最广泛，可分为开关式和脉冲线性式锁止离合器控制阀。

图 11-39 所示为开关式锁止离合器控制阀。主油路液压油经节流孔作用在锁止离合器控制阀的右端，锁止离合器控制阀的左端作用着弹簧力。

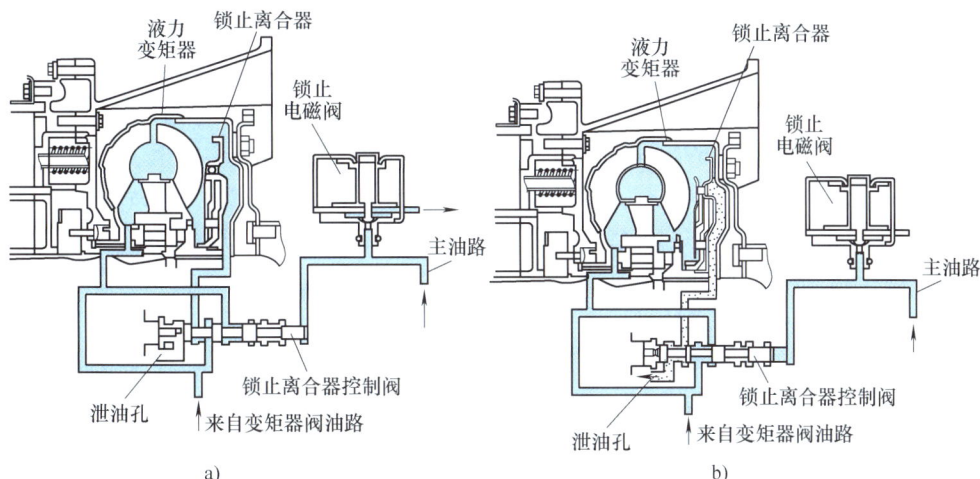

图 11-39　开关式锁止离合器控制阀
a）分离　b）接合

当车速、节气门开度等因素未达到锁止条件时，锁止电磁阀不通电，电磁阀的排油孔开

启，使作用在锁止离合器控制阀右端的控制油压下降，阀芯在弹簧的作用下右移，来自变矩器阀的液压油经锁止离合器控制阀同时作用在变矩器内的锁止离合器活塞两侧，从而使锁止离合器处于分离状态（图11-39a）。

当车速、节气门开度等因素满足锁止条件时，ECU向锁止电磁阀发出电信号，电磁阀的泄油孔关闭，使作用在锁止离合器控制阀右端的控制油压上升，阀芯在右端控制油压的作用下左移，此时锁止离合器活塞右侧的液压油经锁止离合器控制阀泄空，活塞左侧的变矩器油压将活塞压紧在变矩器壳上，使锁止离合器处于接合状态（图11-39b）。

图11-40所示为脉冲线性式锁止离合器控制阀，目前应用在许多新型电子控制自动变速器上。ECU可以利用脉冲电信号的占空比大小来调节锁止电磁阀的开度，以控制作用在锁止离合器控制阀右端的油压和锁止离合器控制阀向左移动时所打开的泄油孔开度，并以此控制锁止离合器活塞右侧油压的大小。

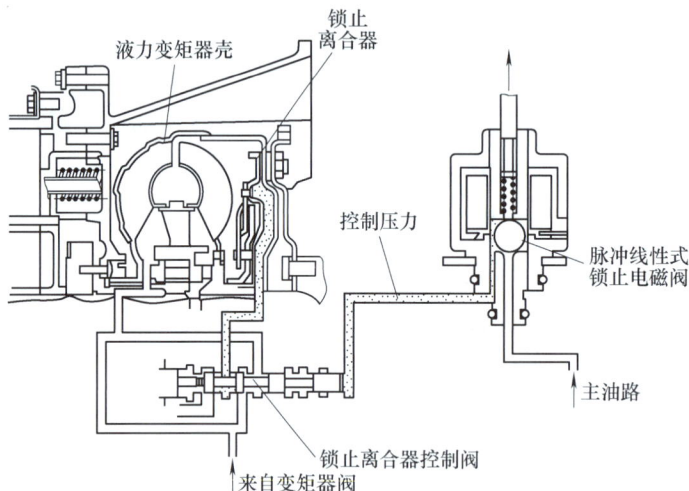

图11-40　脉冲线性式锁止离合器控制阀

当作用在锁止电磁阀上的脉冲电信号的占空比为0时，电磁阀关闭，没有油压作用在锁止离合器控制阀右端，此时锁止离合器活塞左、右两侧的油路相通，锁止离合器处于分离状态；当作用在锁止电磁阀上的脉冲电信号的占空比较小时，电磁阀的开度和作用在锁止离合器控制阀右端的油压以及锁止控制阀左移打开的泄油孔开度均较小，锁止离合器活塞左、右两侧油压差以及由此产生的锁止离合器接合力也较小，使锁止离合器处于半接合状态。脉冲电信号的占空比越大，锁止离合器左、右两侧的油压差以及锁止离合器的接合力越大。当脉冲电信号的占空比达到一定数值时，锁止离合器即可完全接合。这样，ECU在控制锁止离合器接合时，可以通过电磁阀来调节其接合力和接合速度，让接合力逐渐增大，使接合过程更加柔和。

有些车型的自动变速器ECU还具有滑动锁止控制程序，即在汽车的行驶条件已接近但尚未达到锁止控制程序所要求的条件时，先让锁止离合器处于滑动锁止状态（即半接合状态），逐步提高变矩器的传动效率。

11. 3. 5　电子控制系统

　　目前绝大部分自动变速器控制系统采用电子控制系统辅助液压控制系统完成换档及调节油压。电子控制与全液压控制的主要区别是控制原理不同。全液压控制是完全利用液压自动控制原理来完成其主要控制任务的，节气门开度和汽车车速这两个主要参数以机械的方式传入控制系统，并利用液体力学的原理转化为相应的液压控制信号，控制系统根据这两个液压控制信号的变化进行各种控制工作。电子控制是利用电子自动控制的原理来完成各种控制任务的。传感器将汽车及发动机的节气门开度、汽车车速等各种参数转变为电信号，ECU 根据这些电信号按照设定的控制程序发出换档等控制信号，通过各种电磁阀（换档电磁阀、油压电磁阀等）来操纵阀体总成的工作，来完成换档等控制任务。电子控制具有控制精度高、响应快、控制灵活多样、结构简单及故障易检查、排除的优点。

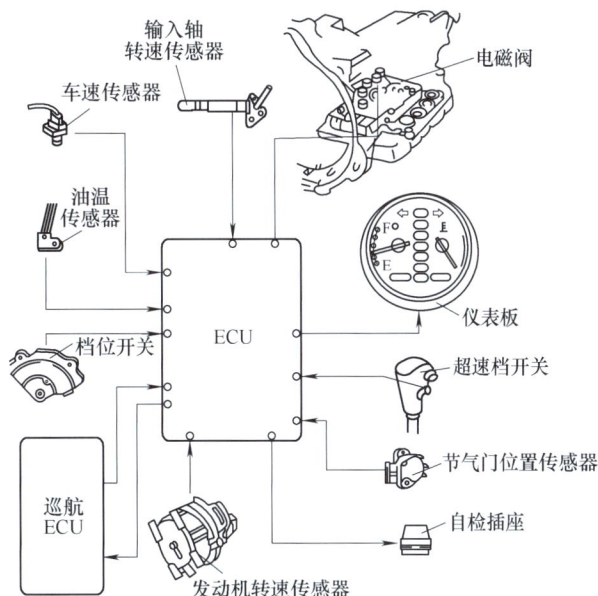

图 11-41　电子控制系统

　　电子控制系统主要包括 ECU、传感器、执行元件及控制电路等（图 11-41）。电子控制系统中的传感器及各种控制开关将发动机工况、车速等信号传递给 ECU，ECU 发出指令给执行元件，执行元件和液压系统按一定的规律控制换档执行机构工作，实现电控自动变速器自动换档。

1. 传感器

　　目前自动变速器常用的传感器有节气门位置传感器、车速传感器及油温传感器。

　　（1）节气门位置传感器　节气门位置传感器的主要作用是将发动机节气门开度的变化转变为电信号输入 ECU，供 ECU 根据这一信号对液压系统的油压及自动换档系统进行控制。常见的节气门位置传感器采用线性可变电阻（图 11-42），由一个线性电位计和一个怠速开关组成，节气门轴带动线性电位计及怠速开关的滑动触点。当节气门轴转动时，电位计控制的线性电阻值发生变化，所对应的电位也发生变化，变化的电位信号输送给 ECU。当节气门关闭时，怠速触点开关闭合，将怠速信

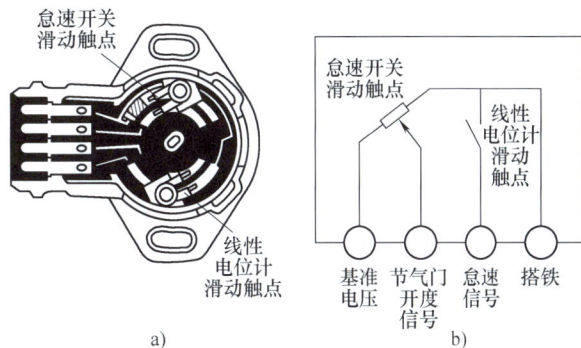

图 11-42　节气门位置传感器
a）结构　b）电路

号输送给 ECU。

（2）车速传感器　目前自动变速器常采用电磁感应式传感器（图11-43），主要由永久磁铁和电磁感应线圈组成，变速器输出轴上的停车锁止齿轮充当感应转子。当输出轴转动时，感应转子的凸齿不断靠近或离开车速传感器，使感应线圈内的磁通量发生变化，从而产生交流感应电压。车速越高，输出轴的转速越高，感应电压的脉冲频率就越大。ECU 根据感应电压脉冲频率的大小计算车速。

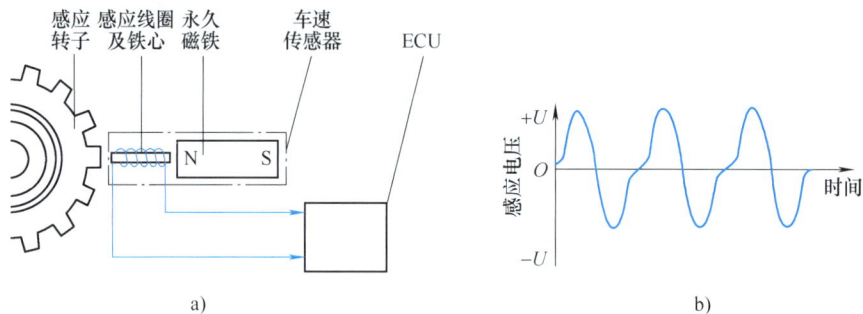

图 11-43　车速传感器
a）结构　b）感应电压曲线

（3）油温传感器　油温传感器主要由一个具有负温度系数的可变电阻组成（图11-44）。当液压油温度变化时，电阻发生变化，产生的电信号发生变化，ECU 根据变化的电信号可测出液压油的温度。

2. 电磁阀

自动变速器电子控制系统中常用的电磁阀有开关式电磁阀和线性磁脉冲式电磁阀两种。

（1）开关式电磁阀　开关式电磁阀被用来作为换档控制电磁阀、锁定控制电磁阀、超速离合器电磁阀和超速档控制电磁阀，主要由电磁线圈、针阀和泄油孔等组成（图11-45）。

当电磁阀不通电时，针阀芯轴被油压向上推动，泄油孔打开，工作油道与泄油孔连通；当电磁阀通电时，在电磁力的作用下，针阀关闭泄油孔，从节流孔出来的工作油压保持工作。也有部分电磁阀通电时油路卸压，不通电时保持油压。

（2）线性磁脉冲式电磁阀　线性磁脉冲式电磁阀常用于油路压力调节和液力变矩器锁定控制，主要由电磁阀和调节阀两部分组成（图11-46）。

电磁线圈通电时间越长（占空比越大），电磁力越大，阀芯向右移动程度大，调节油压（PSOL）越大；反之，电磁线圈通电时间越短（占空比越小），电磁力越小，阀芯向右移动程度小，调节油压越小。反馈油压（PFB）的作用是防止调节油压上升过快。

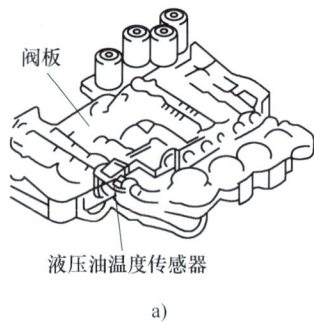

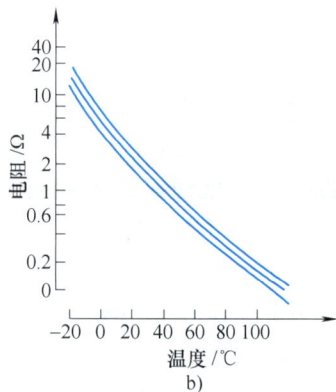

图 11-44　油温传感器
a）安装位置　b）电阻变化曲线

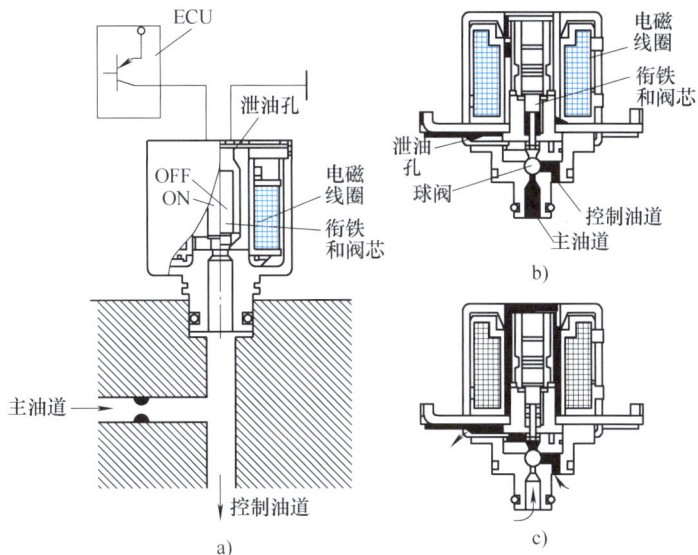

图 11-45　开关式电磁阀

a）结构　b）不通电状态　c）通电状态

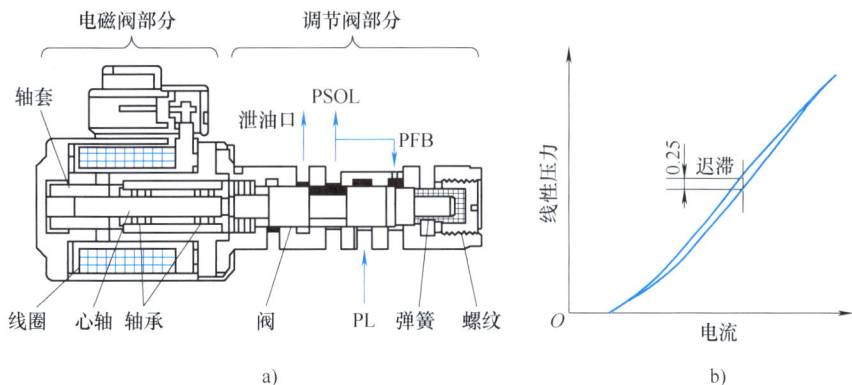

图 11-46　线性磁脉冲式电磁阀

a）结构　b）输出特性

3. ECU

以丰田 A340E 型自动变速器为例，其电控系统与配用的 2JZ-GE 汽油喷射发动机共用一个 ECU。图 11-47 所示为丰田 A340E 自动变速器电控系统的电路。传感器用来检测车速、节气门开度、冷却液温度及其他一些状态，以电信号形式输入到 ECU。ECU 根据各传感器输入的信号确定换档和锁定离合器锁定的时间，发出信号控制执行元件电磁阀动作。电磁阀动作结果改变作用在控制阀的压力，使控制阀动作实现换档和锁定离合器接合或分离。

ECU 对于自动变速器来说，主要有如下功能：

1）控制换档的时刻。在 ECU 内部存储器中固化有 ECU 控制程序，它将使两种驾驶模式（NOR-普通，PWR-加力）下在 D、2、1 位置都按最佳程序控制换档。

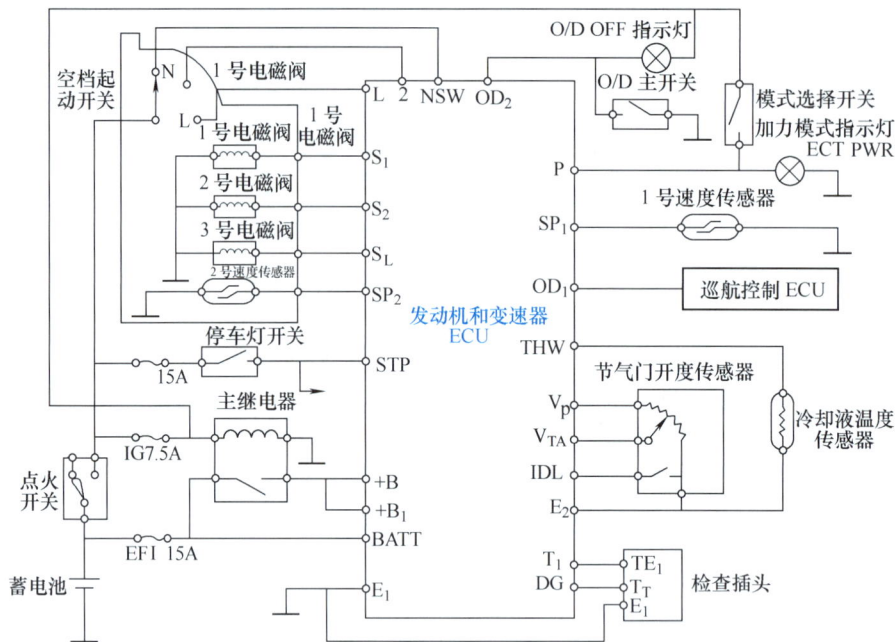

图 11-47 丰田 A340E 自动变速器电控系统的电路

ECU 根据车速和节气门开度信号，执行 ECU 控制程序发出信号，使 1 号、2 号电磁阀通电或断电，使换档阀动作实现换档。必须指出的是 ECU 只在汽车前进行驶时发出换档和锁定信号，在 R、P、N 位置时完全是液压或机械控制的。

2）控制换入超速档时间。当超速主开关接通，变速杆在 D 位时，有可能换入超速档行驶，但是如果发动机冷却液温度低于 60℃时，禁止换入超速档。

当汽车以巡航方式超速档行驶时，如果其实际车速比巡航设定车速低 4km/h，便退出超速档，直到实际车速达到设定巡航车速时才可能重新换入超速档。

3）控制锁定离合器。ECU 根据车速和节气门开度信号控制 3 号电磁阀，3 号电磁阀阀门动作使锁定延时阀移动，控制液力变矩器内部锁定离合器的接合或分离。

如果出现下列任意情况，ECU 将指令锁定离合器分离：

①制动灯亮。

②节气门开度处于怠速位置。

③冷却液温度低于 60℃时，指令锁定离合器分离的目的是提高汽车的驾驶性能和加速发动机升温。必须指出的是，若锁定离合器处于接合状态，每一次升档或降档时都会指令锁定离合器暂时分离，以减少换档时的冲击。

4）自动故障诊断功能。ECU 还具有故障自诊断功能，当 ECU 检测到电磁阀或速度传感器有故障时，"O/D OFF"指示灯就会闪烁，警告驾驶人自动变速器内有故障。如果 1 号、2 号速度传感器，1 号、2 号电磁阀有故障时，"O/D OFF"指示灯就会闪烁（注意此时必须是 O/D 开关处于 ON 位置）。如果只是 3 号电磁阀有故障，指示灯是不会闪烁的。为了检测方便，电控系统设有专用的检测插头，利用检测插头可以检测节气门位置传感器、制动信号、各档位信号和故障编码。

11.4　双离合变速器的结构与工作原理

11.4.1　双离合变速器概述

1. 双离合变速器的作用

双离合变速器（Dual Clutch Transmission，DCT），也称为直接换档变速器（Direct Shift Gearbox，DSG），因为其有两组离合器，所以称为双离合变速器。它可以克服传统汽车换档时动力传递暂时中断的现象，使变速更加平顺快速。

2. 双离合变速器的种类

（1）湿式双离合器　湿式双离合器是一大一小两组同轴安装在一起的多片式离合器，它们都被安装在一个充满液压油的密闭油腔里，因此湿式离合器结构有着更好的调节能力和优异的热熔性，它能够传递比较大的转矩。

（2）干式双离合器　干式双离合器是在湿式双离合器的技术基础上开发而来的，简化了相关的液力系统。

其工作原理为，双离合器由 3 个尺寸相近的离合片同轴相叠安装组成，位于两侧的两个离合器片分别连接 1 档、3 档、5 档、7 档和 2 档、4 档、6 档、倒档，中间盘在其间移动，分别与两个离合器片"接合"或者"分离"通过切换来进行换档。其热熔性不如湿式离合器，因此所承受的转矩相对较小，一般与小排量的发动机配合使用。

11.4.2　双离合变速器的结构

双离合变速器中的两个离合器与两根输入轴相连，换档和离合操作都是通过一个集成电子和液压元件的机械电子模块来实现的。两个离合器各自与不同的输入轴相连。如果离合器 1 通过实心轴与档位 1、3、5 相连，那么离合器 2 则通过空心轴与档位 2、4、6 和倒档相连，其结构如图 11-48 所示。（双离合自动变速器的拆装与结构认识参见《汽车构造与原理实训》教材及其光盘的项目 11.4）

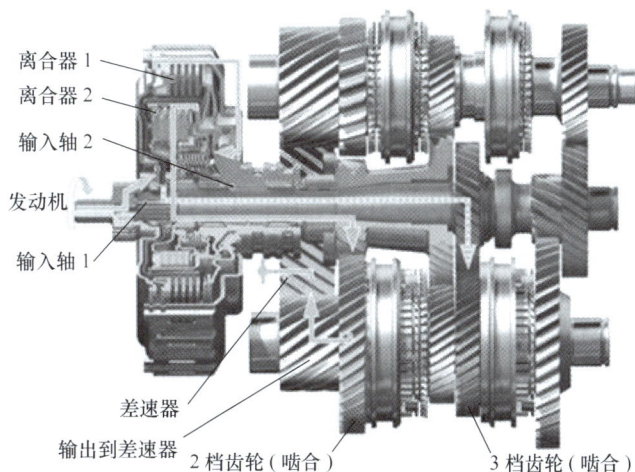

离合器 1
离合器 2
输入轴 2
发动机
输入轴 1
差速器
输出到差速器　2 档齿轮（啮合）　3 档齿轮（啮合）

图 11-48　双离合变速器的结构

11.4.3　双离合变速器的工作原理

双离合系统变速器是由两个离合器互相配合工作的，其工作原理如图11-49所示。当离合器1与1档齿轮啮合开始工作之后，离合器2与2档齿轮啮合，但离合器暂时处于分离状态；当车速升高准备换档时，离合器2与发动机输入轴接合，离合器1与1档齿轮分开，与3档齿轮啮合，为下次换档做好了准备。双离合变速器保证了动力传递的连续性，减少动力损失，在加速性和经济性上都表现得非常优秀。

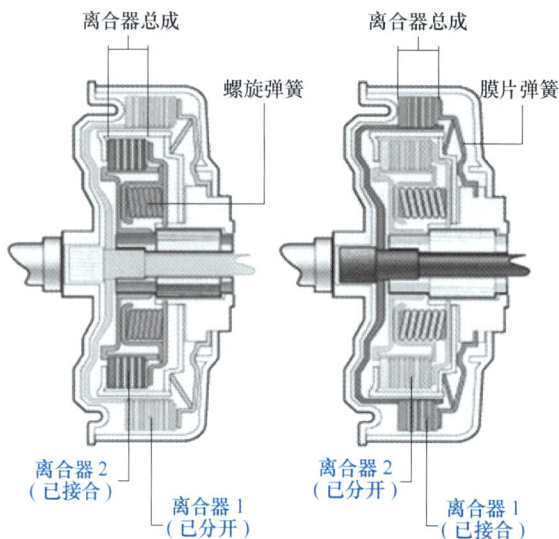

图11-49　双离合变速器的工作原理

11.5　CVT 的结构与工作原理

机械式无级自动变速器（Continuously Variable Transmission，CVT）根据车速和节气门开度来改变机械式 V 带轮的作用半径，实现无级变速。目前 CVT 以金属带式为主。

1. CVT 的基本结构

图11-50所示为日本富士重工业公司使用的 TB-40 金属带式 CVT，它将轿车传动系统的离合器、变速器、主减速器及差速器等装配成一个整体结构。（CVT 的拆装与检查调整实训参见《汽车构造与原理实训》教材及其光盘的项目11.5）

2. CVT 的基本工作原理

（1）CVT 动力传递路线　发动机→电磁离合器→主动带轮→金属传动带→从动带轮→主减速器→差速器→半轴→驱动轮。

（2）变速原理　CVT 的变速原理如图11-51所示，通过同时改变主动带轮和从动带轮的作用半径来改变传动比，其变化范围为 0.497～2.503，最大传动比与最小传动比的比值为5.036，这个值与手动换档5档变速器的值相当。这样的传动比变化范围还不能满足轿车行驶的需要，因此常与其他传动（液力耦合、电磁离合器等）配合使用。

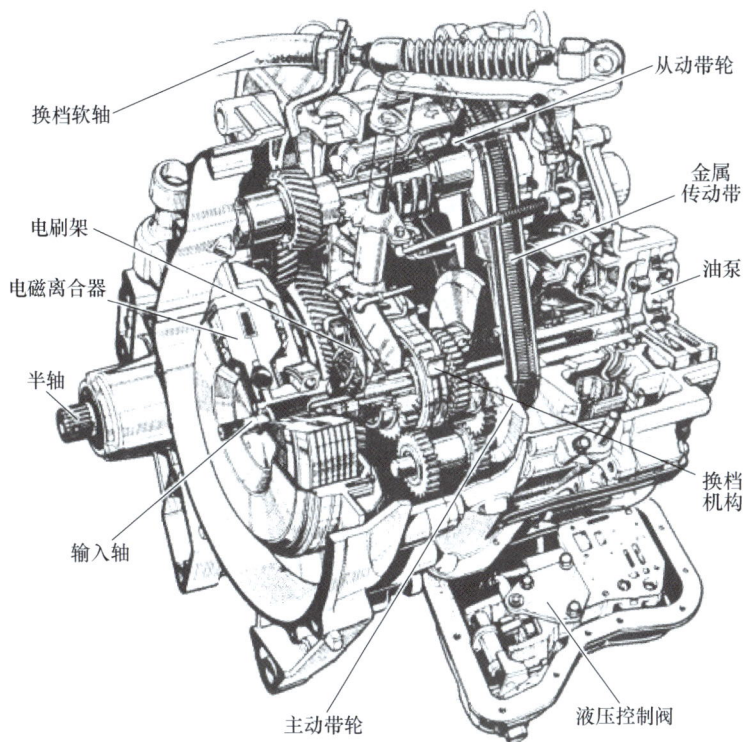

图 11-50　日本富士重工业公司使用的 TB-40 金属带式

CVT 使用的金属传动带是用多层钼合金薄钢带串上 V 形的钢片制成的（图 11-52）。这种金属传动带可承受很大的拉力和侧向压力，钢带装在工作半径可变的带轮上，靠液压力改变带轮的半径来改变传动比。

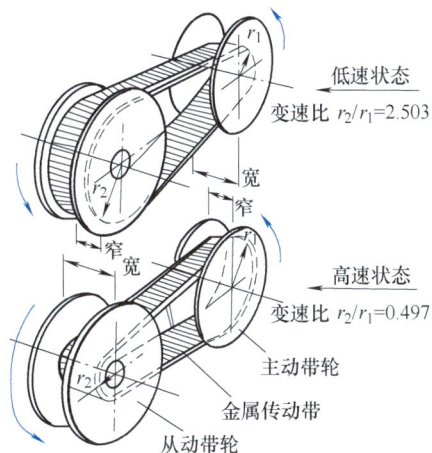

图 11-51　CVT 变速原理

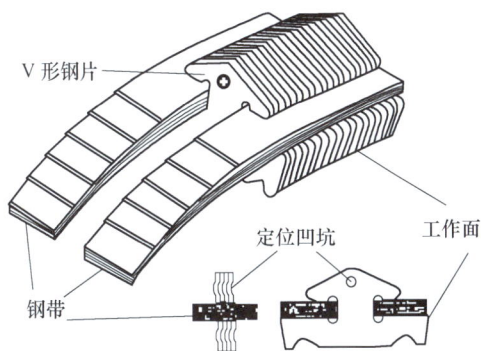

图 11-52　金属传动带的结构

（3）控制原理　CVT 的控制系统由电磁离合器控制系统和变速控制系统两部分组成（图 11-53）。

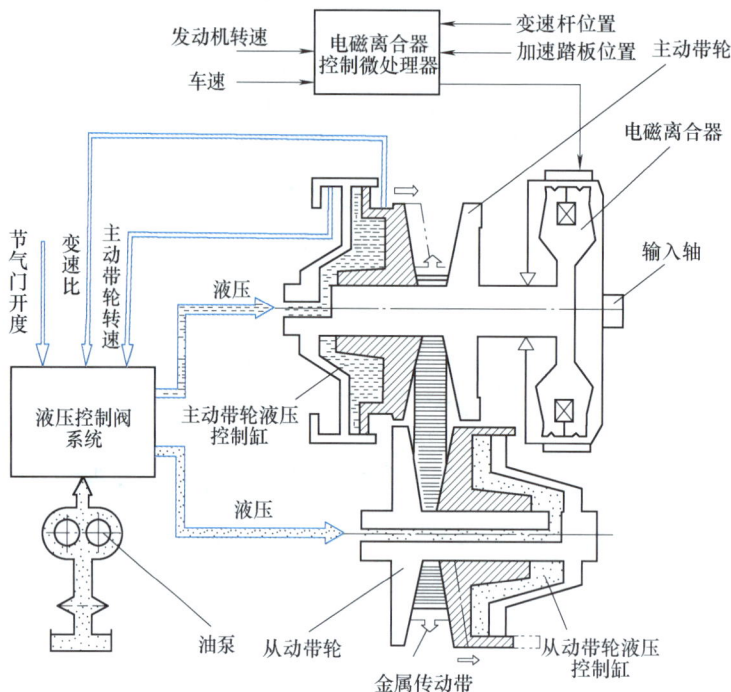

图 11-53　CVT 控制系统的原理

　　电磁离合器控制原理是当汽车起步、换档或停车时，由微机控制离合器实现分离和接合。发动机转速、车速、操纵杆位置、加速踏板位置等信息输入 ECU，经过运算处理后，可以确定当前所处的运行工况，然后从 ECU 的只读存储器中读取相应的控制参数，输出给电磁离合器，使之处于预先设定的工作状态。电子控制系统还具有失效保险、故障自诊断等功能。

　　变速控制是采用液压系统控制金属传动带传动机构，即通过主动带轮和从动带轮 V 形槽宽度的变化，来控制带轮可动锥面盘的轴向位置。液压控制系统根据发动机节气门开度、发动机转速、传动比等输入信号来控制供给主、从动带轮液压室的油压。调整液压室油压分别用换档控制阀和压力调节阀来进行。

　　此外，还有金属传动带润滑用的保压阀、将换档控制阀的动作限定在高转速范围内的 D_s 档位阀（又称为发动机辅助制动阀）、变速锁止阀等辅助阀。

11.6　汽车万向传动装置的结构与工作原理

11.6.1　汽车万向传动装置在汽车上的应用

　　万向传动装置的功用是在轴线相交且相对位置经常发生变化的两轴间传递动力，一般由万向节和传动轴组成。（万向传动装置的拆装与结构认识参见《汽车构造与原理实训》教材及其光盘的项目 11.6）

　　其在汽车上的应用如下：

1. 连接变速器与驱动桥

对发动机前置后轮驱动的汽车，变速器常与发动机、离合器连成一体支承在车架前部，而驱动桥通过悬架弹性地与车架后部连接（图 11-54）。变速器输出轴与驱动桥的输入轴不在同一轴线上，且在汽车行驶过程中，由于路面不平等原因，造成车轮及驱动桥上下跳动，使得两轴线的相对位置经常发生变化。因此，必须在两轴之间设置万向传动装置，以适应动

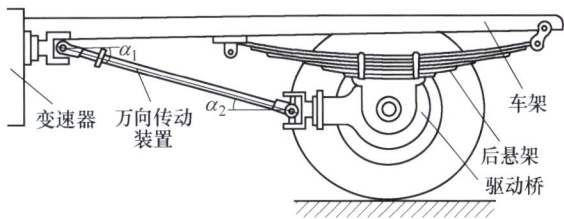

图 11-54　变速器与驱动桥之间的万向传动装置

力传递的需要。对于轴距较大的汽车，由于变速器与驱动桥距离较远，还需将传动轴分成两段或三段（图 11-55a），即中间传动轴和传动轴，且在中间传动轴后端设置中间支承。同理，越野汽车的分动器与各驱动桥之间也应设置万向传动装置（图 11-55b）。

2. 连接离合器与驱动桥或变速器与分动器

在多轴传动的汽车上，在分动器与各驱动桥之间或驱动桥与驱动桥之间也需用万向传动装置传递动力。若离合器与变速器分开或变速器与分动器分开布置时，虽然都支承在车架上，且轴线也可以设计成重合，但为了消除制造、装配误差以及车架变形对传动的影响，在其间也常设置万向传动装置（图 11-55b、c）。

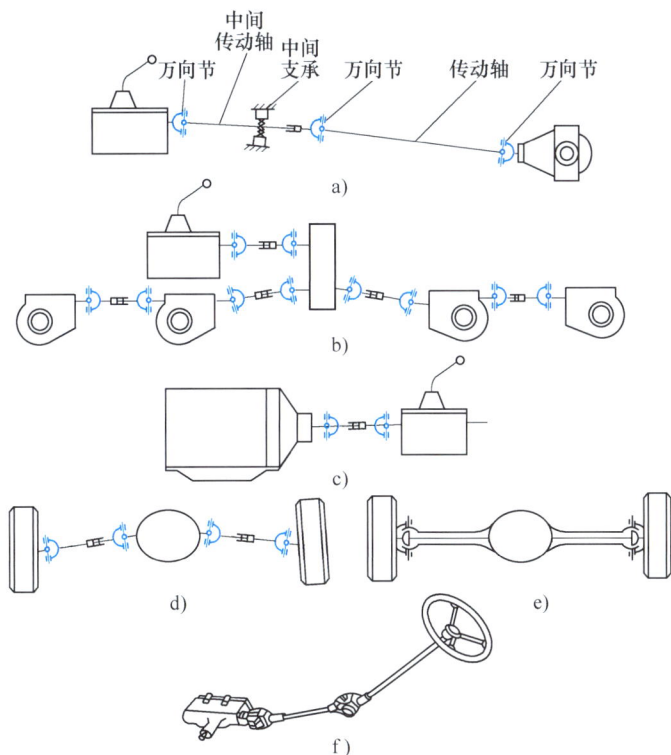

图 11-55　万向传动装置在汽车上的应用

3. 连接转向驱动桥或断开式驱动桥

在与独立悬架配合使用的断开式驱动桥中，由于左右驱动轮存在相对跳动，在差速器与车轮之间装有万向传动装置（图 11-55d）。在转向驱动桥中，前轮在偏转的过程中均需传递动力。因此，对非独立悬架的转向驱动桥，常将一侧的半轴分为内、外两段，用万向节连接（图 11-55e）。

4. 连接转向操纵机构

有些汽车的转向操纵机构由于受整体布置的限制，转向盘轴线与转向器输入轴轴线不能重合，也常设置万向传动装置（图 11-55f）。

11.6.2　万向节的类别

万向节按扭转方向上是否有明显的弹性分为刚性万向节和挠性万向节。前者靠零件的刚性铰链式连接传递动力；后者靠弹性元件传递动力，且具有缓冲减振作用。刚性万向节分为不等速万向节、准等速万向节和等速万向节。

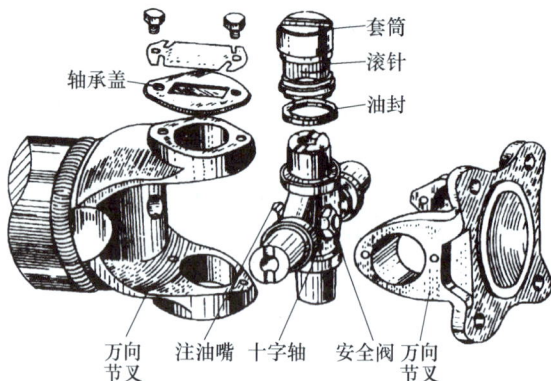

图 11-56　十字轴式刚性不等速万向节

1. 不等速万向节

图 11-56 所示为十字轴式刚性不等速万向节。为了润滑轴承，十字轴内钻有互相贯通的油道，为了提高它的密封性能，近年来在十字轴式刚性万向节上多使用橡胶油封。单十字轴式刚性万向节结构简单，工作可靠。在主动轴和从动轴之间有夹角的情况下，当主动叉等角速转动时，从动叉是不等角速的，这称为十字轴式刚性万向节的不等速特性（图 11-57）。

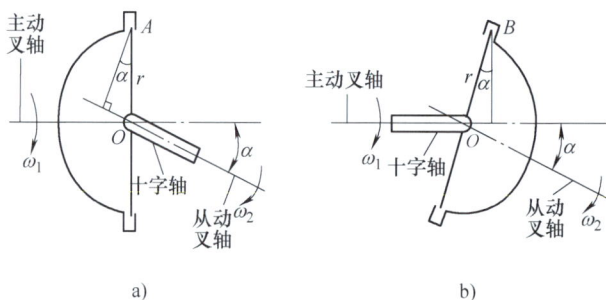

图 11-57　十字轴式刚性万向节的不等速特性

2. 准等速万向节

准等速万向节能近似地实现等速传动，常见的结构形式有双联式和三销轴式万向节两种。以双联式万向节（图 11-58）为例，双联叉相当于两个在同一平面上的万向节叉。要使两个传动轴角速度相等，必须保证 $\alpha_1 = \alpha_2$。双联式万向节允许有较大的轴间夹角，且具有结构简单、制造方便和工作可靠等优

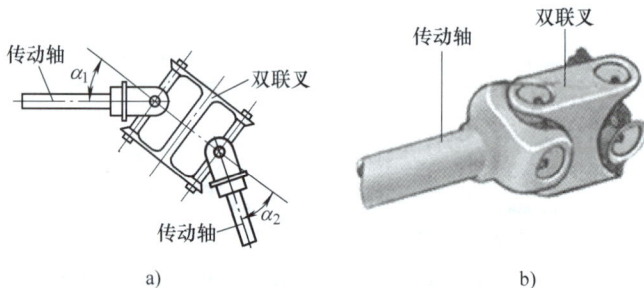

图 11-58　双联式万向节
a）结构图　b）实物图

点，故在转向驱动桥中的应用逐渐增多。

想一想
三销轴式万向节的结构与工作原理如何？

3. 等速万向节

等速万向节的基本原理是从结构上保证万向节在工作过程中其传力点始终处于两轴交角的平分面上。这一原理可由图11-59所示的一对大小相同的锥齿轮传动来说明。两齿轮夹角为 α，两齿轮啮合点 A 位于夹角的平分面上，由 A 点到两轴的距离都等于 r。在 A 点处两齿轮的圆周速度相等，因此两个齿轮旋转的角速度也相等。目前汽车上广泛采用的等速万向节有球叉式、球笼式和自由三枢轴式万向节3种。

（1）球叉式万向节 球叉式万向节的构造如图11-60所示，其结构简单，允许轴间最大交角为33°；但由于工作时只有两个传动钢球传力，而另两个钢球在反转时传力，因此钢球与滚道之间接触压力大，磨损快，影响其使用寿命；通常用于中小型越野汽车转向驱动桥。

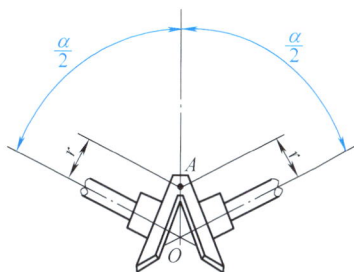

图11-59 等速万向节的传动原理

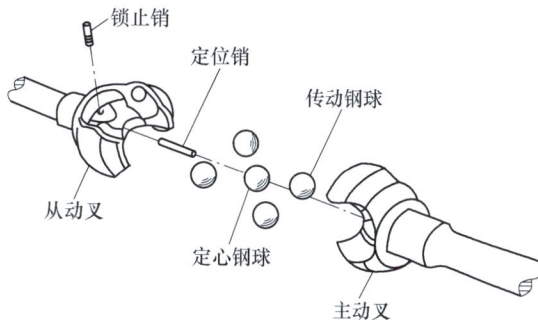

图11-60 球叉式万向节的构造

（2）球笼式万向节 球笼式万向节的构造如图11-61所示。在工作时，无论传动方向如何，6个钢球全部参加传力，与球叉式万向节相比，改善了受力状况，减轻了磨损，且结构紧凑，拆装方便，因此应用越来越广泛。

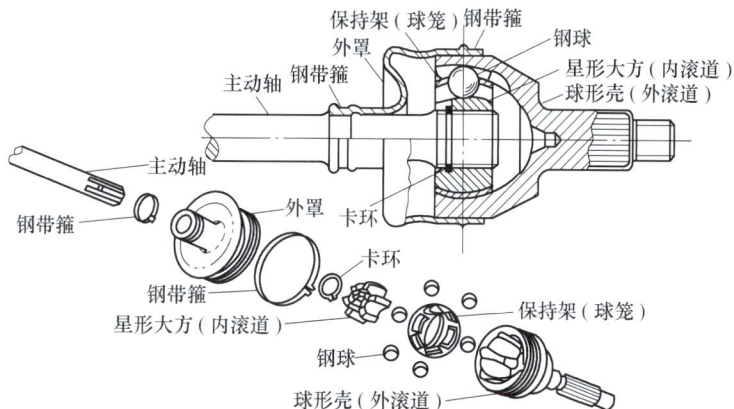

图11-61 球笼式万向节的构造

（3）自由三枢轴式万向节　自由三枢轴式万向节的结构如图 11-62 所示。3 个枢轴位于同一平面内成 120°，它们的轴线垂直于传动轴并且与传动轴轴线交于同一点。

当输出轴与输入轴交角为 0° 时，由于三枢轴的自动定心作用，能自动使两轴轴线重合。当输出轴与输入轴交角不为 0° 时，滚子轴承既可绕枢轴轴线转动，又可沿槽形轨道滑动，这样就保证了输入轴和输出轴之间始终可以传递动力。因滚子轴承外表面为球面，与之配合的轨道为圆柱面，所以可以保证枢轴轴线与相应槽形轨道的轴线始终相交，并且自由三枢轴万向节是等速传动的。

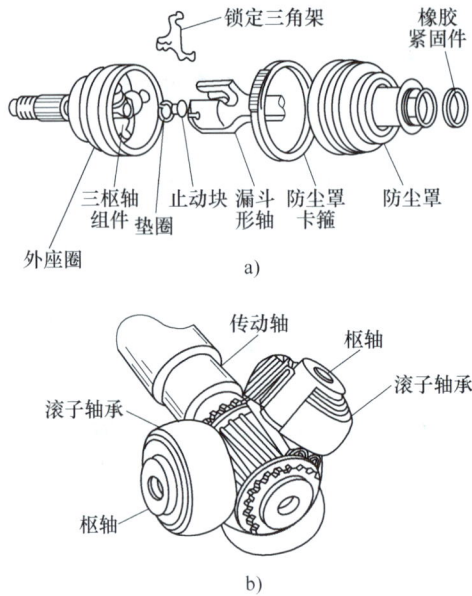

图 11-62　自由三枢轴式万向节的结构
a）分解图　b）自由三枢轴组件

想一想　自由三枢轴万向节是如何实现等速传动的？

4. 挠性万向节

挠性万向节（图 11-63）依靠弹性元件的弹性变形适应变交角两轴间的传动。由于弹性元件的弹性变形量有限，故挠性万向节一般用于两轴交角不大于 5° 的万向传动中，常用以连接都安装在车架或车身上的两个部件，以消除安装误差和变形的影响。挠性万向节还具有缓冲、减振作用，结构简单，无需润滑。

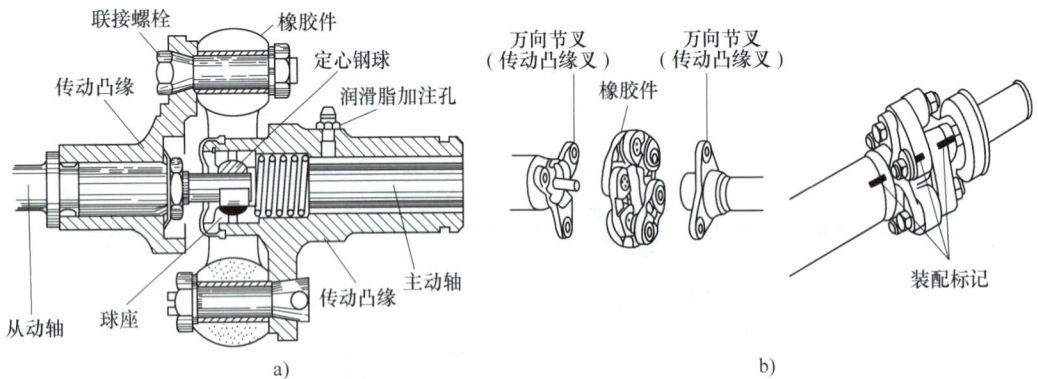

图 11-63　挠性万向节
a）结构图　b）立体图

11.6.3　传动轴和中间支承

1. 传动轴

传动轴是万向传动装置中的主要传力部件，通常用来连接变速器和驱动桥，在转向驱动桥和断开式驱动桥中，则用来连接差速器和驱动轮。

2. 中间支承

当传动轴过长时，因自振频率降低，易产生共振，故将其分成两段并加中间支承，通常中间支承安装在车架横梁上。图 11-64 所示为蜂窝软垫式中间支承。由于采用弹性支承，传动轴可在一定范围内向任意方向摆动，并能随轴承一起做适当的轴向移动，因此能有效地补偿安装误差及轴向位移。此外，还可以吸收振动、减少噪声传导。这种支承结构简单，效果良好，应用较广泛。

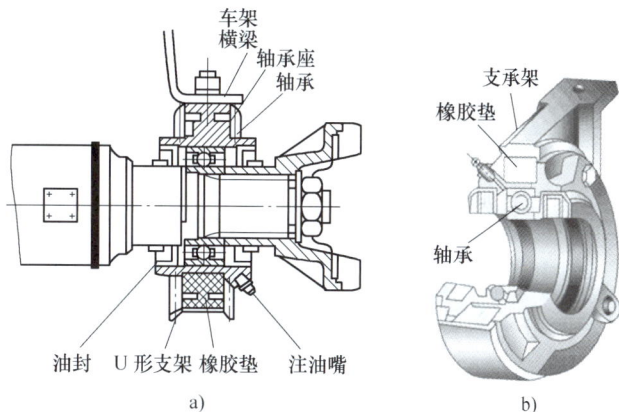

图 11-64　蜂窝软垫式中间支承
a）剖视图　b）实物图

11.7　汽车驱动桥的结构与工作原理

11.7.1　驱动桥的基本结构与类型

驱动桥的结构如图 11-65 所示（驱动桥的拆装与结构认识参见《汽车构造与原理实训》教材及其光盘的项目 11.7）。其功用是将变速器输出的转矩依次经主减速器、差速器和半轴等传到驱动轮；通过主减速器齿轮副实现减速增矩，需要时改变动力的传递方向；通过差速器来实现左右驱动轮以不同的转速旋转，即差速作用。

驱动桥按结构的形式可分为非断开式和断开式两类，在汽车上的布置形式如图 11-66 所示。

图 11-65　驱动桥的结构

非断开式驱动桥又称为整体式驱动桥（图 11-65），与非独立悬架配合使用。其特点是驱动桥两端通过弹性悬架与车架连接，而半轴套管和主减速器壳刚性地连成一体，即左、右半轴和驱动轮不存在相对运动。

断开式驱动桥适用于独立悬架，其特点是两侧的驱动轮分别用悬架弹性与车架相连，两轮可独立地相对于车架上下跳动。现代汽车的断开式驱动桥更多的是省去桥壳的半轴套管

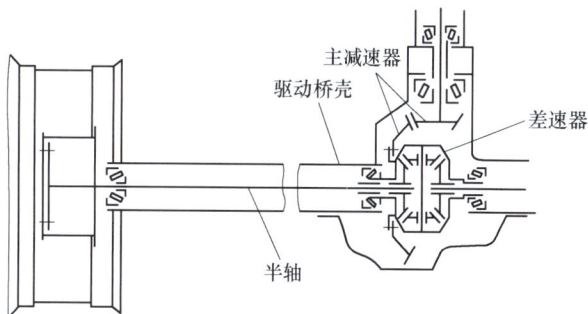

（图 11-67），主减速器的壳体与驱动轮的轮轴之间通过摆臂铰链连接，差速器与车轮之间的半轴分段并用万向节连接。

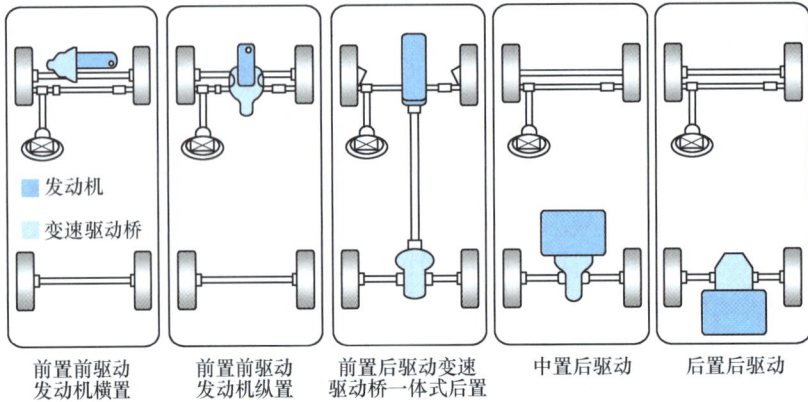

前置前驱动　　前置前驱动　　前置后驱动变速　　中置后驱动　　后置后驱动
发动机横置　　发动机纵置　　驱动桥一体式后置

■ 发动机
■ 变速驱动桥

图 11-66　驱动桥在汽车上的布置形式

11.7.2　主减速器

1. 主减速器的功用与类型

（1）主减速器的功用　主减速器的功用是将万向传动装置传来的转矩增大，降低转速。对发动机纵置的汽车，还可以改变转矩的传递方向。

（2）主减速器的类别　为满足不同的使用要求，主减速器有不同的结构类型，其分类及结构特点见表11-7。

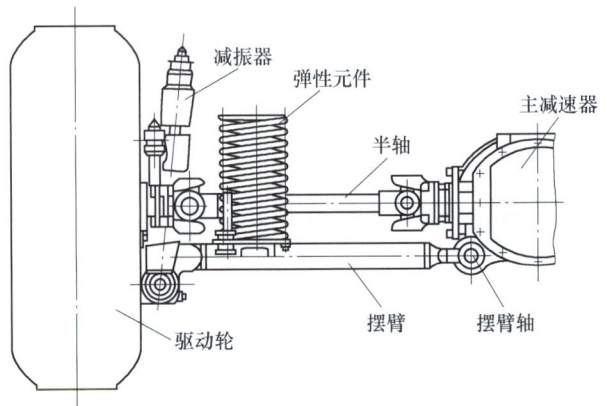

图 11-67　无半轴套管的断开式驱动桥

表 11-7　主减速器的分类及结构特点

分类方法	类别		特　　点	应　　用
按参加传动的齿轮副分	单级主减速器		只有一级减速	一般汽车
	双级主减速器[1]		有多级减速	重型汽车、越野车和大型客车
按主减速器传动比的档数分	单速主减速器		传动比是一个定值	
	双速主减速器		有两个传动比可供选择	具有副变速器的作用
按齿轮副结构形式分	圆柱齿轮式		圆柱齿轮	发动机横置前轮驱动的汽车
	圆锥齿轮式	曲线锥齿轮式	圆锥齿轮	发动机纵置的汽车
		准双曲面锥齿轮式	曲面锥齿轮，轮齿强度高	发动机纵置的汽车

[1]　有的汽车将双级主减速器的第二级齿轮减速机构制成同样的两套，分别装设在两侧驱动车轮旁，称为轮边减速器。

2. 主减速器的基本结构

图 11-68 所示为上海桑塔纳轿车单级减速器。主动锥齿轮通过从动锥齿轮连接在差速器壳上，和差速器壳一起用两个圆锥滚子轴承支承在主减速器壳的座孔中。主减速器壳内注入齿轮油，在从动锥齿轮的带动下甩到齿轮、轴和轴承上进行润滑。

11.7.3　差速器

1. 差速器的作用

当汽车转弯行驶时，内、外两侧车轮在同一时间内要移动不同的距离，外轮移动的距离比内轮大。差速器的作用就是将主减速器传来的动力传给左、右两半轴，并在转弯行驶时允许左、右半轴以不同的转速（差速）旋转。装在同一驱动桥左、右半轴之间的差速器称为轮间差速器；装在多轴汽车各驱动桥之间的差速器称为轴间差速器。差速器按其工作特性可分为普通齿轮式差速器和防滑差速器两类。

图 11-68　上海桑塔纳轿车单级减速器

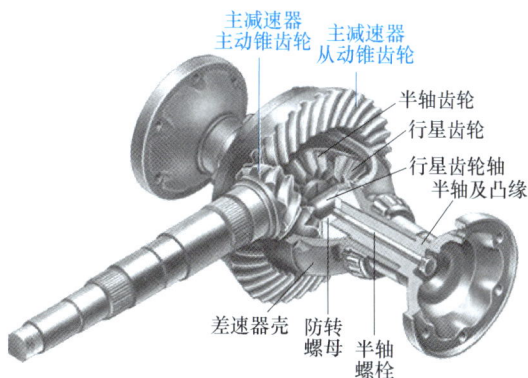

2. 普通齿轮式差速器的结构与工作原理

（1）基本结构　普通齿轮式差速器的结构如图 11-69 所示。

（2）差速器的工作原理　如图 11-70 所示，差速器壳与行星轮轴连成一体，形成行星架，因为它与主减速器的从动锥齿轮固定连接，因此为主动件，设其角速度为 ω_0。半轴齿轮为从动件，其角速度分别为 ω_1 和 ω_2。A、B 两点分别为行星齿轮与两半轴齿轮的啮合点。行星齿轮的中心点为 C，A、B、C 三点到差速器旋转轴线的距离均为 r。当行星齿轮只是随同行星架绕差速器旋转轴线公转时，处在同一半径上的 A、B、C 三点的圆周速度都相等（图 11-70b），其值为 $\omega_0 r$。于是 ω_1、ω_2、ω_0 相等，也就是差速器不起差速作用，两半轴角速度等于差速器壳的角速度。

图 11-69　普通齿轮式差速器的结构

当行星齿轮在公转的同时还绕本身的轴以角速度 ω_4 自转时（图 11-70c），啮合点 A 的圆周速度为

$$v_A = \omega_1 r = \omega_0 r + \omega_4 r_4$$

啮合点 B 的圆周速度为

$$v_B = \omega_2 r = \omega_0 r - \omega_4 r_4$$

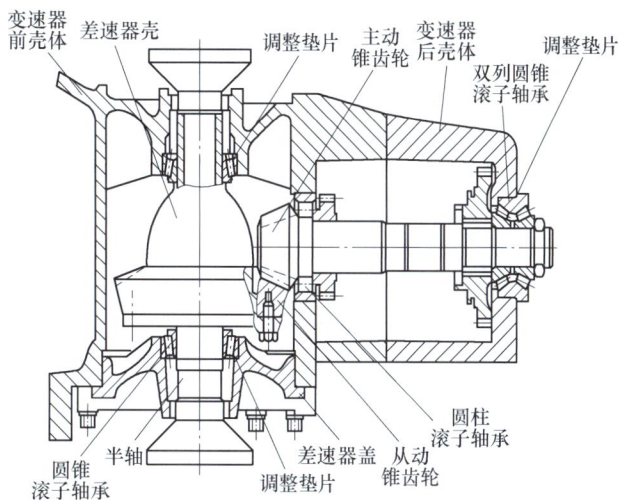

因此

$$v_A + v_B' = \omega_1 r + \omega_2 r = （\omega_0 r + \omega_4 r_4）+（\omega_0 r - \omega_4 r_4）$$

即

$$\omega_1 + \omega_2 = 2\omega_0$$

若用转速 n 来表示角速度，则有

$$n_1 + n_2 = 2n_0$$

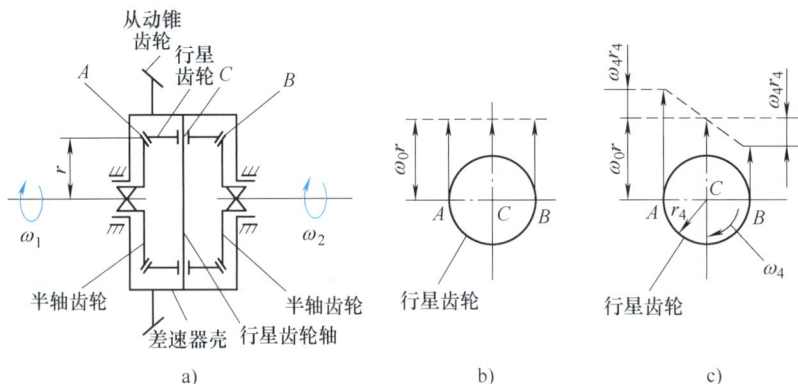

图 11-70　差速器的工作原理

a）差速器机构简图　b）不起差速作用　c）起差速作用

这就是两半轴齿轮直径相等的对称式锥齿轮差速器的运动特性方程式。由此可以看出，左、右两侧半轴齿轮的转速之和等于差速器壳转速的两倍，与行星齿轮的转速无关。当差速器壳转速为零时，若一侧半轴齿轮因受其他外力矩而转动，另一侧半轴齿轮则以相同的转速反向转动；当任何一侧半轴齿轮的转速为零时，差速器的转矩分配示意图如图 11-71 所示。设主减速器传至差速器壳的转矩为 M_0，经行星轮轴和行星轮传给两半轴齿轮，两半轴齿轮的转矩分别为 M_1 和 M_2。

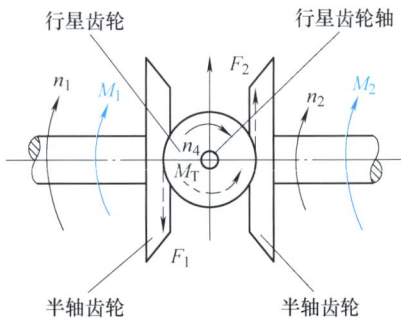

图 11-71　差速器的转矩分配示意图

当行星轮不自转（即 $n_4 = 0$）时，则行星齿轮内孔和背面所受的总摩擦力矩 $M_T = 0$，行星齿轮相当于一个等臂杠杆，均衡拨动两半轴齿轮转动。所以，差速器将转矩 M_0 平均分配给两半轴齿轮，即 $M_1 = M_2 = M_0/2$。

当行星轮按图 11-71 中 n_4 方向自转时（此时 $n_1 > n_2$），行星轮所受摩擦力矩 M_T 与 n_4 方向相反，从而使行星轮分别对半轴齿轮 1 和 2 附加作用了大小相等而方向相反的两个圆周力 F_1 和 F_2。使传到转速快的半轴齿轮 1 上的转矩 M_1 减小，而使传到转速慢的半轴齿轮 2 上的转矩 M_2 增加，且 M_1 的减小值等于 M_2 的增加值，即等于 $M_T/2$。所以，当两侧驱动轮存在转速差时（ $n_1 > n_2$），有

$$M_1 = （M_0 - M_T）/2,\quad M_2 = （M_0 + M_T）/2$$

目前广泛使用的对称式行星齿轮差速器的 M_T 很小，故可近似地认为任何时候有 $M_1 = M_2 = M_0/2$，即无论差速器是否起作用，都具有转矩等量分配的特性。这样的转矩等量分配

特性对汽车在好路面上行驶是有利的，但会严重影响汽车在坏路面上行驶时的通过能力。为了提高汽车在坏路上的通过能力，可采用防滑差速器。当汽车某一侧驱动轮发生滑转时，差速器的差速作用即被锁止，并将大部分或全部转矩分配给未滑转的驱动轮，充分利用未滑转车轮与地面之间的附着力，来产生足够大的牵引力驱动汽车继续行驶。

3. 防滑差速器

汽车上常用的防滑差速器有强制锁止式和自锁式两大类。前者通过驾驶人操纵差速锁，人为地将差速器暂时锁住，使差速器不起差速作用。后者在汽车行驶过程中，根据路面情况自动改变驱动轮间的转矩分配。

以摩擦片式自锁差速器为例，其结构如图 11-72 所示。

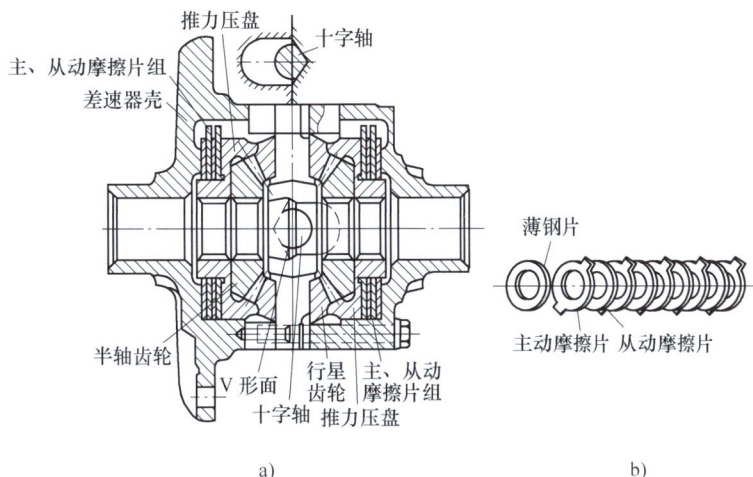

图 11-72　摩擦片式自锁差速器

a）装配图　b）主、从动摩擦片组

当汽车直线行驶、两半轴无转速差时，转矩平均分配给两半轴。由于差速器壳通过 V 形斜面驱动行星齿轮轴，在传递转矩时，斜面上产生的平行于差速器轴线的轴向分力迫使两根行星齿轮轴分别向左、右方向略微移动，通过行星齿轮推动推力压盘压紧摩擦片。此时转矩经两条路线传给半轴：一路经行星齿轮轴、行星齿轮和半轴齿轮将大部分转矩传给半轴；另一路则由差速器壳、主从动摩擦片和推力压盘传给半轴。

当汽车转弯或一侧车轮在坏路面上滑转时，行星齿轮自转，差速器起差速作用，使左、右半轴转速不相等。由于转速差及轴向力的存在，主、从动摩擦片间将产生摩擦力矩，且经从动摩擦片及推力压盘传给两半轴的摩擦力矩方向相反，与转速快的半轴的转向相反，而与转速慢的半轴的转向相同，因而使得转速慢的半轴所分配到的转矩大于转速快的半轴所分配到的转矩。摩擦作用越强，两半轴的转矩差越大，最大可达 5～7 倍。摩擦片式自锁差速器结构简单，工作平稳，多用于轿车或轻型货车。

4. 电子差速锁

电子差速锁利用轮速传感器的信息及车辆其他传感器信息对车轮的工作状态和车辆行驶状态做出判断，当监测到车轮将发生打滑或已经打滑时，制动系统能够对打滑的车轮实施制动，这相当于提高了打滑车轮这一侧的附着系数，使传递到轮端的有效转矩提升，差速器就

能够传递足够的驱动转矩驱动外侧车轮转动，使车辆保持方向的可控性。电子差速锁结构简单，组件得到了广泛的应用。

5. 托森差速器

托森差速器是一种新型的中央轴间差速器，在四轮驱动的轿车上应用日益广泛。

奥迪80和奥迪90全轮驱动的轿车上所采用的就是这种差速器。其在整车传动系统中的安装位置及转矩传递路线如图11-73所示。发动机输出的转矩经输入轴输入变速器，经相应档位变速后，由输出轴输入到托森差速器的外壳。经托森差速器的差速作用，一部分转矩通过差速器齿轮轴传至前桥；另一部分转矩通过驱动轴凸缘盘传至后桥，实现前、后轴同时驱动和前、后轴转矩的自动调节。

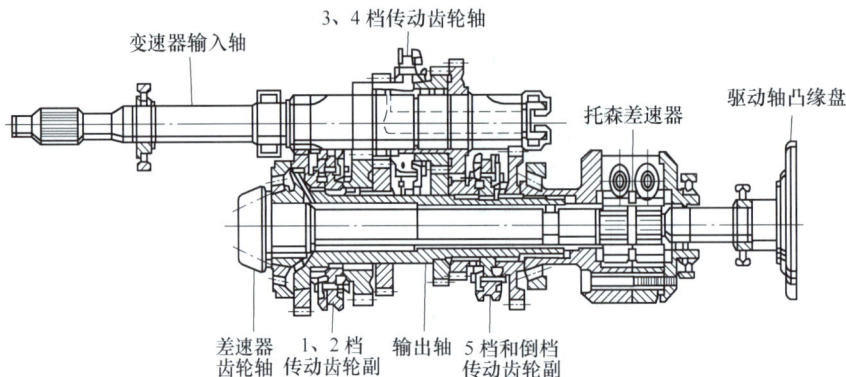

图 11-73　奥迪全轮驱动轿车变速器和托森差速器

图11-74所示为托森差速器的结构。空心轴和差速器外壳通过花键相连而一同转动。蜗轮通过蜗轮轴固定在差速器壳上，3对蜗轮分别与前轴蜗杆及后轴蜗杆相啮合，每个蜗轮上固定有两个圆柱直齿轮。与前、后轴蜗杆相啮合的蜗轮彼此通过直齿圆柱齿轮相啮合，前轴蜗杆和驱动前桥的差速器前齿轮轴为一体，后轴蜗杆和驱动后桥的驱动轴凸缘盘为一体。

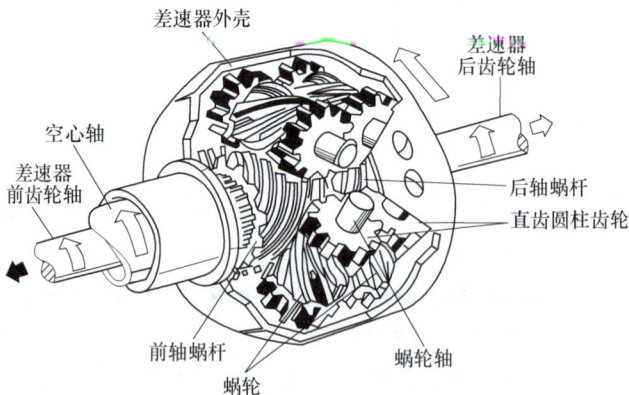

图 11-74　托森差速器的结构

当汽车行驶时，来自发动机的驱动力通过空心轴传至差速器外壳，差速器外壳通过蜗轮轴传至蜗轮，再传到蜗杆。前轴蜗杆通过差速器前齿轮轴将驱动力传至前桥，后轴蜗杆通过

差速器后齿轮轴传至后桥，从而实现前、后驱动桥的驱动牵引作用。

当汽车转向时，前、后驱动桥出现转速差，则可依靠啮合的直齿圆柱齿轮的相对运动，使一轴转速加快，另一轴转速减慢，实现差速作用。转速比差速器壳慢的半轴蜗杆受到 3 个蜗轮给予的与转动方向相同的附加转矩，而转速比差速器壳快的半轴蜗杆受到反向的附加转矩，从而使转速低的半轴蜗杆比转速高的半轴蜗杆得到的驱动转矩大，即当一侧驱动轮打滑时，附着力大的驱动轮比附着力小的驱动轮得到的驱动转矩大。

11.7.4　半轴与桥壳

1. 半轴

半轴是在差速器和驱动轮之间传递动力的实心轴，结构因驱动桥结构形式的不同而异。非断开式驱动桥中的半轴为一根整体刚性轴（图 11-75）。转向驱动桥和断开式驱动桥中的半轴是分段的并用万向节连接（图 11-76）。

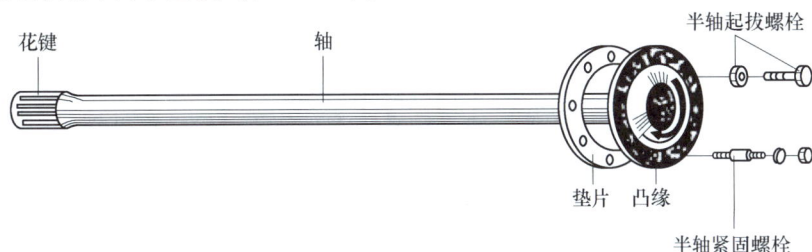

图 11-75　半轴

图 11-76　断开式驱动桥的半轴

2. 桥壳

桥壳除了安装并保护主减速器、差速器和半轴之外，其主要功用是通过悬架支承汽车，承受驱动轮传来的反力和力矩，并将在驱动轮的牵引力、制动力和侧向力通过悬架传给车架或车身。

11.7.5　四轮驱动系统

四轮驱动系统用于将发动机动力传向 4 个驱动车轮，以增加汽车在道路不好的情况下行驶的牵引力，同时改善汽车转弯时的操纵性能。四轮驱动系统分为可转换四轮驱动系统（4WD）、全时四轮驱动系统（AWD）和电子控制自动全轮驱动系统。

1. 可转换四轮驱动系统

可转换四轮驱动系统可进行两轮驱动和四轮驱动之间的转换，主要结构如图 11-77 所

示。为了将变速器输出的动力分配到各驱动桥，四轮驱动系统均装有分动器，用于将变速器输出的动力分配到各驱动桥。其基本结构是一个齿轮传动系统。

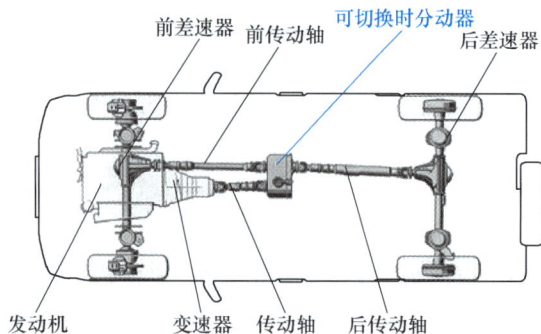

图 11-77　可转换的四轮驱动系统

大多数可转换四轮驱动的越野汽车使用了前轮锁定毂，它是一种使轮毂进入或脱离半轴外端啮合的离合器。它安装在可转换四轮驱动系统汽车前驱动轮轮毂外端，当转动锁定毂至锁定位置时（图 11-78a），轮毂与半轴被锁定，从而一起转动。当锁定毂脱离锁定，半轴并不转动，车轮在毂的轴承上自由运转，而不带动差速器、前传动轴等发生转动。

锁定毂离合器有内、外两毂，外毂始终与轮毂相连，内毂由弹簧压力驱动，与半轴相连。当毂处于锁定位置时，弹簧压力使离合器接合到与半轴相连的内毂，如图 11-78b 所示。由于离合器连接到外毂，则离合器的接合将半轴与毂连接起来。在脱离锁定的位置，离合器不与内毂接合，车轮可以在轴承上自由旋转。

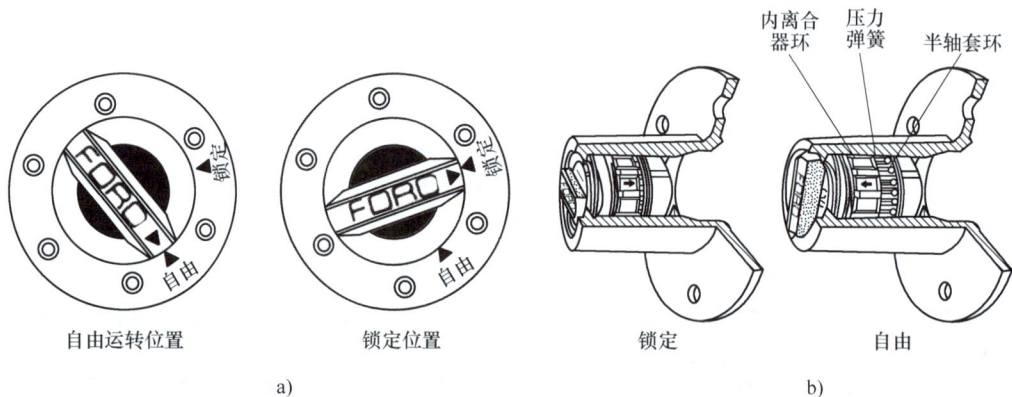

图 11-78　锁定毂

a）手动锁定毂的旋钮位置　b）锁定毂的动作

锁定毂主要用于长时间选用两轮驱动模式时，使前轮与前驱动半轴脱离接合，此时前轮作为自由轮转动。在两轮驱动模式下，分动器将与前传动轴的动力传递中断。这样整个前轴、前差速器、前减速器、前传动轴及分动器中的某些零件同时与变速器、前轮断开，停止转动，减少了这些部件的磨损，降低了行使阻力。当四轮驱动时，前毂必须锁定。

2. 全时四轮驱动系统

全时四轮驱动系统始终是四轮驱动，又称为全轮驱动。它不适用于越野行驶，而是设计成在不良附着力情况下（如在有冰或雪的道路上）来增强汽车的附着性能，以产生最大的驱动力。

大多数全时四轮驱动系统采用一个轴间差速器来分流前、后桥之间的动力。轴间差速器可自动锁定，或者由驾驶人用开关手动锁定。

黏液联轴差速器（简称 VC）广泛用于全时四轮驱动系统的轴间连接，它同时起到联轴器和防滑差速器的作用。其基本结构是一密封在壳体中的多片离合器（图 11-79），由一个内装若干紧配合的薄圆钢盘、充满黏稠液体的圆筒组成。一组内盘与输入轴连接，另一组外盘装在联轴器壳体上与输出轴相连。来自输入轴的转矩利用圆筒内黏稠液体的油膜的剪切力传递给输出轴。黏液联轴差速器的输入轴即是前驱动桥主减速器的主动轴，直接由变速器驱动；输出轴经传动轴驱动后桥主减速器。由于利用液体传递力矩，保证了前后驱动桥可以存在速度差。

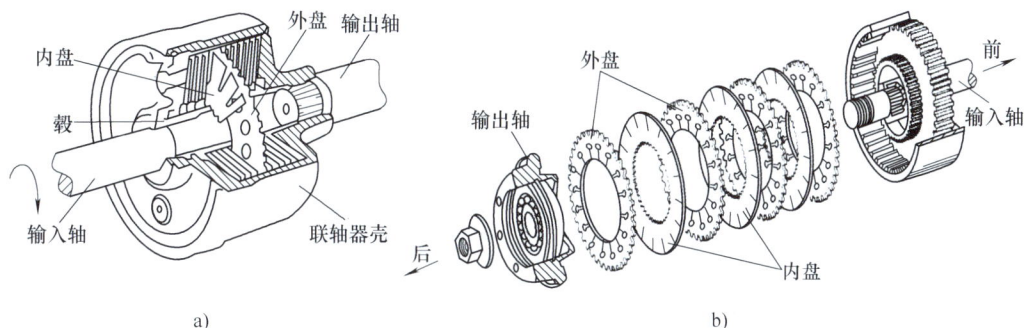

图 11-79　黏液联轴差速器

a）结构图　b）分解图

黏液联轴差速器传递转矩的工作介质一般是硅油。当输入轴与输出轴有转速差时，硅油被搅动，温度升高，产生热膨胀，硅油黏度和黏液联轴差速器内部压力增高。转速差越大，硅油黏度和黏液联轴差速器内部压力增高越大，由输入轴传递给输出轴的转矩就越大。

3. 电子控制自动全轮驱动系统

电子控制自动全轮驱动系统以前轮驱动传动系统为基础，使用了黏液联轴差速器作为轴间差速器，把动力传递到后部。由电子控制系统根据路况对黏液联轴差速器内黏液的压力进行控制，从而控制前、后桥的动力分配。全轮驱动系统电子控制装置也称为变速器控制装置或 TCU。

电子控制自动全轮驱动系统的工作原理如图 11-80 所示。传感器监视前、后驱动桥的速度、发动机速度以及发动机和动力传动系统上的负载。电子控制装置接收来自传感器的信号，经分析后向负载螺线管发出控制信号。负载螺线管在给定占空比的脉冲的作用下迅速地循环开、关，从而控制轴间差速器的液流，进而控制轴间差速器内离合器片的接合与分离，使动力按一定比例向前、后桥分配。这种动力分流发生得相当迅速，以致驾驶人意识不到驱动力的问题。动力在前、后桥分配的比例范围一般是从95%前轮驱动和5%后轮驱动分流至50%前轮驱动和50%后轮驱动。某些按需求启动的四轮驱动系统仅在第一驱动桥开始分离之后才向第二驱动桥供给动力。

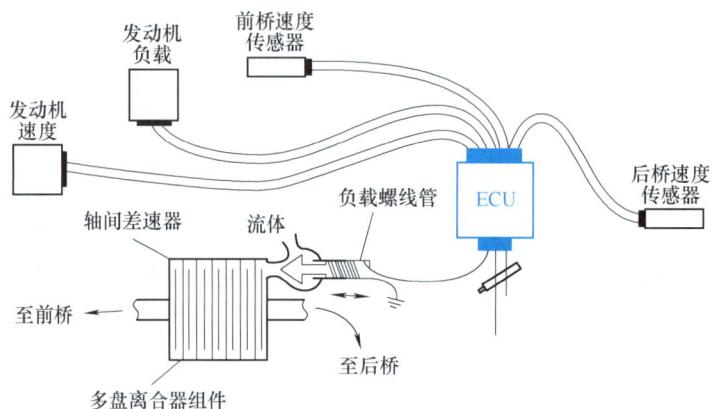

图 11-80 电子控制自动全轮驱动系统的工作原理

本章小结

1. 离合器的作用是暂时分离和平顺接合发动机的动力传递。摩擦式离合器由主动部分、从动部分、压紧装置和操纵机构四部分组成。离合器分离间隙和踏板自由行程应定时进行检查、调整。

2. 变速器的功用有变速变矩、实现倒车、中断动力及实现动力输出等功能，分为手动变速器和自动变速器两类。

3. 手动变速器主要由传动机构、同步器及操纵机构三部分组成，通过多组一对或一对以上不同齿数的齿轮啮合，来实现传动比的变化。

4. 自动变速器绝大部分采用电控液力自动变速器，主要由液力变矩器、齿轮变速器、液压控制系统和电子控制系统等组成。双离合变速器其有两组离合器，可以克服传统汽车换档时动力传递暂时中断的现象，使变速更加平顺、快速。

5. CVT 根据车速和节气门开度来改变机械式 V 带轮的作用半径，实现无级变速。

6. 驱动桥由主减速器、差速器、半轴和桥壳等组成。其功用是将变速器输出的转矩传到驱动轮，实现增矩减速，并有差速作用。驱动桥分为非断开式和断开式两类。非断开式驱动桥与非独立悬架配合使用，断开式驱动桥适用于独立悬架。

7. 差速器的功用是将主减速器传来的动力传给左、右两半轴，并在汽车转向时允许左、右半轴以不同转速旋转。

8. 四轮驱动系统可以增加汽车的牵引力，同时在汽车转弯时能改善操纵性能，可分为可转换四轮驱动系统、全时四轮驱动系统和电子控制自动全轮驱动系统。

思考题

1. 名词解释：离合器分离间隙、离合器踏板自由行程、手动变速器、自动变速器、半自动变速器、有级变速器、无级变速器、综合式变速器、双离合变速器、脱档、跳档、刚性万向节、挠性万向节、不等速万向节、准等速万向节、等速万向节、断开式驱动桥、非断开式驱动桥、单级主减速器、双级主减速器、轮边减速器、可转换四轮驱动系统、全时四轮驱动系统。

2. 分析桑塔纳汽车手动变速器档位及动力传递路线。

3. 简要分析手动变速器操纵机构安全装置的工作原理。

4. 液力变矩器由哪些部件组成？简述其基本的工作原理。

5. 行星齿轮机构由哪些部件组成？其基本工作原理如何？

6. 液压控制系统由哪些部件组成？简述其基本工作情况。

7. 电控自动变速器电子控制系统由哪些部件组成？简要分析其控制原理。

8. 万向传动装置由哪些部分组成？如何分类？

9. 汽车驱动桥由哪几部分组成？如何分类？

10. 差速器的功用是什么？其运动和动力是如何传递的？

11. 托森差速器的基本结构和工作特点是什么？

12. 电子控制自动全轮驱动系统的基本结构与工作原理如何？

第 ⑫ 章

汽车行驶系统

内容架构

第 12 章　汽车行驶系统

- 12.1　车轮的结构与工作原理
- 12.2　车桥与车轮定位
- 12.3　汽车悬架的结构与工作原理

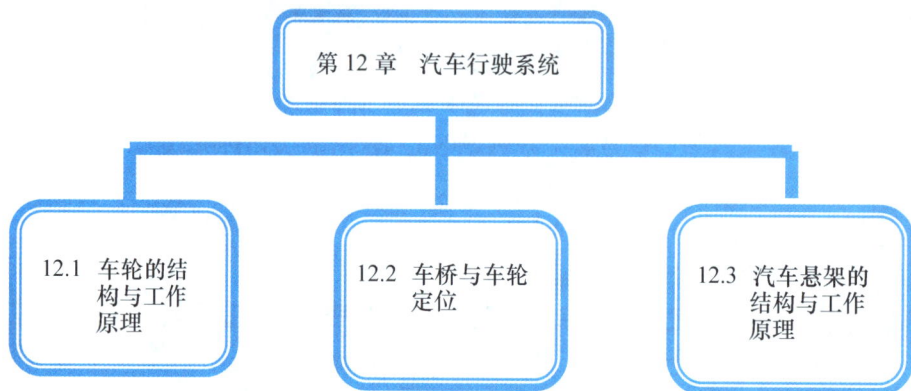

教学目标要求、重点与难点

序号	教学目标要求	教学重点	教学难点
1	掌握车轮的组成与轮胎的结构与工作原理	✓	
2	理解轮胎压力监测系统 TPMS 和零气压轮胎结构与工作原理	✓	
3	掌握各类型车轿的结构	✓	
4	掌握车轮定位参数及其运用	✓	✓
5	掌握独立和非独立悬架的结构与工作原理	✓	✓
6	理解电子悬架的结构与工作原理		✓
7	能够识别汽车行驶系统各总成与零部件	✓	

12.1　车轮的结构与工作原理

车轮与轮胎组成车轮总成,习惯上简称为车轮。图 12-1 所示为奥迪 100 型轿车的车轮总成。车轮和轮胎与汽车的行驶平顺性、操纵稳定性和安全性等有密切的关系。其主要功用如下:

1) 承受各个方向的作用力,包括支承汽车重量,产生驱动力、制动力、转向时的向心力及抗侧滑的侧向力。

2) 缓和路面不平引起的冲击。

3) 行驶中发生侧偏时具有自动回正能力,保证汽车直线行驶或正常转向。

4) 保证汽车有一定越过路障的通过性。

12.1.1　车轮

车轮是介于轮胎和车轿之间承受负荷的旋转组件,通常由轮辋和轮辐组成（图 12-2）。

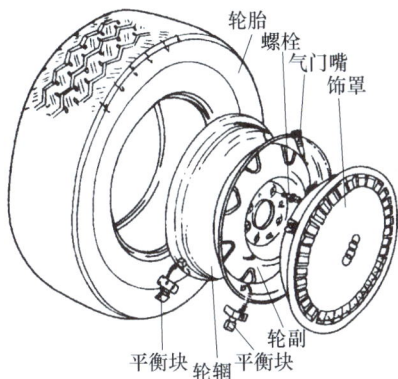

图 12-1　奥迪 100 型轿车的车轮总成　　　　图 12-2　车轮的结构

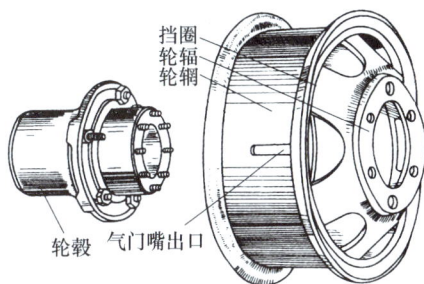

轮辋是轮胎装配和固定的基座。为了准确地保证轮胎的形状,根据汽车的用途,轮辋有多种形状。

轮辐是车轮和轮毂的连接件,用于传递各种载荷。轮辐按结构分有辐板式和辐条式,按材质分有钢制轮辐、铝合金轮辐和镁合金轮辐等。

钢制车轮价格低廉、应用最广。铝合金车轮的轮辐与轮辋铸成一体,靠本身的旋转从制动器排出行驶风,这种车轮的旋转方向是固定的,在更换轮胎时不能装错方向。铝合金铸造车轮比钢制车轮轻,散热性好（散发制动摩擦热量）,并且造型美观,得到广泛应用。镁合金铸造车轮比铝制车轮还要轻,但由于价格昂贵而且耐腐蚀性差,普及率很低。目前,质量轻、廉价、美观的碳素纤维等塑料车轮在研制中。

一般轿车、轻型货车等都用单式车轮。载重量较大的货车后桥一般装用双式车轮,即在同一轮毂上安装两套轮辐和轮辋。

12.1.2　轮胎

1. 轮胎的功用与基本结构

(1) 轮胎的功用　轮胎安装在轮辋上,直接与路面接触,其功用是支承汽车的全部质

量，产生驱动力、制动力和侧向力，缓和路面冲击。

（2）轮胎的基本结构　现代汽车几乎都采用充气轮胎。按组件的不同轮胎可分为有内胎轮胎和无内胎轮胎。

1）有内胎轮胎。它由外胎、内胎和垫带组成（图 12-3）。

内胎应具有良好的弹性、耐热性且不漏气。汽车行驶前，内胎应按要求充入一定压力的空气。根据内胎中气压的高低，轮胎分为高压轮胎、低压轮胎和超低压轮胎。内胎上装有气门嘴（图 12-4）。

垫带垫在内胎与轮辋之间，保证内胎不被轮辋和胎圈擦伤，还可防止尘土及水汽侵入。

外胎直接与地面接触，是保护内胎的强度较高又有一定弹性的外壳，用耐磨橡胶等制成，其结构如图 12-5 所示，主要由胎面、胎肩、胎侧、胎圈、缓冲层和帘布层组成。

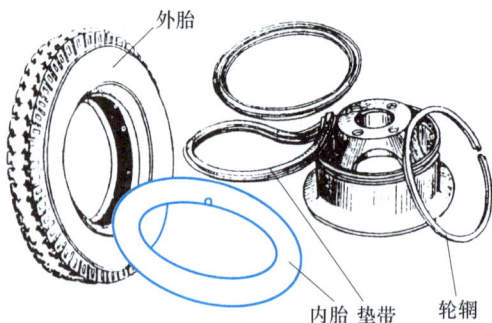

图 12-3　有内胎轮胎

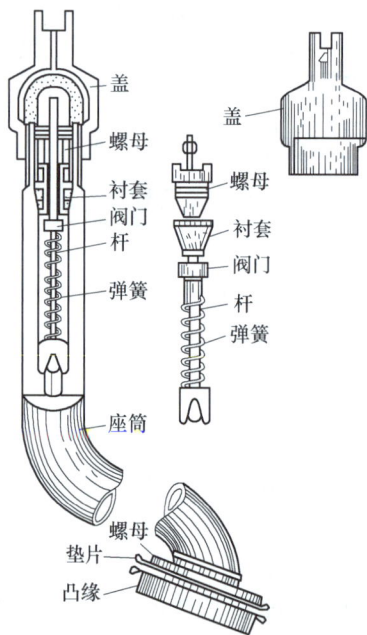

图 12-4　气门嘴

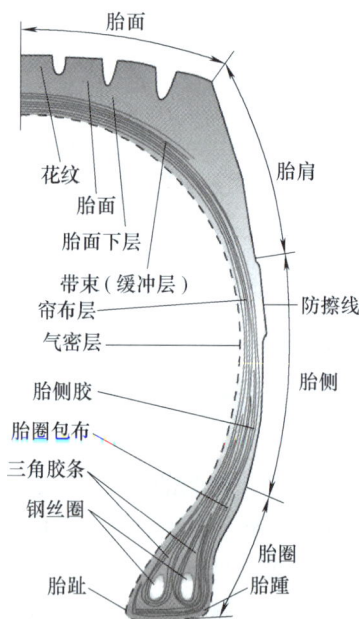

图 12-5　外胎的结构

胎面又称为行驶面，根据用途不同塑造有各种形状的花纹（图 12-6），以使轮胎与地面有良好的附着性能、排泥性能，防止纵、横向滑移。

帘布层又称为胎体，是轮胎的骨架，其作用是承受负荷、保护轮胎的形状和外缘尺寸，通常由多层挂胶布（帘布）用橡胶粘合而成。

帘布由纵向强韧的经线和放在各经线之间的少数纬线织成。帘线有棉丝、人造丝线、尼龙线和钢丝多种。现在多采用聚酰纤维和金属丝作为帘布线，使帘布层数减少到 4 层甚至两层。这样既减少了橡胶消耗和提高了轮胎质量，又降低了滚动阻力，延长了轮胎的使用

寿命。

帘布层中的帘线都与轮胎的子午断面成一定角度排列（称为胎冠角）。胎冠角对轮胎的性能有很大影响。**按帘布层中帘线的排列角度（胎冠角）的不同分有斜交轮胎和子午线轮胎。**

斜交轮胎的帘布层和缓冲层各相邻层帘线交叉且与胎中心线成小于 90°排列，一般取胎冠角为 50°～60°（图 12-7）。

子午线轮胎由胎面、胎圈、带束层和帘布层组成（图 12-8）。与斜交轮胎相比其结构有以下特点：

①帘布层帘线排列方向与轮胎的子午断面一致，这样就使其强度得到充分利用，子午线轮胎的帘布层数可比普通斜交轮胎减少 40%～50%，胎体较柔软。

图 12-6　轮胎花纹

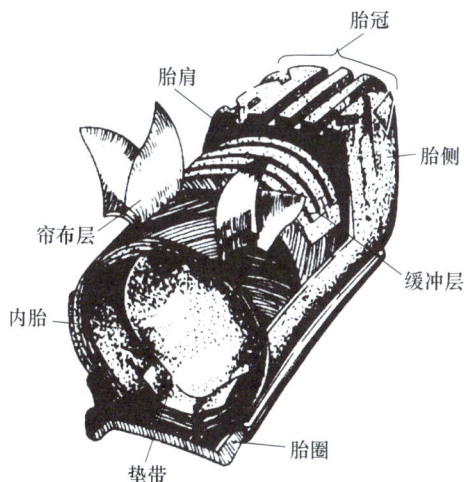

②胎面较厚且有坚硬的带束层，采用高强度、抗拉伸的玻璃纤维、聚酰纤维或钢丝等材料制成，与子午断面接近垂直（成 70°～75°角），刚性大，可承受行驶时产生的较大的圆周上的切向力。

图 12-7　普通斜交轮胎

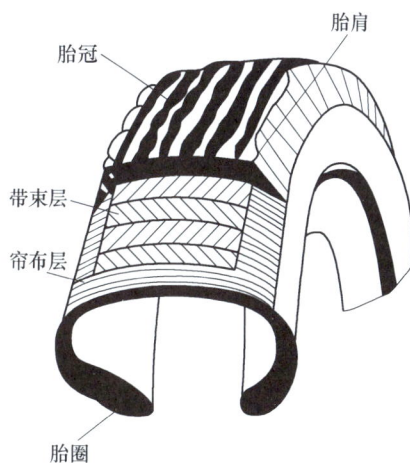

图 12-8　子午线轮胎

③接地面积大，附着性能好，对地面单位压力小，滚动阻力小 30%左右，节省油耗 8%～10%。承载时触地面变形小（图 12-9a），高速行驶时不容易发生变形，不易被刺穿，轮胎的耐磨性能可提高 50%～100%，使用寿命长。

④帘线横向排列，侧向力抵抗能力提高 50%～70%，在承受横向力时，胎侧虽然有些变形，但触地面积变形小（图 12-9b），操纵稳定性好。

子午线轮胎的缺点是因胎侧较薄，胎面较厚，在其过渡区胎肩部分易产生裂口，制造要求高，成本高。

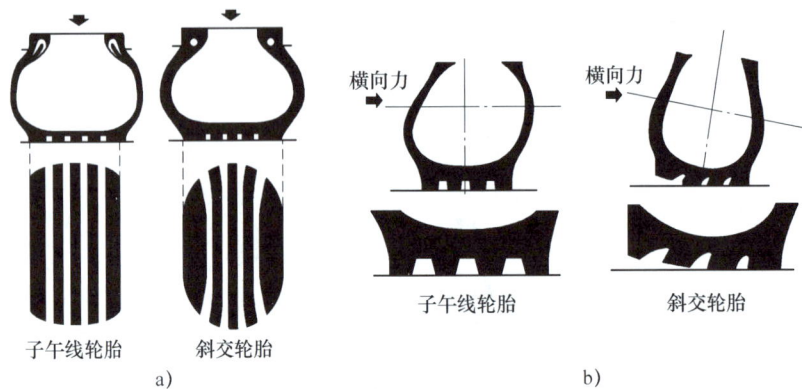

图12-9　轮胎变形
a）垂直载荷　b）横向力

2）无内胎轮胎。在外观上与有内胎轮胎近似，所不同的是没有内胎及垫带（图12-10），空气直接充入外胎中，因此要求轮胎与轮辋之间有很好的密封性。

无内胎轮胎虽无充气内胎，但在轮胎内壁表面上附有一层2～3mm的橡胶密封层，称为气密封层，它是用硫化的方法黏附上去的。气密封衬层在胎缘部位留有余量被固定在轮辋上。有的胎圈上有若干道同心的环形槽纹，在轮胎内空气压力的作用下能使槽纹胎圈可靠地贴在轮辋边缘上，以保证轮胎与轮辋之间的气密性。

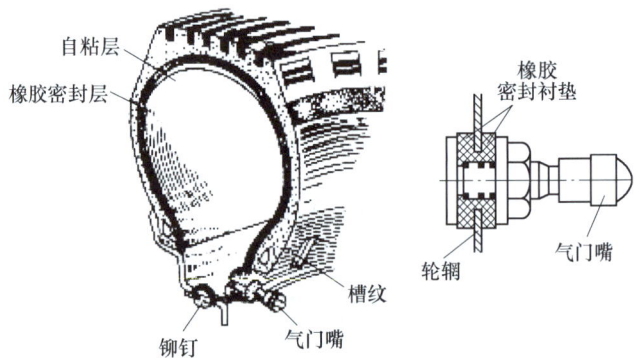

图12-10　无内胎的充气轮胎

无内胎轮胎的优点是：当轮胎穿孔时，压力不会急剧下降，能安全地继续行驶；不存在因内、外胎之间摩擦和卡住而引起的损坏；气密性较好，可以直接通过轮辋散热，所以工作温度低，使用寿命较长；结构简单，质量较小。近几年的轿车已经实现了子午线轮胎无内胎，俗称"原子胎"。

2. 轮胎的分类、规格及标志

（1）轮胎的分类　轮胎的分类见表12-1。

表12-1　轮胎的分类

分类方法	类　　别		结构特点
按胎体结构分	实心轮胎		实心轮胎
	充气轮胎	有内胎	有充气内胎
		无内胎	无充气内胎

（续）

分类方法	类　　别	结构特点
按胎体中帘线的排列方向分	普通斜线轮胎	相邻帘布层帘线交错排列，且与胎中心线成小于 90° 排列
	子午线轮胎	帘线呈子午向排列
按轮胎气压分	超低压轮胎	
	低压轮胎	
	高压轮胎	
按轮胎的断面形状分	普通胎	
	宽面轮胎	
	拱形轮胎	
	椭圆形轮胎	
按帘布层材料分	尼龙	帘布层材料为尼龙
	钢丝	帘布层材料为钢丝
	棉线	帘布层材料为棉线
	…	…

（2）轮胎规格与标记　汽车轮胎上的标记有 10 余种，正确识别这些标记对轮胎的选配、使用和保养具有十分重要的意义，对于保障行车安全和延长轮胎使用寿命也具有十分重大的意义。它包括轮胎的基本几何参数与物理性能等数据。

轮胎基本规格常用一组数字标志在轮胎侧面（图 12-11）。轮胎规格的标记方法有米制和英制两种。我国英制、米制两种方法并存，并逐渐向米制过渡。

英制标记方法形式如下：

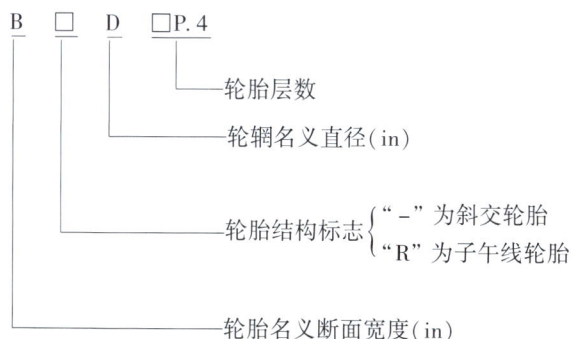

B □ D □P.4

- 轮胎层数
- 轮辋名义直径(in)
- 轮胎结构标志 { "−" 为斜交轮胎 "R" 为子午线轮胎 }
- 轮胎名义断面宽度(in)

图 12-11　轮胎规格标志

轮胎层数：对于棉帘线轮胎即为帘线层数；对于其他帘线轮胎，为承载能力相当的棉帘线层数。

例如：6.5R16 6P.R 表示为子午线轮胎，断面宽度为 6.5in，轮辋直径为 16in，轮胎层级为 6。

公英制混合标记方法形式如下：

$$B\Big/\frac{B}{H}\ \square\ d\ \square\ \square$$

- 速度级别代号
- 轮胎负荷指数
- 轮辋名义直径(in)
- 轮胎结构标志
- 轮胎名义高宽比
- 轮胎名义断面宽度(mm)

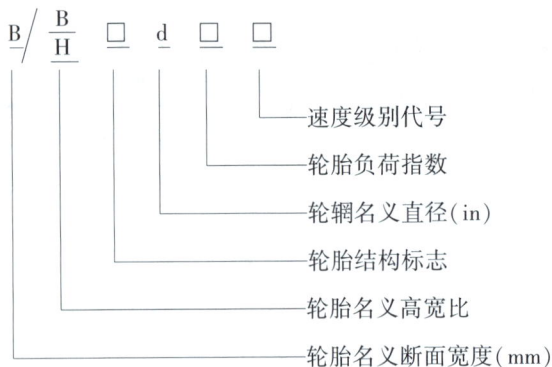

轮胎名义高宽比：又称为扁平率，是轮胎断面高 H 与轮胎断面宽 B 之比 $H/B \times 100\%$。它对轮胎的滚动及操纵性能影响很大，采用扁平率小的宽轮胎是提高侧偏刚度的主要措施。早期轮胎的扁平率为 100%，现代轮胎的扁平率逐渐减小，目前不少轿车已采用扁平率为 60% 或称 60 系列的宽轮胎。

轮胎结构标志：R 代表子午线轮胎，无 R 代表斜交轮胎。

轮胎负荷指数：即轮胎的负载能力，以数字代号表示，需查表检索具体负荷数值。

速度级别符号：表示该轮胎允许的最高行驶速度。不同的允许车速用不同的字母表示，见表 12-2。

表 12-2　轮胎的速度级别代号

符号	C	D	E	F	G	J	K	L	M	N	P	Q	R	S	T	U	H	V
km/h	60	65	70	80	90	100	110	120	120	140	150	160	170	180	190	200	210	240

例如：广州雅阁 2.3i 轿车的轮胎标志是 195/65 R15 91V，表示轮胎的断面宽度是 195mm，高宽比 65%，R 代表子午轮胎，15 是轮胎的内径 15in，载重指标 91 表示最大承载量 615kg，速度代号 V，代表速度极限为 240km/h。

根据国际的有关规定和方便使用者购置，外胎两侧除标注上述基本轮胎规格外，还应该标注帘线材料、平衡标志、滚动方向和磨损极限等。

// 找一找 世界其他国家对轮胎标注还有哪些具体要求？

12.1.3　轮胎压力监测系统（TPMS）

1. TPMS 与轮胎气压

（1）TPMS 的定义　汽车轮胎压力监测系统（Tire Pressure Monitoring System，TPMS）是一种汽车轮胎气压实时自动检测系统，可对低胎压和高胎压进行预警，确保行车安全。

（2）胎压对汽车的影响　当汽车轮胎气压过低时，轮胎侧壁反复变形大，容易出现裂口，轮胎温度升高，橡胶与其帘布层的结合力随之降低，使已有裂口更容易发生爆胎，缩短轮胎的使用寿命。轮胎气压与轮胎使用寿命的关系见表 12-3。

轮胎气压过低，还会造成轮胎滚动阻力增加、油耗增大。试验表明，汽车胎压每降低 100kPa，燃油消耗会增加 10% ～ 15%。轮胎气压过低还会导致车辆转弯时方向跑偏，出现

安全事故。

表 12-3　轮胎气压与轮胎使用寿命的关系

轮胎气压（%）	轮胎寿命（%）	轮胎气压（%）	轮胎寿命（%）
100	100	70	50
95	97	65	40
90	88	60	33
85	80	55	30
80	70	50	27
75	60		

当车轮胎气压过高时，胎面张力大，受到地面的较大冲击时，轮胎容易裂口，并由裂口处迅速扩展，引发爆胎；气压过高还会使制动距离增大，严重影响行车安全性。

2. TPMS 的分类及工作原理

（1）TPMS 的分类　目前，TPMS 主要分为两种类型，一种是间接型 TPMS，另一种是直接型 TPMS。

1）间接型 TPMS。它通过汽车 ABS（防抱死制动系统）的轮速传感器来比较车轮之间的转速差别，以达到监视胎压的目的。当汽车行驶时，轮胎气压监测系统接收 4 个车轮转速传感器的车轮转速信号，进行综合分析。当某一个轮胎的气压太高或不足时，轮胎的直径就会变大或变小，车轮的转速也相应产生变化。监测系统将车轮转速的变化情况同预先储存的标准值比较，就可得知轮胎气压太高或不足，从而报警。

间接方法已存在十年以上了。这种方法的成本非常低，但因存在诸多缺点，系统校准复杂，在某些情况下无法正常工作，如无法对两个以上的轮胎同时缺压的状况和速度超过 100km/h 的情况进行判断，所以没有成为技术发展的主流。

2）直接型 TPMS。它是通过测量轮胎的温度和压力来监测轮胎压力的车用嵌入式系统。其利用安装在每一个轮胎里的压力传感器，来直接测量汽车轮胎里的气压，并通过无线调制发射到安装在驾驶台的监视器上。监视器上随时显示各个轮胎的气压相关数据，驾驶人可以直观地了解各个轮胎的气压状况，如果轮胎气压太低或者有渗漏时，系统就会自动报警。

直接测量系统能够在驻车和行驶时精确监测所有轮胎。当更换轮胎后，也只需很短时间的学习就能监测出漏气的轮胎。直接式 TPMS 按轮胎模块是否需要电池提供能量可分为带电池 TPMS 和无电池 TPMS。

（2）带电池 TPMS 的结构与工作原理　带电池 TPMS 技术日趋成熟，开发出来的模块可适用于各厂牌的轮胎，是当前的主流技术。现在各种车辆上安装的多是这种 TPMS，它由采样发射装置和接收装置构成，如图 12-12 所示。

采样发射装置一般与轮胎气门芯做成一体（图 12-13），安装在轮胎内，由传感器、微控制单元（MCU）和射频（RF）模块组成。传感器负责检测轮胎的气压和温度，再由 MCU 进行数据分析处理后送给射频发射电路，经天线向外发射给接收装置。

接收装置（图 12-14）安装在车厢内，由接收单元、MCU 和显示、报警模块组成。

采样发射装置　　　　　　　　　接收装置

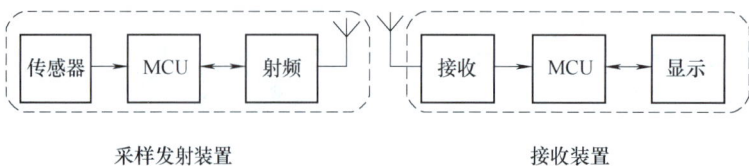

图 12-12　带电池的 TPMS 的结构

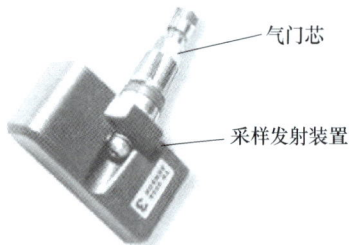

图 12-13　TPMS 采样发射装置

图 12-14　TPMS 接收装置

接收单元将发射装置发射出来的射频信号放大解调后，将数字信号送给 MCU。MCU 做出相应的处理，如更新当前压力值、声光报警等，从而实现轮胎压力的显示和监控。

带电池的 TPMS 发射信号需要电池提供动力，因此不可避免地带来一些弊端，如电池的使用寿命有限，当气温严重降低时，电池的容量会受到影响而减少。这使得它的可靠性不够稳定。此外，电池的化学物质也会导致环境问题，同时电池的存在很难减轻发射器的重量。

（3）无电池 TPMS 的结构与工作原理　无电池 TPMS 用一个中央收发器代替了原来的中央接收器，它不但要接收信号而且要发射信号。安装在轮胎中的转发器接收来自中央收发器的信号，同时使用这个信号的能量来发射一个反馈信号到中央收发器上，使得安装在轮胎内部的气压监测器发送数据不需要电池。

无源 TPMS 的实现方案主要有以下 3 种：

1）轮胎内发电装置，将轮胎运动的机械能转化为电能，如压电发电装置。

2）从轮胎外通过电磁场传入能量，驱动轮胎内模块工作，如磁场电磁耦合装置。

3）轮胎外发射电磁波，碰到轮胎内模块内置器件后反射，同时携带回压力信息，如声表面波无源无线传感器。

想一想　上述 3 种装置的结构与工作原理是怎样的？

12.1.4　零气压轮胎

1. 零气压轮胎概述

零气压轮胎指即便轮胎气压为零时，汽车仍可以继续行驶的轮胎。它是米其林公司于 1998 年推出的，称为 PAX 系统。与普通轮胎相比，PAX 系统具有安全、经济、低噪声和附

着性好等优点。

2. PAX 系统的基本结构与工作原理

PAX 系统是一个集成式的单元设计，它由不可分割的四大部分组成：特制的轮胎、特制的车轮、支承环和 TPMS，其具体的构造如图 12-15 所示。

与普通轮胎不同，PAX 系统的轮胎不仅通过卡子锁定在轮胎上，同时，轮胎的内部还有弹性支承环。所以，当轮胎被扎破的时候，轮胎将溃瘪贴压在支承环上，不仅不会被压瘪，而且也不会从轮胎上脱落下来，可以继续安全行驶。

另外，PAX 系统装备的胎压监控系统能够实时探测胎压泄漏状况，进而及时以声光报警的形式通知驾驶人，使得驾驶人可以相应调整驾驶方式，并及早进行专业维修。

应该注意，虽然 PAX 系统可进行无胎压行驶，但应视为是一种临时特殊处理方式，应及时处理出现泄漏故障的 PAX 系统。

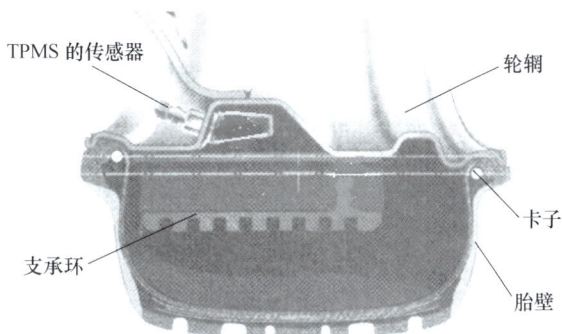

图 12-15　零气压轮胎

12.2　车桥与车轮定位

12.2.1　车桥

用于连接和安装左、右车轮的车轴或车梁等零部件称为车桥，又称为车轴。其功用是传递车架（或承载式车身）与车轮之间的各种作用力及其力矩。

根据车桥上车轮的作用，车桥可分为转向桥、驱动桥、转向驱动桥和支持桥 4 种类型。

1. 支持桥

支持桥仅用于连接和安装左、右轮，既不产生驱动力，也不实现转向。前轮驱动汽车的后桥，多轴单桥驱动汽车的中桥或后桥以及挂车上的车桥属于支持桥。它由车轴和左、右轮毂轴组成（图 12-16）。

2. 转向桥

转向桥的功用是使车轮偏转一定角度，以实现汽车的转向，位于汽车的前部，因此常称为前桥。

其结构如图 12-17 所示。为了减少磨损，在转向节销孔内压入了青铜衬套。为使

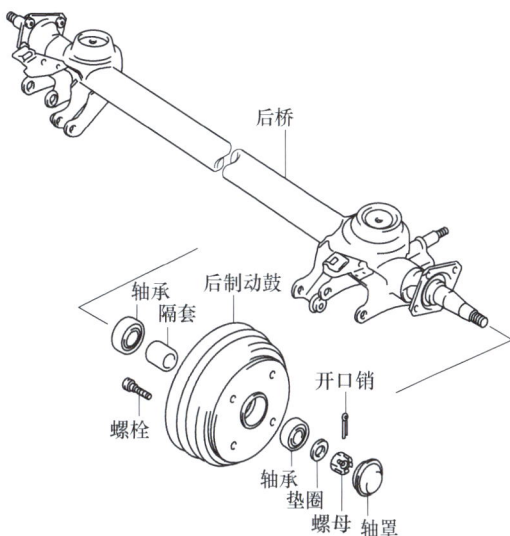

图 12-16　支持桥的组成

转向灵活，在转向节下耳与前轴拳形部分下端面之间装有推力滚子轴承。在转向节上耳与拳形部分上端面之间还装有调整垫片，以调整转向节与前梁间的间隙。

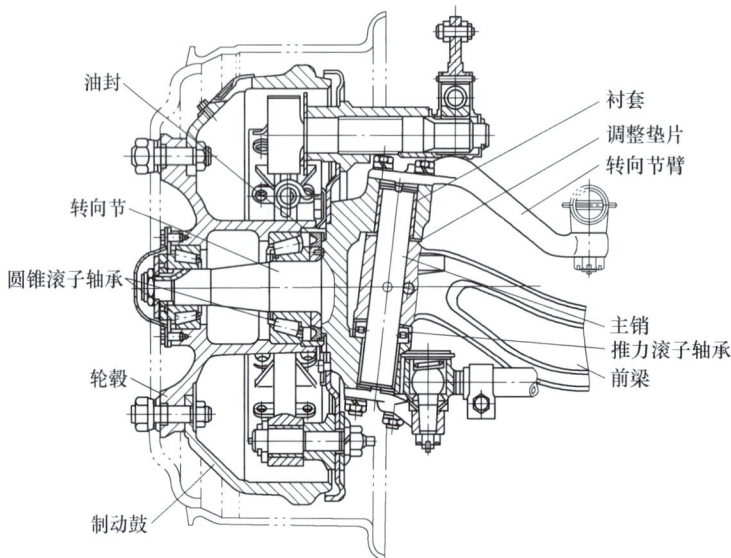

图 12-17 转向桥的组成

主销的作用是铰接前轴与转向节，使转向节绕着主销摆动，以实现车轮的转向。

3. 转向驱动桥

既能转向又能驱动的车桥称为转向驱动桥。前轮驱动汽车和四驱汽车的前桥为转向驱动桥。

图 12-18 所示为转向驱动桥的结构。为满足转向轮绕主销转向的需要，半轴被分成内、外两段（内半轴和外半轴）。为确保驱动的平稳无冲击，其间用等速万向节连接，同时主销也因而分制成上、下两段。外半轴穿过制成中空的转向节轴颈与车轮相连。

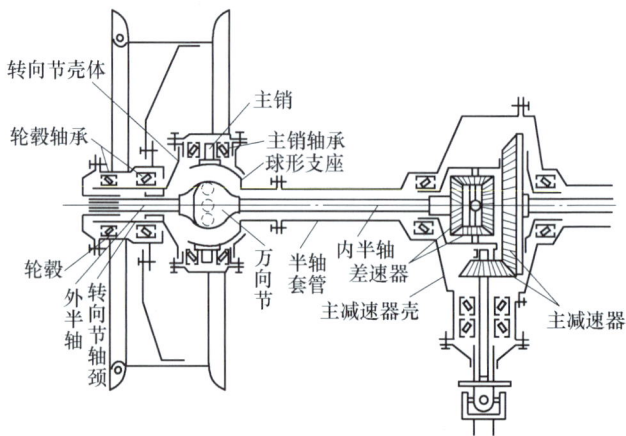

图 12-18 转向驱动桥的结构

12.2.2 车轮定位

车轮定位就是汽车的每个车轮（或通过转向节）和车桥、车架的安装保持一定的相对位置。车轮定位对于增强汽车行驶的安全性和操纵稳定性以及减少轮胎磨损起着重要的作用。

传统车轮定位主要指前轮定位，但越来越多的现代汽车同时对后轮定位，即四轮定位。前轮定位参数有主销后倾角、主销内倾角、前轮外倾角和前轮前束，后轮定位参数有后轮外倾角和后轮前束。

1. 主销后倾角

在汽车的纵向平面内（汽车的侧面），主销上部向后方倾斜的一个角度γ，称为主销后倾角（图 12-19）。当主销具有后倾角γ时，主销轴线与路面交点 a 将位于车轮与路面接触点 b 的前方。当汽车直线行驶时，若转向轮偶然受到外力的作用而稍有偏转（例如右偏转，如图中箭头所示），将使汽车行驶方向向右偏离。这时由于汽车本身离心力的作用，在车轮与路面接触点 b 处，路面对车轮作用着一个侧向反作用力 F_y，对车轮形成绕主销轴线作用的力矩 F_yL，其方向与车轮偏转方向相反。在此力矩的作用下，将使车轮恢复到原来中间的位置，从而保证汽车能稳定地直线行驶，故此力矩称为回正的稳定力矩。但此力矩也不宜过大，否则在转向时为了克服此稳定力矩，驾驶人需在转向盘上施加较大的力（即转向沉重）。γ 一般不超过 3°。现代高速汽车由于轮胎气压降低、弹性增加，从而引起稳定力矩增加，因此γ角可以减小到接近于零，有时甚至出现负值。

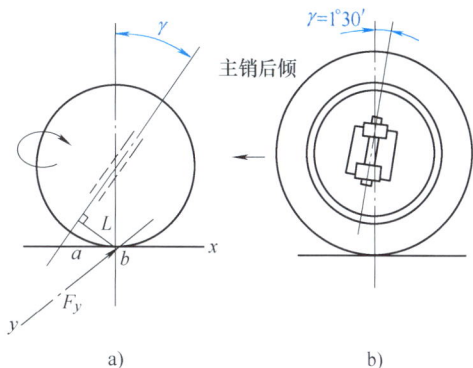

图 12-19　主销后倾角

主销后倾角一般通过前轴安装来保证，即在钢板弹簧与前梁的连接处增设一块楔形垫板，使前梁与主销和转向节上部向后倾斜一个角度。

2. 主销内倾角

在汽车的横向平面内（汽车的前后方向），主销上部向内倾斜一个角度，主销轴线与垂线之间的夹角 β 称为主销内倾角（图 12-20a）。

主销内倾角 β 具有使车轮自动回正和减少车轮磨损的作用（图 12-20b）。当转向车轮在外力作用下由中间位置偏一个角度时，车轮的最低点将陷入路面以下 h 处，但实际上车轮下边缘不可能陷入路面以下，而是将转向轮连同整个汽车前部向上抬起一个相应的高度 h，这样汽车本身的重力有使转向轮恢复到原来中间位置的效应，即能自动回正。主销内倾角越大或转向轮偏转角越大，汽车前部就被抬起得越高，转向轮自动回正的作用就越大。

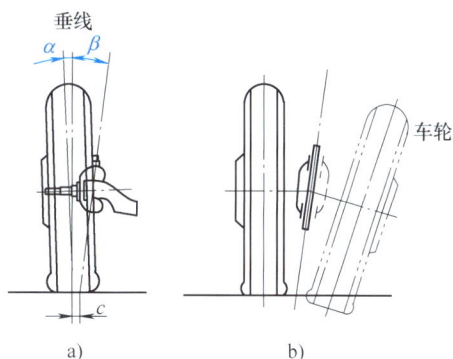

图 12-20　主销内倾角和前轮外倾角

此外，主销内倾角的另一个作用是使转向轻便，由于主销的内倾使得主销轴线与路面的交点到车轮中心平面与地面交线的距离 c 减小，转向时路面作用在转向轮上的阻力矩减小（因力臂 c 减小），从而降低转向时驾驶人在转向盘上的力使转向操作轻便，同时可以减小因路面不平从转向轮传到转向盘上的冲击力。但内倾角不易过大，否则在转向时，车轮绕主销偏转的过程中，轮胎与路面产生较大的滑动而增加了轮胎与路面的摩擦阻力，这不仅使转向变得很沉重，而且加速了轮胎的磨损。故一般内倾角 β 不大于 8°。在一些发动机前置、前轮驱动的轿车上，为了使汽车具有良好的行驶稳定性，特别是制动稳定性，其主销内倾角较大，如奥迪100型轿车为14.2°。

3. 前轮外倾角

在汽车的横向平面内，前轮中心平面向外倾斜一个角度 α（图12-20a），称为前轮外倾角。轮胎呈现"八"字形张开时称为负外倾，呈现"V"字形张开时称为正外倾。

前轮外倾角 α 具有与主销内倾一起减小转向盘作用力的作用；同时，还能补偿因载荷增加引起车桥变形而带来的车轮内倾，减少轮胎的偏磨。如果空车时车轮的安装正好垂直于路面，则满载时车桥将因承载变形而可能出现车轮内倾，这将加速汽车轮胎内侧的偏磨损。另外，路面对车轮的垂直反作用力沿轮毂的轴向分力将使轮毂压向外端的小轴承，加重了外端小轴承及轮毂紧固螺母的负荷，降低它们的使用寿命，严重时会损坏外端的锁紧螺母而使车轮松脱，造成交通事故。因此，为了使轮胎磨损均匀和减轻轮毂外轴承的负荷，安装车轮时应预先使其有一定的外倾角。但是外倾角不宜过大，否则会使轮胎产生外侧偏磨损。现代汽车将外倾角一般设定为1°左右，有的接近垂直，有的甚至为负值。

4. 前轮前束

俯视车轮，汽车的两前轮并不完全平行，而是稍微带一些角度。在通过两前轮中心的水平面内，两前轮的前边缘距离 B 小于两前轮后边缘距离 A，A-B 之差称为前轮前束（图12-21）。像内"八"字一样前端小后端大的称为前束，像外"八"字一样后端小前端大的称为后束或负前束。

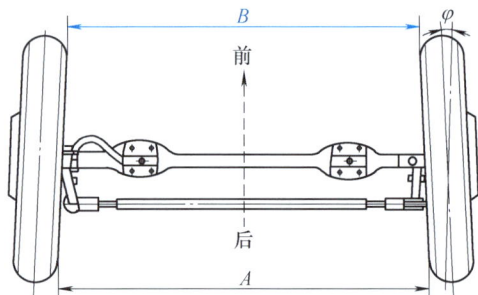

图12-21　前轮前束

前轮前束的作用是消除由车轮外倾而引起的前轮"滚锥效应"。车轮有了外倾角后，在滚动时就类似于圆锥滚动，从而导致两侧车轮向外滚开。由于转向横拉杆和车桥的约束使车轮不可能向外滚开，车轮将在地面上出现边滚边向内滑移的现象，从而增加了轮胎的磨损。为了消除车轮外倾带来的这种不良后果，在安装车轮时，使汽车两前轮的中心平面不平行，两轮前边缘距离 B 小于后边缘距离 A。这样可使车轮在每一瞬时滚动方向接近于向着正前方，从而在很大程度上减轻和消除了由于车轮外倾而产生的不良后果。

前轮前束可通过改变横拉杆的长度来调整。可根据各生产厂所规定的测量位置，使两轮前后距离差 A-B 符合规定的前束值。测量位置除图示的位置外，还通常取两轮胎中心平面处的前、后差值，也可以选取两车轮钢圈内侧面处的前、后差值。一般前束值为 0～12mm，有的汽车为与负前轮外倾角相配合，其前束取负值即负前束（如上海桑塔纳轿车前束为 -1 ～ -3mm）。

5. 后轮定位

随着道路条件的改善，现代轿车的行驶速度越来越高，现在有许多高档轿车都需要设置四轮定位，即不仅要求前轮定位，还需要有后轮定位。其原因是对前轮驱动汽车和独立后悬架汽车，如果后轮定位不当，即使前轮定位良好，仍然会有不良的操纵性和轮胎早期磨损。

（1）后轮外倾角　像前轮外倾角一样，后轮外倾角也对轮胎磨损和操纵性有影响。理想状态是4个车轮的运动外倾角均为零，这样轮胎和路面接触良好，从而得到最佳的牵引性能和操纵性能。

车轮外倾角不是静态的，它随悬架的上下移动而发生变化。车辆加载后悬架下沉就会引起车轮外倾角改变。为了对载荷进行补偿，采用独立后悬架的大多数车辆常有一个较小的正后轮外倾角。

（2）后轮前束　后轮前束的定义与前轮前束相似。如果后轮前束不当，后轮轮胎也会被擦伤，另外还会引起转向不稳定及降低制动效能。

后轮前束也不是一个静态量，悬架摇动和反弹时它就要起变化。滚动阻力和发动机转矩对它也有影响。对于前轮驱动车辆，后轮为从动轮，汽车的驱动力通过纵臂作用于后轴上，后轴将产生一定的弯曲，使车轮有前张的趋势（图 12-22），而预先设置一定的后轮前束可以抵消这种前张。后轮驱动车辆的后轮前束宜为负前束。

当汽车在路面上行驶时，最理想的状态是所有车轮的运动前束量均为零，对于防抱死制动车辆尤其如此。因此当在湿滑路面上制动时，不正确的前束会影响制动平衡性。为防止滑移，防抱死制动会一开一合循环不停。无 ABS 时，地面驱动力受到干扰而可能引起无法控制的滑移。

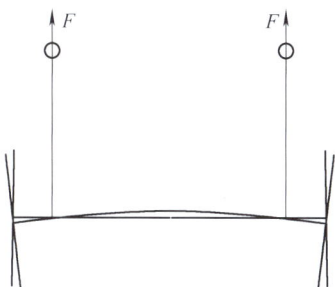

图 12-22　前驱汽车后轴
受力变形示意图

> **想一想**　汽车四轮定位不当会产生什么后果？

12.3　汽车悬架的结构与工作原理

12.3.1　概述

汽车在行驶中时时都处于路面各种载荷的作用下，这些载荷通过行驶系统传向车身，造成车身振动，会引起乘员的不适反应，破坏了汽车的乘坐舒适性，也造成汽车各部分机件的损伤和车上运载货物的损坏，给汽车带来不必要的损害。因此，汽车上专门设置了具有弹性的悬架系统，以消除各种过大的振动，保证汽车的平稳行驶。另一方面，弹性悬架的存在会因路面的起伏不平和汽车运动状态的变化，引起车身的俯仰和侧倾振动，并造成车轮位置姿态的变化，这些运动变化会对汽车操纵稳定性带来不利影响。

悬架是车架与车桥（对具有承载式车身的轿车或客车来说是车身与车轮）之间的一切传力连接装置的总称。其作用是保证车轮与地面很好的附着；将作用于车轮上的各种反力以及这些反力所造成的转矩可靠地传递到车架（或车身）；衰减冲击振动，改善汽车的行驶平顺性；稳定汽车行驶过程中的车轮和车身的姿态，增强汽车的操纵性能。

1. 汽车悬架的基本组成与作用

汽车悬架（图 12-23）一般由弹性元件、减振器和导向机构（横向稳定杆、上下摆臂、纵向推力杆等）三部分组成。

弹性元件的作用是使车架（或车身）与车桥（或车轮）之间成为弹性连接，和弹性的充气轮胎一起缓和不平路面对车辆的冲击，提高乘员的舒适性，避免货物损伤，延长汽车的

使用寿命。

弹性的悬架系统受到冲击后会使车身产生垂直振动，持续的振动易使乘员感到不舒适或疲劳，为有效地降低振动强度，悬架还安装有减振器，使振动迅速衰减。

导向机构也是传力机构，其作用一是传递各个方向的力和力矩，二是使车轮按一定轨迹相对于车架和车身跳动。

横向稳定杆是为了增强汽车的横向刚度、防止车身在转弯等行驶情况下发生过大倾斜的辅助弹性元件。

图 12-23　汽车悬架的基本组成

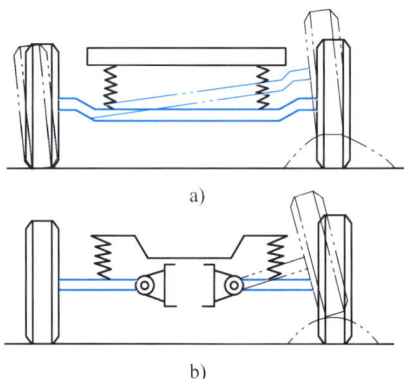

2. 汽车悬架的种类

（1）按汽车悬架导向机构分　**按汽车悬架导向机构分为有非独立悬架和独立悬架**。非独立悬架（图 12-24a）的结构特点是两侧的车轮由一根整体式车桥相连，车轮连同车桥一起通过弹性悬架与车架（或车身）连接。当一侧车轮因道路不平而发生跳动时，必然引起另一侧车轮在汽车横向平面内发生摆动。独立悬架（图 12-24b）的结构特点是车桥做成断开的，每一侧的车轮可以单独地通过弹性悬架与车架（或车身）连接。与非独立悬架相比较，独立悬架有如下优点：

1）两侧车轮可以单独跳动，互不影响，在不平道路上可减少车架和车身的振动，并有助于消除转向轮不断偏摆的不良现象。

2）可以减少汽车的非簧载质量（即不由弹簧支承的质量），降低汽车固有频率，提高汽车的平均行驶速度。

3）发动机总成的位置可以降低和前移，使汽车重心下降，提高了汽车行驶稳定性；同时给予车轮较大的上下运动的空间，因而可以将悬架刚度设计得较小，降低车身振动频率，改善行驶平顺性。

4）越野汽车全部车轮采用独立悬架还可保证汽车在不平道路上行驶时，车轮和路面有良好的接触，增大牵引力，此外，可增大汽车的离地间隙，因而大大提高越野汽车的通过性能。

图 12-24　非独立悬架与独立悬架示意图
a）非独立悬架　b）独立悬架

但独立悬架结构复杂，制造成本高，保养维修不便，在一般情况下，当车轮跳动时，由于车轮外倾角与轮距有一定变化，轮胎磨损较严重。

（2）按控制方式分　**按控制方式分为被动控制和主动控制两种**。传统的机械控制属于被动控制，即汽车的状态只能被动地取决于路面、行驶状况和汽车的弹性元件、减振器和导向机构等机械部件。主动控制采用了电子控制技术，它能根据路面和行驶状况，自动调节悬架刚度和阻尼，控制汽车的振动和状态，使汽车平顺行驶。

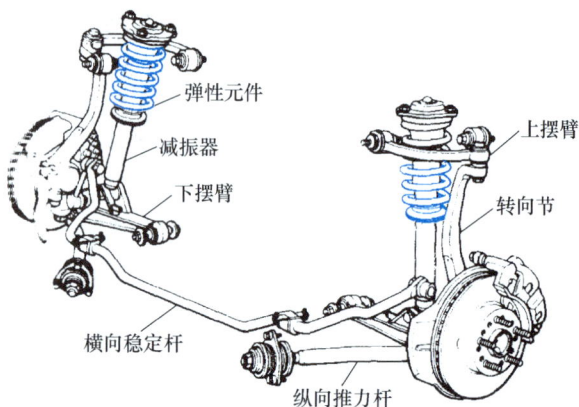

12. 3. 2 非独立悬架

非独立悬架因其结构简单，工作可靠，被广泛应用于货车的前、后悬架。现代轿车中很少采用。非独立悬架有钢板弹簧式、螺旋弹簧式和空气弹簧式 3 种。

1. 钢板弹簧式非独立悬架

图 12-25 所示为钢板弹簧式前悬架。钢板弹簧在载荷作用下变形时，各片之间有相对滑动而产生摩擦，可以促使车架振动的衰减。但各片间的干摩擦将使车轮所受的冲击在很大的程度上传给车架，既降低了悬架缓和冲击的能力，又使弹簧各片加速磨损。为减少弹簧片的磨损，在装配钢板弹簧时，各片间需涂上较稠的润滑剂（石墨润滑脂），并定期进行保养。为了在使用期间长期储存润滑脂和防止污染，有时将钢板弹簧装在护套内。

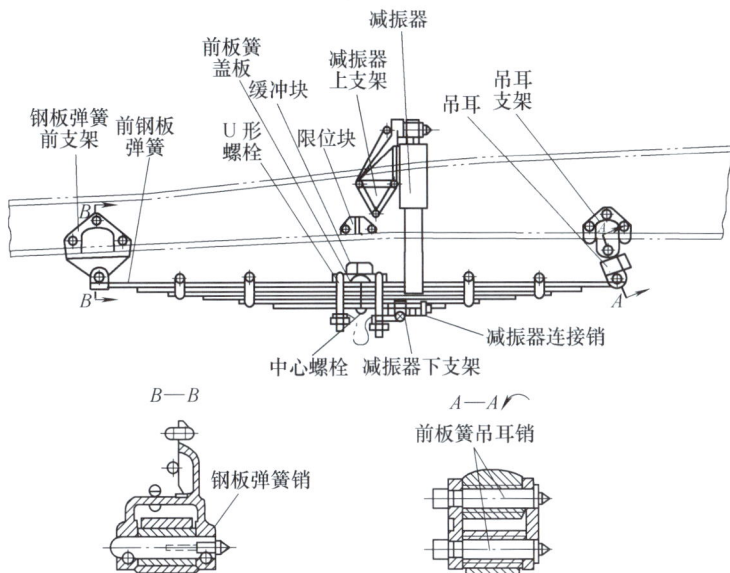

图 12-25 钢板弹簧式前悬架

减振器的上、下两吊环通过橡胶衬套和减振器连接销，分别与固定在车架和车桥上的上、下支架相连接，以衰减振动，改善驾驶人的乘坐舒适性。

减振器有液力式、充气式和阻力可调式 3 种。

1）液力式减振器。目前汽车广泛采用筒式液力式减振器，在压缩和伸张两个行程内均能起减振作用，故称为双向作用筒式减振器（图 12-26）。双向作用筒式减振器的工作原理如下：

压缩行程：当汽车车轮滚上凸起和滚出凹坑时，车轮移近车架（车身），减振器受压缩，减振器活塞下移。活塞下面的腔室（下腔）容积减小，油压升高，油液经流通阀流到活塞上面的腔室（上腔）。由于上腔被活塞杆占去一部分空间，上腔内增加的容积小于下腔减小的容积，故还有一部分油液推开压缩阀，流回储油缸。这些阀对油液的节流便造成对悬架压缩运动的阻尼力。

伸张行程：当车轮滚进凹坑或滚离凸起时，车轮相对车身移开，减振器受拉伸。此时减振器活塞向上移动。活塞上腔油压升高，流通阀关闭。上腔内的油液便推开伸张阀流入下

腔。同样，由于活塞杆的存在，自上腔流来的油液还不足以充满下腔所增加的容积，下腔内产生一定的真空度，这时储油缸中的油液便推开补偿阀流入下腔进行补充。这些阀的节流作用造成对悬架伸张运动的阻尼力。

压缩阀的节流阻力是随活塞运动速度的变化而变化的。当车架或车身振动缓慢（即活塞向下的运动速度低）时，油压不足以克服压缩阀弹簧的预紧力而推开阀门，多余部分的油液便经一些常通的缝隙（图上未画出）流回储油腔。当车身振动剧烈（即活塞向下运动的速度高）时，则活塞下腔油压骤增，油压大到克服压缩阀弹簧的预紧力，进而推开压缩阀，使油液在很短的时间内通过较大的通道流回储油缸。这样，油压和阻尼力都不致超过一定限度，以保证压缩行程中弹性元件的缓冲作用得到充分发挥。

同样，伸张行程中减振器的阻尼力随活塞运动速度的变化而变化。当车轮向下运动速度不大（即活塞向上的运动速度不大）时，油液经伸张阀的常通孔隙流入下腔，由于通道截面面积很小，便产生较大的阻尼力，从而消耗了振动能量，使振动迅速衰减。当车身振动剧烈时，活塞上移速度增大到使油压足以克服伸张阀弹簧的预紧力时，伸张阀开启，通道截面面积增大，使油压和阻尼力保持在一定限度以内。这样，可使减振器及悬架系统的某些零件不会因超载而损坏。

图 12-26　双向作用筒式减振器

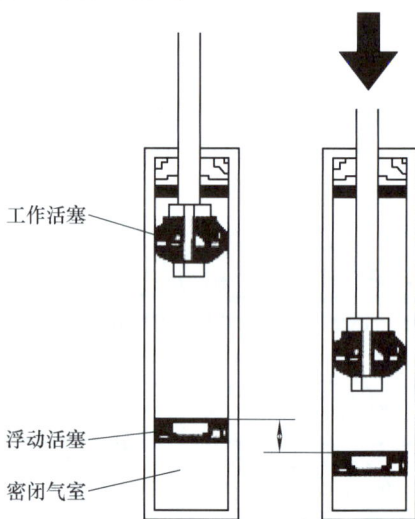

由于伸张阀弹簧的刚度和预紧力比压缩阀的大，在同样的油压力作用下，伸张阀及相应常通缝隙的通道截面面积总和小于压缩阀及相应常通缝隙的通道截面面积总和，这就保证了减振器在伸张行程内产生的阻尼力比压缩行程内产生的阻尼力大得多。

2）充气式减振器。它是 20 世纪 60 年代以来发展起来的一种新型减振器。其结构（图 12-27）特点是在缸筒的下部装有一个浮动活塞，与缸筒一端形成的密闭气室 3 中，充有高压（2～3MPa）的氮气。在浮动活塞的上面是减振器油液。工作活塞上装有随其运动速度大小而改变通道截面面积的压缩阀和伸张阀。

当车轮上下跳动时，减振器的工作活塞在油液中做往复运动，使工作活塞的上腔和下腔之间产生油压差，液压油便推开压缩阀或伸张阀而来回流动。由于阀对液压油产生较大的阻尼力，使振动衰减。

由于活塞杆的进出而引起缸筒容积的变化，则由浮动活塞的上下运动来补偿。因此，这种减振器不需储液缸，所以也称为单筒式减振器。

图 12-27　充气式减振器

3）阻力可调式减振器。试验研究证明，随着使用因素（如道路条件、载荷）的变化，

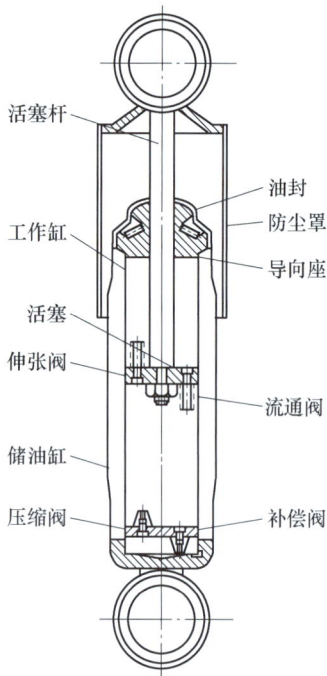

减振器的阻力也应随之改变，从而保证悬架系统获得最佳的振动特性。

图 12-28 所示为某些高级轿车上采用的阻力可调式减振器示意图。系统采用了刚度可变的空气弹簧。其工作原理是：当汽车的载荷增加时，空气囊的气压升高，则气室内的气压随之升高，膜片向下移动与弹簧产生的压力相平衡。与此同时，膜片带动与它相连的柱塞杆和柱塞下移，因而使得柱塞相对空心连杆上的节流孔的位置发生变化，结果减小了节流孔的通道截面面积，也就是减少了节流孔的流量，从而增加了油液流动阻力。反之，当汽车载荷减小时，柱塞上移，增大了节流孔的通道截面面积，从而减小了油液的流动阻力。

2. 螺旋弹簧式非独立悬架

螺旋弹簧式非独立悬架一般只用作轿车的后悬架（图 12-29）。

图 12-28　某些高级轿车上采用的阻力可调减振器示意图

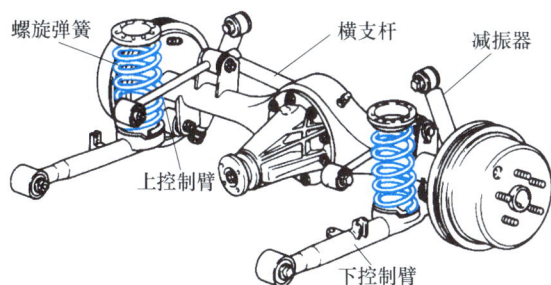

和钢板弹簧比较，螺旋弹簧具有以下优点：无需润滑，不忌污泥；安置它所需的纵向空间不大；弹簧本身质量小。但螺旋弹簧只能承受轴向载荷，本身没有阻尼，即不能产生衰减振动的作用，因此，以它作为弹性元件的悬架必须安装相应的减振器和导向机构。

3. 空气弹簧式非独立悬架

图 12-30 所示为空气弹簧式非独立悬架示意图。囊式空气弹簧的上、下端分别固定在车架和车桥（或与车桥相连的支架）上。压缩机产生的压缩空气经油水分离器和压力调节器进入储气筒。压力调节器可使储气筒中的压缩空气保持一定的压力。储气罐通过管路与两个（或几个）空气弹簧相通。储气罐和空气弹簧中的空气压力由车身高度调节阀控制。

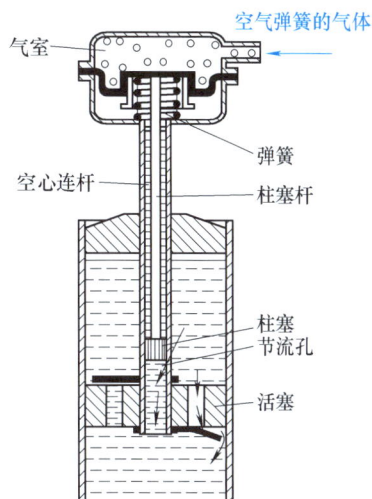

图 12-29　螺旋弹簧式非独立悬架

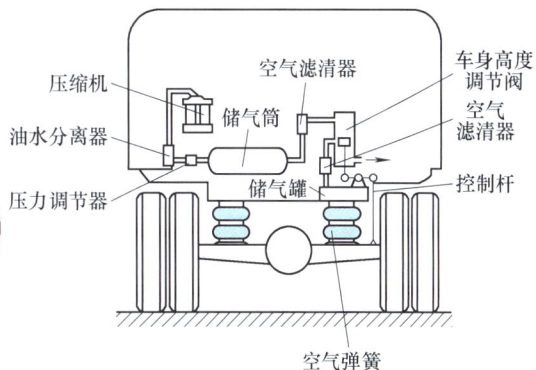

图 12-30　空气弹簧式非独立悬架示意图

车身高度调节阀固定在车架上，通过控制杆与车桥相连。阀体内有两个阀：通气源的通气阀和通大气的放气阀。这两个阀均由控制杆操纵。当汽车载荷增加、车桥移近车架时，控制杆上升，通过摇臂机构打开充气阀，压缩空气便进入空气弹簧，使车架和车身升高，直到恢复车身与车桥的原定距离为止；而当载荷减小、车桥远离车架时，控制杆下移，打开放气阀，则空气弹簧内的空气排入大气，车身和车架随即降低至原定数值。

气体弹簧是在一个密封的容器中充入压缩气体（气压为 0.5 ~ 1MPa），利用气体的可压缩性实现其弹簧作用的。其弹簧的刚度是可变的，随着作用在弹簧上的载荷增加时，容器内的定量气体受压缩，气压升高，则弹簧的刚度增大；反之，当载荷减小时，弹簧内的气压下降，刚度减小，故它具有比较理想的变刚度特性。

气体弹簧有空气弹簧和油气弹簧两种。空气弹簧用空气作为弹性介质；油气弹簧以气体（一般为惰性气体氮气）作为弹性介质，而用油液作为传力介质。油气弹簧由气体弹簧和相当于液力减振器的液压缸组成。

油气弹簧的形式有单气室、双气室以及两级压力式等。单气室油气弹簧分为油气分隔式和油气不分隔式两种。

单气室油气分隔式油气弹簧在轿车和轻型汽车上应用较多，其结构如图 12-31 所示。

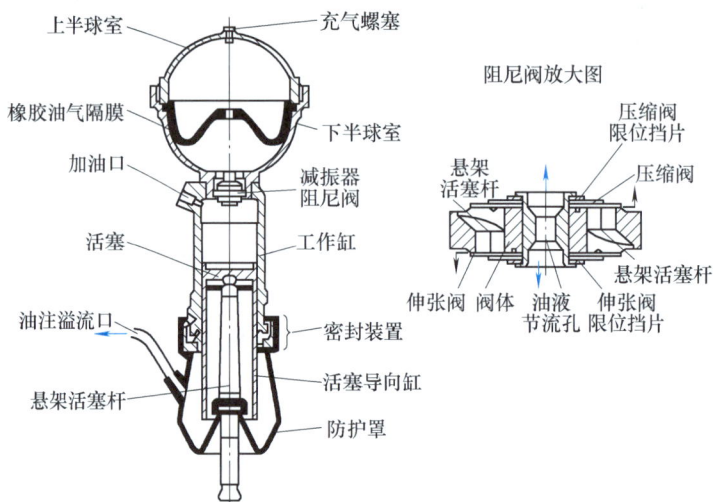

图 12-31　单气室油气分隔式油气弹簧

当载荷增加、悬架摆臂（车桥）与车身（车架）之间的距离缩短时，活塞及导向缸上移，使充满工作液的内腔容积减小，迫使工作液经压缩阀进入球形气室，从而推动油气隔膜向具有一定压力的氮气室移动，使气体容积减小，氮气压力升高。当活塞向上的推力（外界载荷）与氮气压力向下的反作用力相等时，活塞便停止移动。于是，车身（车架）与悬架摆臂（车桥）间的相对位置不再变化。

当载荷减小，即推动活塞上移的作用力减小时，油气隔膜在高压氮气的作用下向下移动，迫使工作液经伸张阀流回工作缸内腔，推动活塞向下移动，车身（车架）与悬架摆臂（车桥）之间的距离变长，直到氮气室内的压力通过工作液的传递转化为作用在活塞上的力与外界减小的载荷相等时，活塞才停止移动。

汽车在行驶过程中载荷的变化，使得活塞相应地在工作缸中处于不同的位置。由于氮气充满在密闭的球形气室内，作用在油气隔膜上的载荷小时，气体弹簧的刚度较小；随着载荷的增加，气体弹簧的刚度变大。

空气弹簧可以借专门的控制阀（高度阀）自动调节气囊或气室的原始充气压力和充气

量，以使车身离地高度保持一定。

12.3.3 独立悬架

随着汽车速度的不断提高，非独立悬架已不能满足行驶平顺性和操纵稳定性等方面提出的要求。因此，独立悬架获得了很大的发展和广泛地应用，尤其是轿车的转向轮普遍采用了独立悬架。

按车轮运动形式独立悬架可以分成以下 4 种类型：

1）横臂式独立悬架（图 12-32a）。车轮可以在汽车横向平面内摆动的悬架。

2）纵臂式独立悬架（图 12-32b）。车轮可以在汽车纵向平面内摆动的悬架。

3）车轮沿主销移动的悬架。含烛式悬架（图 12-32c）和麦弗逊式悬架（滑柱连杆式悬架如图 12-32d 所示）。

4）多杆式悬架。车轮可以在由摆臂、推力杆等多杆件共同决定的斜向平面摆动的悬架。

1. 横臂式独立悬架

横臂式独立悬架分为单横臂式和双横臂式两种。

（1）单横臂式独立悬架 图 12-33 所示为早期的奔驰轿车单横臂后独立悬架。车辆行驶过程中，当悬架变形时，车轮平面将产生倾斜而改变两侧车轮与路面接触点间的距离，致使轮胎相对于地面侧向滑移，破坏轮胎和地面的附着，且轮胎磨损较严重。另外，这种悬架用于转向轮时，会使主销内倾角和车轮外倾角发生较大的变化，对于转向操纵有一定的影响，故目前很少在转向轮上采用。

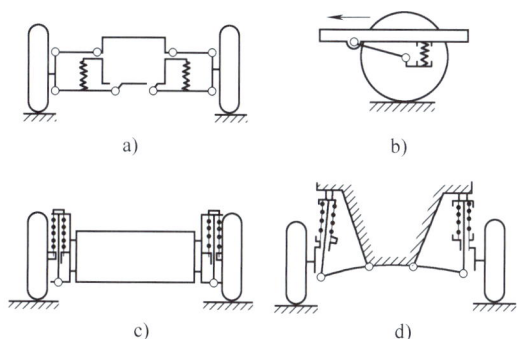

图 12-32 不同形式悬架示意图
a）横臂式 b）纵臂式 c）烛式 d）麦弗逊式

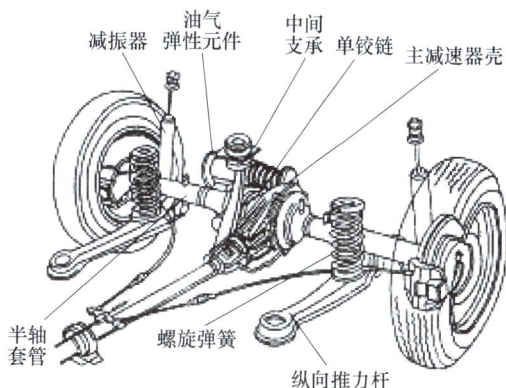

图 12-33 早期的奔驰轿车
单横臂后独立悬架

（2）双横臂式独立悬架 双横臂式独立悬架两个摆臂长度可以相等，也可以不等。等长双横臂式独立悬架中（图 12-34a），当车轮上下跳动时，车轮平面没有倾斜，但轮距却发生了较大的变化，这将增加车轮侧向滑移的可能性。不等长双横臂式独立悬架中（图 12-34b），如果两臂长度选择适当，可以使车轮和主销的角度以及轮距的变化都不太大，不大的轮距变化在轮胎较软时可以由轮胎变形来适应。目前轿车的轮胎可容许轮距的改变在每个车轮上达到 4～5mm 而不致沿路面滑移，因此，不等长的双横臂式独立悬架在轿车前轮上的

应用较为广泛。

2. 纵臂式独立悬架

纵臂式独立悬架有单纵臂和双纵臂两种（图12-35）。

单纵臂式独立悬架中的车轮上下跳动将使主销的后倾角产生很大变化，故多用在不转向的后轮上。

双纵臂式独立悬架的两个纵臂长度一般做成相等，形成平行四连杆机构。这样，在车轮上下跳动时，主销的后倾角保持不变，故这种形式的悬架适用于转向轮。

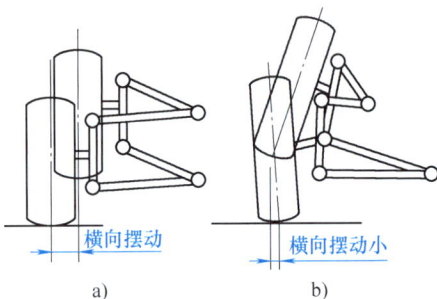

图 12-34 双横臂式独立悬架示意图
a）两摆臂等长的悬架　b）两摆臂不等长的悬架

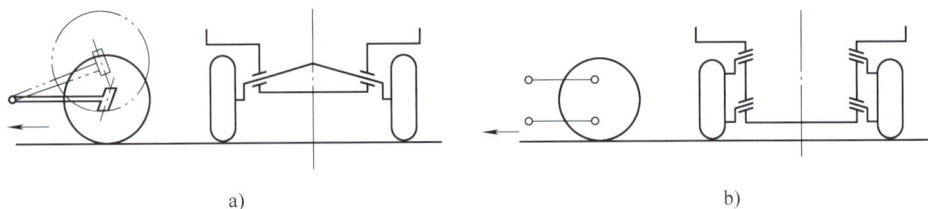

图 12-35 纵臂式独立悬架示意图
a）单纵臂式　b）双纵臂式

找一找　找一辆独立悬架汽车，分析其类型与结构原理。

3. 车轮沿主销移动的悬架

车轮沿主销移动的悬架目前大致分为两种类型，一种是车轮沿固定不动的主销轴线移动的烛式悬架，另一种是车轮沿摆动的主销轴线移动的麦弗逊式悬架。

（1）烛式悬架（图12-36）　其主销刚性地固定在悬架上，转向节与套筒连接在一起。当车轮跳动时，转向节与套筒一起沿主销轴线移动。这种悬架对于转向轮来说，在悬架变形时，主销的定位角不会发生变化，仅轮距、轴距稍有改变，因此有利于汽车的转向操纵和行驶稳定性。但是侧向力全部由套在主销上的长套筒和主销承受，则套筒与主销之间的摩擦阻力大，磨损严重。

（2）麦弗逊式悬架

①结构组成与工作原理。图12-37所示为富康轿车的麦弗逊式悬架。车轮所受的侧向力通过转向节大部分由下摆臂承受，其余部分由减振器承受。因此，这种结构形式较烛式悬架在一定程度上减少了滑动磨损。当车轮上下跳动时，因减振器的下支点随下摆臂摆动，故主销轴线的角度是变化的。这说明车轮是沿着摆动的主销轴线而运动的。因此，这种悬架在变形时，使得主销的定位角和轮距都有些变化。然而，如果适当调整杆系的位置，可使车轮的这些定位参数变化极小。该悬架突出的优点是增大了两前轮内侧的空间，便于发动机和其他一些部件的布置，因此多用在前置、前驱动的轿车和微型汽车上。

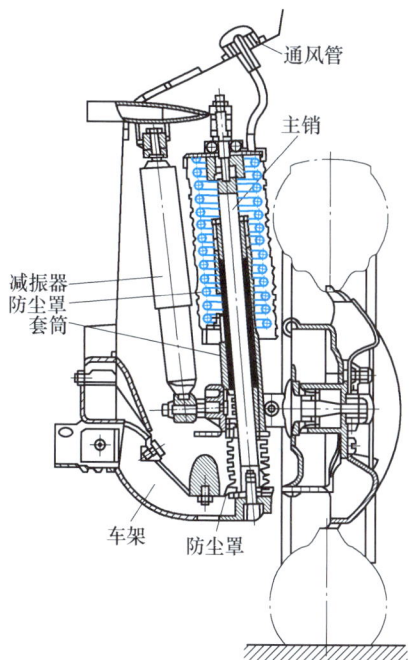

图 12-36　烛式悬架

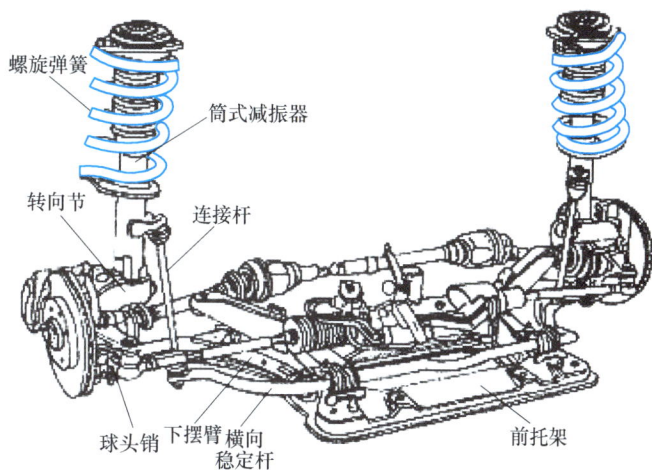

图 12-37　富康轿车的麦弗逊式悬架

②横向稳定器。现代轿车的悬架一般都很软，在高速行驶中转向时，车身会产生很大的横向倾斜和横向角振动。为减少这种横向倾斜，往往在悬架中加设横向稳定器。用得最多的横向稳定器是杆式横向稳定器。

弹簧钢制成的横向稳定杆呈扁平的 U 形，横向地安装在汽车的前端或后端。稳定杆中部自由地支承在两个固定在桥壳上的橡胶套筒内。横向稳定杆的两侧纵向部分的末端下臂上的弹簧支座相连。

当车身只做垂直移动而两侧悬架变形相等时（图 12-38a），横向稳定杆在套筒内自由转动，横向稳定杆不起作用。当两侧悬架变形不等而车身相对于路面横向倾斜时（图 12-38b），车架的一侧移近弹簧支座，稳定杆的该侧末端就相对于车架向上移；而车架的另一侧远离弹簧支座，相应稳定杆的末端则相对于车架向下移。然而，在车身和车架倾斜时，横向稳定杆的中部对于车架并无相对运动。这样在车身倾斜时，稳定杆两边的纵向部分向不同方向偏转，于是稳定杆便被扭转。弹性的稳定杆所产生扭转的内力矩就妨碍了悬架弹簧的变形，起到了阻止车身倾斜的作用，因而减小了车身的横向倾斜和横向角振动。

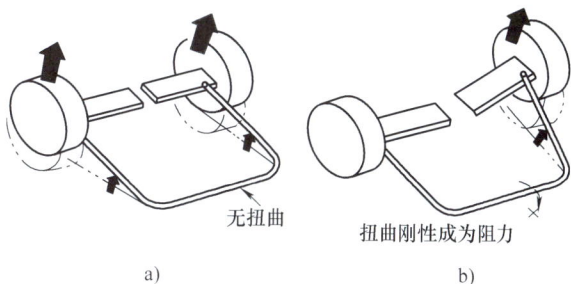

图 12-38　横向稳定杆工作示意图
a）两侧悬架变形相等　b）两侧悬架变形不等

4. 多杆式独立悬架

一些轿车上为减轻车重和简化结构利用螺旋弹簧承受垂直载荷，采用多个不同方向的杆件来承受和传递侧向力及纵向力，并共同决定车轮的运动，组成多杆式悬架（图12-39）。多杆悬架系统具有良好的操纵稳定性，可有效地降低轮胎的磨损，延长其使用寿命。

5. 多轴汽车的平衡悬架

悬架的作用之一是维持车轮与地面之间的良好接触，如果多轴车辆各车轴分别采用非独立悬架形式，则在一般不平路面上作用于各车轮上的地面法向载荷分配将可能非常不均匀，极端情况下甚至会出现个别车轮脱离地面的情形（图12-40a）。这时，一方面有可能使其他车轮（车轴）超载，另一方面会降低多轴驱动车辆的牵引力。而若在全部车轮上采用独立悬架，虽然可以保证所有车轮与地面的良好接触，但汽车的悬架结构会变得十分复杂。如果在三轴车辆的中、后桥上采用图12-40b所示的平衡杆结构，即在杆的中部以铰链与车架连接，只要让平衡杆两臂等长，便可保证处于平衡杆两端的车轮与地面垂直载荷始终相等，此类悬架被称为平衡悬架。

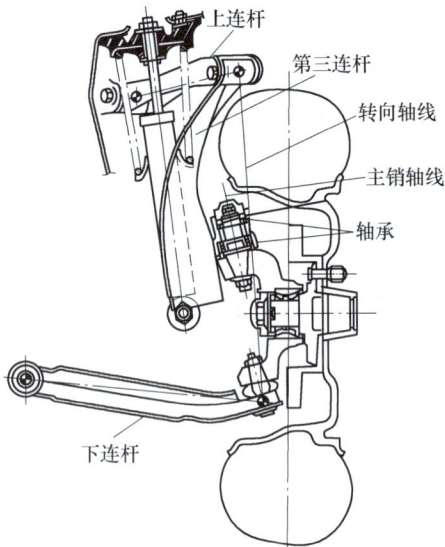

钢板弹簧平衡悬架被广泛运用在三轴和四轴越野汽车中（图12-41）；摆臂式平衡悬架是另一种平衡悬架形式（图12-42），多用于6×2驱动形式的载货汽车或客车上。

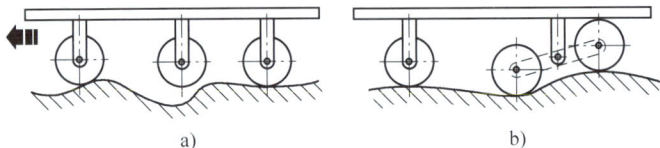

图12-39　多杆式独立悬架

a)　　　　　　　　　　b)

图12-40　三轴汽车行驶示意图

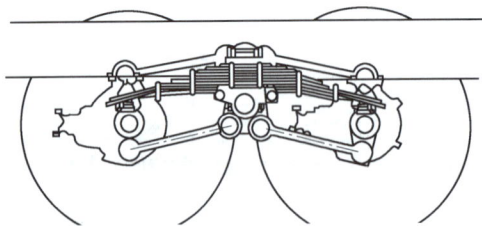

图12-41　三轴汽车的中后
驱动桥平衡悬架结构图

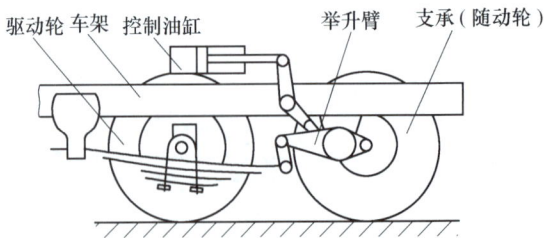

图12-42　摆臂式平衡悬架

12.3.4　电控悬架系统

悬架中弹簧性元件的弹性和减振器的阻尼系数直接影响到汽车行驶的平顺性（舒适性）和操纵稳定性。汽车的平顺性和稳定性对悬架的要求是矛盾的：悬架弹性越大（越硬）操

纵稳定性越好，但舒适性越差；若采用较软的悬架以改善舒适性，又会引起在汽车起步、加减速、制动和转向时车身的俯仰、点头和侧倾等现象，影响汽车操纵的稳定性并造成乘员不适。汽车在不同的行驶状况（路面、负载、车速、起步、加减速、制动和转向等）对悬架要求不同，传统的被动悬架无法满足。

电控悬架能够根据汽车的行驶状况主动地对悬架的刚度和阻尼系数进行调整，使悬架时时处于最佳的工作状况，这从根本上解决了平顺性和操纵稳定性之间的矛盾，提高了汽车的使用性能。

电控悬架又称为主动悬架，根据悬架系统中是否包含动力源可分为全主动悬架（有源主动悬架）和半主动悬架（无源主动悬架）。

根据悬架介质的不同，电控悬架可分为油气悬架系统和空气悬架系统两类。

1. 全主动悬架

全主动悬架系统由电子控制装置和可调式悬架组成，电子控制装置包括信号输入装置（传感器）、ECU 和执行机构三部分（图 12-43）。

各种传感器　→　ECU　→　执行机构　→　可调式悬架

图 12-43　电控悬架系统的组成

1）传感器。电控悬架系统所用的传感器见表 12-4。

表 12-4　电控悬架系统所用的传感器

传感器名称	传感器用途
车身加速度传感器	检测车身的振动，可间接反映汽车行驶的路面情况
车身位移传感器	检测车身相对车桥的位移，可反映车身的平顺性和车身的高度
车速传感器	检测车轮的转速，反映车速和用于计算车身侧倾程度
转向盘转角传感器	检测转向盘的转角，用于计算车身侧倾程度
制动压力开关	检测制动管路的制动液压力，提供汽车制动信号
制动灯开关	检测制动灯电路的通断，提供汽车制动信号
节气门位置传感器	检测节气门的开度，提供汽车加速度信号
加速踏板传感器	检测加速踏板的动作，提供汽车加速信号
模式选择开关	手动选择"软"或"硬"两种模式

①车身位移传感器又称为车身高度传感器，用于监测车身的高度和反映车身的振动。图 12-44 所示为广泛使用的光电式车身位移传感器的结构。遮光盘上分布着缺口，其两面对称安装着 4 组发光二极管和光敏晶体管，组成了 4 对光电耦合器，发光二极管的电源由控制器提供。当车身高度发生变化时，车身与车轮的相对运动使车身高度传感器的连接杆（曲柄）转动，通过传感器轴带动遮光盘转动。当遮光盘的缺口对准耦合器时，发光二极管发出的光线通过缺口，使光敏晶体管受光，输出通（ON）的信号；当遮光盘的缺口不对准耦合器时，光线被阻断，输出断（OFF）的信号。遮光盘上的这些缺口以适当的长度和位置分布，使传感器可输出 16 组信号，每一组信号都代表某一车身的位置。

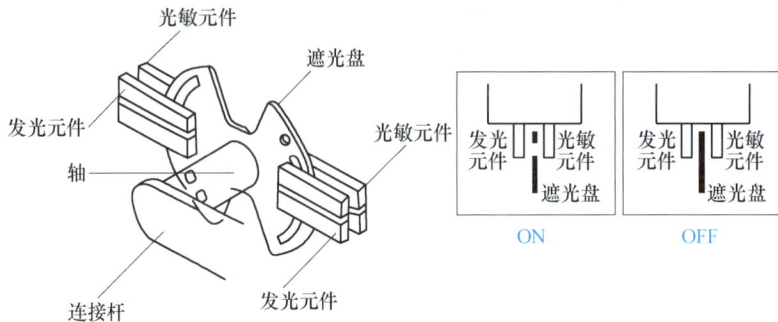

图 12-44 广泛使用的光电式车身位移传感器的结构

控制器根据传感器输入的一组"ON"和"OFF"信号就得到了车身位移信息。根据车身高度变化的幅度和频率，可判断车身的振动情况；根据一段时间（一般为 10ms）车身高度在某一区间的频度来判断车身的高度。

② 光电式转向盘转角传感器的结构与原理如图 12-45 和图 12-46 所示。

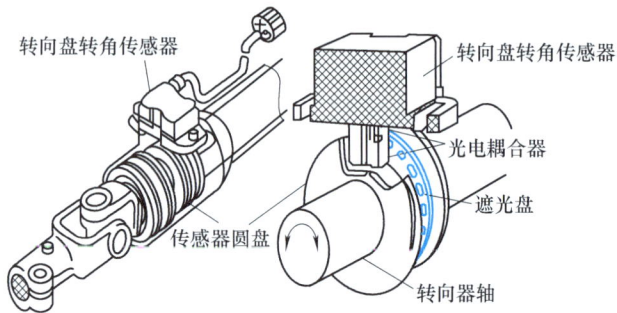

图 12-45 光电式转向盘转角传感器的结构

光电式转向盘转角传感器的遮光转盘上均匀分布着缺口，两面分别有两个发光二极管和两个光敏晶体管，组成两对光电耦合器。当遮光盘随转向轴转动时，光敏晶体管就会有受光和不受光的变化而产生脉冲信号。控制器根据转角传感器输出的脉冲个数就可判断转向盘转过的角度。

设置两个光电耦合器的目的是能够使控制器判别左、右转向。两

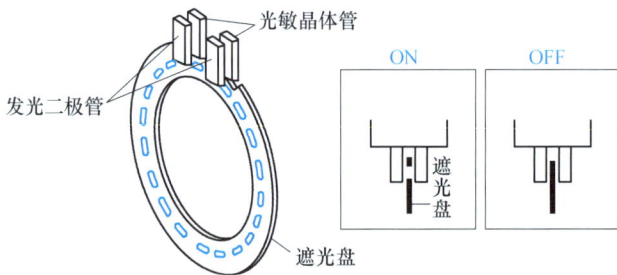

图 12-46 光电式转向盘转角传感器的原理图

个光电耦合器从相位上错开 90°，如图 12-47 所示。在直线行驶时，A 组光电耦合器位于遮光转盘两个缺口的中间，信号 A 处于高电平（OFF）状态。当转向时，控制器可根据 A 信号从高电平转为低电平（下降沿）时，B 信号是高电平还是低电平来判断转向。如果 A 信号在下降沿时，B 信号是高电平（OFF），则为右转向；如果 A 信号在下降沿时，B 信号是低电平（ON），则为左转向。

③ 磁感应式转向盘转角传感器的原理图如图 12-48 所示。

磁感应式转向盘转角传感器由齿盘、永久磁铁、两个感应线圈及信号处理电路等组成。当齿盘随转向轴转动时，感应线圈就会产生交变的感应电势，经信号处理电路放大、整流及整形后输出。控制器根据传感器输入的信号脉冲个数就可确定转向盘的转角，设置两个感应

线圈的目的同样是为了控制器判断左右转向的需要。

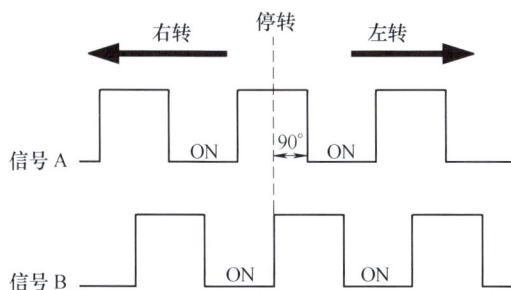

图 12-47　转向的方向判断

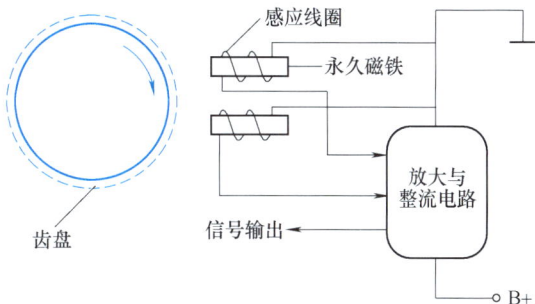

图 12-48　磁感应式转向盘转角传感器的原理图

2）控制器及执行机构。控制器又称为悬架 ECU，由微处理器和传感器电源电路、执行器的驱动电路及监控电路等组成。电控悬架系统的控制器将传感器送入的电信号进行综合处理，输出对悬架的刚度、阻尼及车身高度进行调节的控制信号。

电控悬架系统的执行机构按照电子控制器的控制信号准确地动作，及时地调节悬架的刚度和阻尼系数及车身的高度。通常所用的执行元件是电磁阀和步进电动机及气泵电动机等。

3）可调式悬架。其可在控制器输出指令的控制下，实现悬架刚度、阻尼及车身高度的调节。

可调式悬架有空气式悬架、油气式悬架和液压式主动悬架 3 种。目前，进口汽车使用较多的为空气式悬架（图 12-49）。

①悬架刚度的调节。空气悬架的内部结构如图 12-50 所示，它分为主、副两个气室。主、副气室之间有一个气阀，气阀有完全关闭，大、小开度 3 种状态，开关气阀的控制杆由步进电动机驱动，可实现高、中、低 3 种状态的刚度调节。

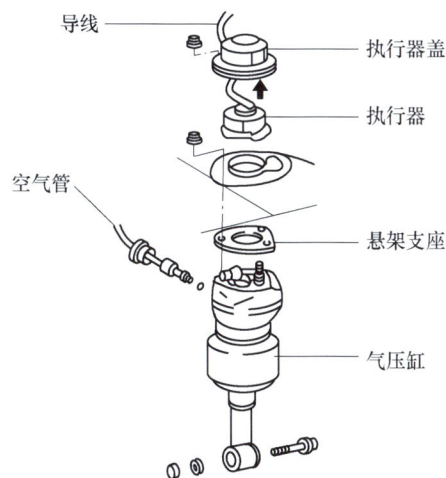

图 12-49　空气式悬架

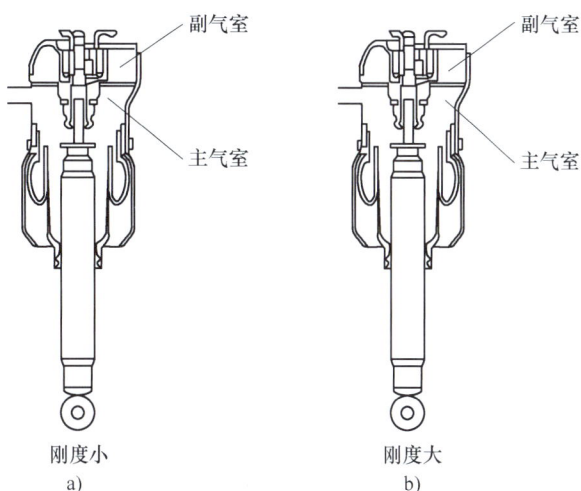

图 12-50　空气悬架的内部结构
a）主、副气室不通时刚度大　b）主、副气室通时刚度小

在气阀完全关闭时，悬架的缓冲由主气室单独承担，这时悬架的刚度较大（处于刚度"高"的状态）。当气阀在大开度时，主、副气室空气流通，增大了悬架承担缓冲的空气容积，悬架的刚度变软（处于刚度"低"的状态）。当气阀的开度较小时，两气室空气的流通较小，刚度处于"中等"状态。

②悬架阻尼的调节。它是通过改变阻尼孔的截面面积实现的。图 12-51 所示为悬架阻尼调节原理图。与阻尼调节杆连接的转阀上有 3 个阻尼孔，驱动装置驱动阻尼调节杆转动，就可使转阀通过转动开、闭 3 个阻尼孔，实现阻尼高、中、低 3 种状态的调节。当转阀在图 12-51 所示的位置时，A、B、C 3 个截面的阻尼孔都被关闭。这时，只有减振器下端的阻尼孔（D 部）工作，因此，阻尼处于最大状态（阻尼在"高"状态）。

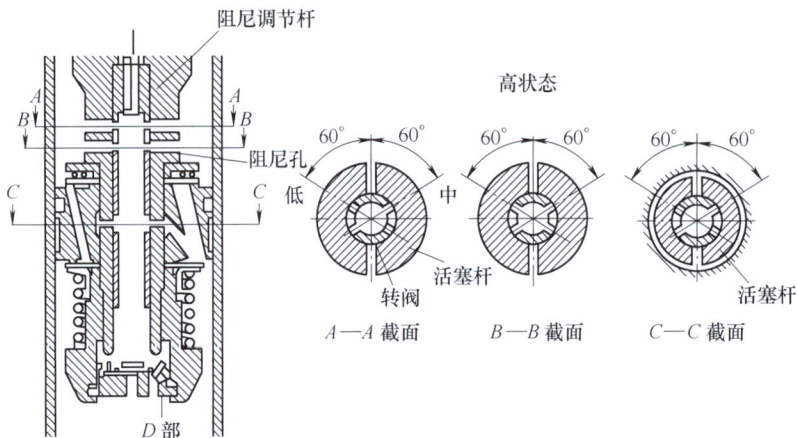

图 12-51　悬架阻尼调节原理图

当转阀从阻尼高状态位置顺时针转动 60°时，B 截面的阻尼孔打开，A、C 两截面的阻尼孔仍关闭。这时，增加了一个阻尼孔，阻尼减小，处于阻尼"中"的状态。

当转阀从阻尼高状态位置逆时针转动 60°时；A、B、C 3 个截面的阻尼孔都被打开，这时，阻尼最小，处于阻尼"低"状态。

③悬架刚度、阻尼调节的驱动装置。它多采用直流电动机（图 12-52）或步进电动机。

电动机经过蜗轮蜗杆、行星轮传动后驱动调节杆，限位开关可在阻断电动机电路的同时对电动机实行电气制动，使电动机立即停止回转。

④车身高度的调节。空气悬架是通过对主空气室充气或放气实现对车身高度调节的（图 12-53）。车身高度调节装置如图 12-54 所示。

当需要增高车身高度时，直流电动

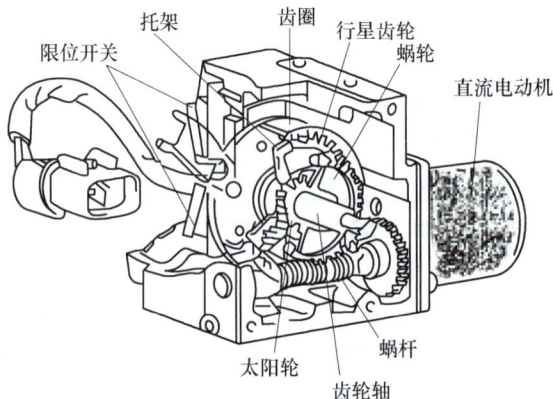

图 12-52　悬架参数调节的驱动装置

机带动压缩机工作，压缩空气通过空气干燥器后由高度控制电磁阀进入悬架主空气室，车身

高度便增加。当达到规定高度时，高度控制电磁阀断电关闭，车身维持其一定的高度。

当需要降低车身高度时，高度控制电磁阀和排气阀同时通电打开，悬架主空气室空气排出，车身高度下降。调压器的作用是控制悬架主气室的气压。

2. 半主动悬架

主动悬架大大改善了汽车的平顺性和操纵稳定性，但结构复杂、成本高；并且含有空气压缩机或液压泵等动力源，消耗汽车动力。半主动悬架结构简单、几乎不消耗能量，所以尽管控制项目较少、性能稍差，但也被许多汽车采用。

（1）半主动悬架系统控制原理半主动悬架系统通常以车身振动加速度的均方根值作为控制目标参数，以悬架减振器的阻尼为控制对象。半主动悬架的控制模型（图 12-55）是在悬架 ECU

图 12-53　悬架高度的调节
a）未充气时正常高度　b）充气后高度增加

中事先设定了一个目标控制参数 σ，它是以汽车行驶平顺性最优控制为目的设计的。当汽车行驶时，安装在车身上的加速度传感器产生的车身振动加速度信号经整形放大后输入 ECU，ECU 立刻计算出当前车身振动加速度的均方根值 σ_i，并与设定的目标参数 σ 比较，根据比较结果输出控制信号。

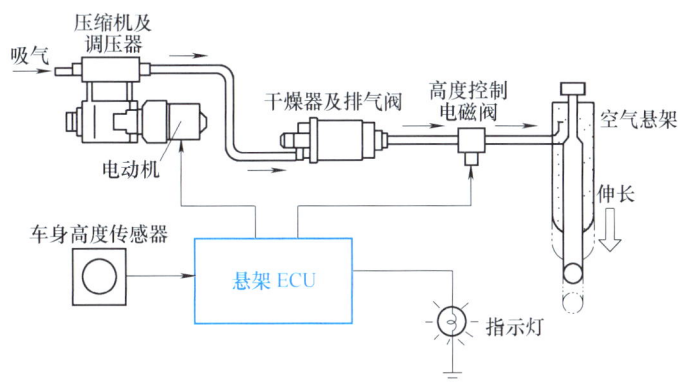

图 12-54　车身高度调节装置

如果是 $\sigma = \sigma_i$，控制器不输出调整悬架阻尼控制信号。

如果是 $\sigma < \sigma_i$，控制器输出增大悬架阻尼控制信号。

如果是 $\sigma > \sigma_i$，控制器输出减小悬架阻尼控制信号。

（2）半主动悬架减振器　半主动悬架减振器分为有级调整式和无级调整式两种。

有级调整式半主动悬架系统将悬架的阻尼（刚度）分为 2～3 级，根据载荷、工况选择。其结构如图 12-51 所示。

无级式调整式半主动悬架可使悬架的阻尼从最小到最大无级连续调整。阻尼的改变一般

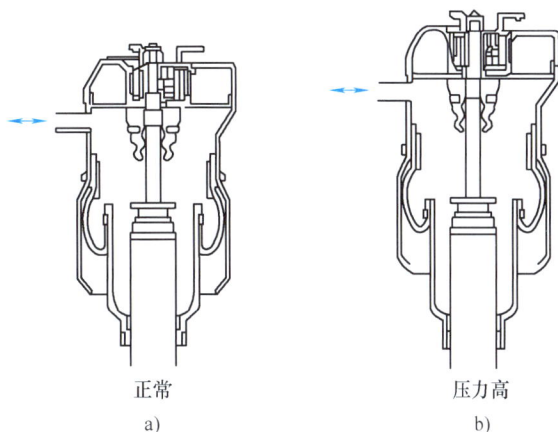

是通过控制步进电动机驱动可调阻尼减振器中的有关部件，改变阻尼孔的大小实现的（图12-56）。当步进电动机带动驱动杆转动时，就改变了驱动杆与空心活塞的相对角度，从而改变减振器阻尼孔截面面积，使减振器的阻尼发生变化。

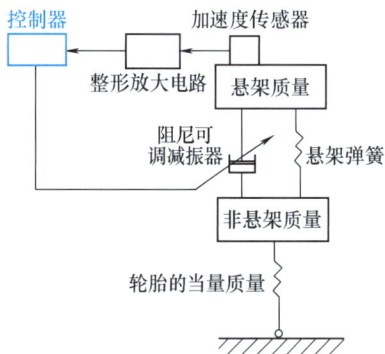

图 12-55　半主动悬架控制模型图

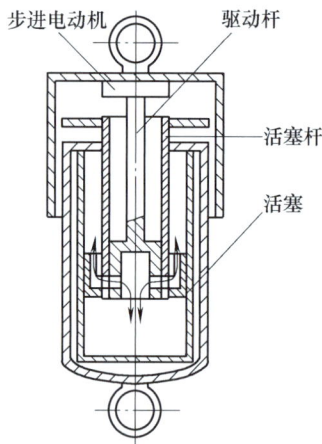

图 12-56　阻尼可调的减振器

找一找

找一辆半动悬架汽车，分析其结构与工作原理。

本章小结

1. 轮式汽车行驶系统主要由车架、车桥、车轮和悬架等部分组成。

2. 汽车车架的结构形式主要有边梁式、中梁式和综合式，其功用是支承和连接汽车的各总成。

3. 车桥按照用途的不同可分为转向桥、驱动桥、转向驱动桥和支持桥4种类型，其功用是传递车架（或承载式车身）与车轮之间各方向的作用力及其力矩。

4. 转向轮的定位参数有主销后倾角、主销内倾角、前轮外倾角和前轮前束。

5. 车轮一般由轮辐、轮毂及连接它们的辐板组成，是介于轮胎和车轴之间承受负荷的旋转组件。

6. 轮胎的作用是承受汽车的重力，与汽车悬架共同缓和汽车行驶时所受到的冲击，并衰减由此产生的振动，以保证汽车有良好的乘坐舒适性和行驶平顺性；保证车轮和路面间有良好的附着性，以提高汽车的牵引性、制动性和通过性。充气轮胎分为有内胎轮胎和无内胎轮胎两种。有内胎的充气轮胎一般由外胎、内胎和垫带组成。轮胎还分为普通斜交轮胎和子午线轮胎，子午线轮胎有很多优点，应用广泛。

7. 汽车的悬架一般由弹性元件、减振器和导向机构三部分组成，起缓冲和减振作用，分为非独立悬架和独立悬架两大类。现代汽车开始采用电控悬架。

思考题

1. 汽车的行驶系统有哪些功用？由哪些总成构成？它们的作用是什么？

2. 车轿有哪几种类型？转向桥由哪几个部分组成？

3. 前轮定位参数有哪些？各自的定义和作用是什么？

4. 车轮由几部分组成？轮胎的类型有哪些？

5. 悬架由哪几个部分组成？它们的作用是什么？

6. 常用的减振器是哪种类型？它是如何衰减车辆振动的？

第 ⑬ 章

汽车转向系统

内容架构

第 13 章 汽车转向系统

| 13.1 转向系统概述 | 13.2 机械转向系统 | 13.3 动力转向系统 | 13.4 电控转向系统 | 13.5 四轮转向系统 |

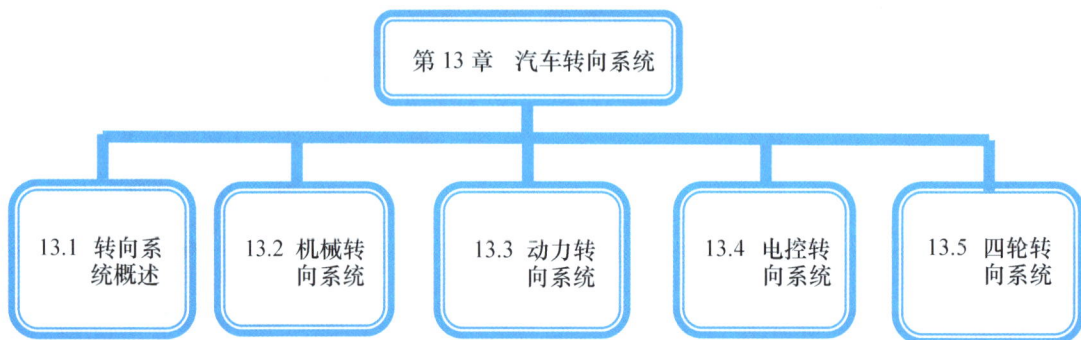

教学目标要求、重点与难点

序号	教学目标要求	教学重点	教学难点
1	掌握汽车转向基本特征、转向系统类型	✓	
2	掌握机械转向系统的构造及工作原理	✓	
3	掌握典型机械转向器的结构及工作原理	✓	
4	掌握动力转向系统的构造与工作原理	✓	✓
5	掌握整体式液压动力转向器的结构及工作原理	✓	✓
6	掌握电控转向系统的构造及工作原理	✓	✓
7	理解四轮转向系统的构造及工作原理		✓
8	能够识别转向系统的类型、部件及主要零部件	✓	

13.1　转向系统概述

1. 汽车转向系统的功用

汽车转向系统的功用是保证汽车能够按照驾驶人的意志改变或恢复行驶方向。

2. 汽车转向系统的基本要求

要使汽车顺利并轻便转向，需要解决两个基本问题：一是汽车转向时，所有车轮需要绕着一个转向中心转动；二是必须通过某种方式增大驾驶人操纵转向盘的力，从而有足够大的作用力使转向车轮偏转一定的角度，实现汽车转向。

汽车的转向只有当 4 个车轮的轴线交于一点时（图13-1），才能够保证各车轮只滚动不滑动，此交点 O 称为转向中心。对于两轴汽车，由图中的几何关系可见，汽车转向时内转向轮偏转角 β 大于外转向轮偏转角 α。在车轮为刚体的假设条件下，内、外两转向轮偏转角满足下面的关系式：

$$\cot\alpha = \cot\beta + \frac{B}{L}$$

式中　B——两侧主销轴线与地面交点之间的距离，也称为轮距；

L——汽车轴距。

汽车转向时内转向轮偏转角 β 大于前外转向轮偏转角 α 之差 $(\beta - \alpha)$ 称为前展。为了产生前展，将转向机构设计成梯形。这样，在汽车转向时，就可以使内、外转向轮产生不同的偏转角，实现车轮的纯滚动。

由转向中心到外转向轮与地面接触点的距离称为汽车的转弯半径。转弯半径越小，则汽车转向所需场地越小，其机动性就越好。由图 13-1 可知，当外转向轮偏转角达到最大值 α_{max} 时，转弯半径 R 有最小值 R_{min}。在图 13-1 所示理想情况下，最小转弯半径 R_{min} 与 α_{max} 的关系为

$$R_{min} = \frac{L}{\sin\alpha_{max}}$$

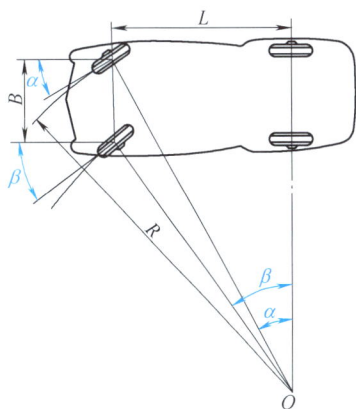

图 13-1　四轮汽车转向分析

转向盘转角增量与同侧转向节相应转角增量之比 i_ω 为转向系统角传动比。转向盘的转角增量与相应的转向摇臂转角增量之比为 $i_{\omega1}$，称为转向器角传动比。转向摇臂转角增量与转向盘同侧转向节的相应转角增量之比 $i_{\omega2}$，称为转向传动机构角传动比。显然有 $i_\omega = i_{\omega1} i_{\omega2}$。

对于一般汽车而言，转向传动机构角传动比 $i_{\omega2}$ 大约为 1，在转向过程中，$i_{\omega2}$ 随着转向节转角的不同变化幅度不大。转向系统角传动比主要取决于转向器角传动比。

转向系统角传动比 i_ω 大，可以使驾驶人操纵转向盘省力，但转向操纵机构不够灵敏，所以选取 i_ω 时应适当兼顾转向省力和转向灵敏的要求。一般载货汽车的转向器角传动比 $i_{\omega1}$ 为 16～32，轿车的传动比 $i_{\omega1}$ 为 12～20。有些转向器的 $i_{\omega1}$ 是常数，有些是变化的。

3. 汽车转向系统分类

汽车转向系统按照能源的不同可分为机械转向系统、动力转向系统和电控转向系统三大类。

13.2　机械转向系统

汽车机械转向系统由转向操纵机构、机械转向器和转向传动机构三大部分组成。（图 13-2）（汽车机械转向系统的拆装与结构认识参见《汽车构造与原理实训》教材及其光盘的项目 13.1）

13.2.1　转向操纵机构

汽车转向操纵机构包括转向盘、转向轴和转向管柱等。它的作用是将驾驶人的操纵力传给转向器。为了方便不同体型驾驶人的操纵及保护驾驶人的安全，现代汽车转向操纵机构还带有各种调整机构及安全保护装置。

1. 转向盘

转向盘在驾驶室内的位置与各国交通法规规定车辆靠道路的左侧还是右侧行驶有关。包括我国在内的大多数国家规定车辆右侧通行，相应地将转向盘安置在驾驶室左侧。

转向盘主要由轮圈、轮辐和轮毂组成，上面还安装有汽车喇叭开关按钮及控制转向灯的开关等，以方便驾驶人操作。

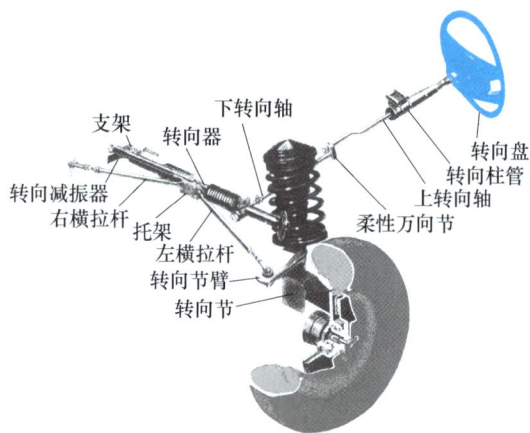

图 13-2　机械转向系统

转向盘在空转阶段中的角行程称为转向盘自由行程。在整个转向系统中各传动件之间都必然存在着装配间隙，而且这些间隙随着零件的磨损而增大。转向盘自由行程对于缓和路面冲击及避免驾驶人过度紧张是有利的，但不宜过大，否则将使转向灵敏度下降。一般来说，转向盘从相应于汽车直线行驶的中间位置向左、向右的自由行程最好不超过10°，当零件的磨损程度严重到使转向盘自由行程超过25°时，则必须进行调整。

2. 转向柱管与转向轴

转向柱管安装在车身上，支承着转向盘。转向轴支承在柱管内的轴承和衬套上，是连接转向盘和转向器的传动件。

转向轴与转向器的连接方式有两种：一种是直接连接，第二种方式是通过十字轴万向节或挠性万向节相连，此时转向轴分为上、下两段（如图13-2所示的上转向轴、下转向轴）。

现代汽车的转向轴除装有柔性万向节外，有的还装有各种能改变转向盘工作角度和转向盘高度的机构，以方便不同体型驾驶人的操纵。

3. 撞车安全保护装置

汽车撞车时，首先车身被撞坏，转向操纵装置被向后推，从而挤压驾驶人（第一次冲击）使其受到伤害。接着，随着汽车速度的降低，驾驶人在惯性力的作用下向前冲，再次与转向操纵机构接触（第二次冲击）而受到伤害。为保护驾驶人的安全，汽车转向操纵机构中常采用以下几种安全保护措施：

（1）吸能式转向盘　在撞车时，转向盘骨架产生变形（图13-3）以吸收能量，减轻驾

驶人受伤的程度。另外，转向盘柔软的外表面也有缓冲保护作用。

（2）可分离式安全转向操纵机构　可分离式安全转向操纵机构的转向轴分为上、下两段，当发生撞车时，上、下两段互相分离或互相滑动，从而避免在第一次冲击时转向盘随车身后移对驾驶人造成的伤害。如图 13-4 所示，上、下转向轴通过销钉配合连接，当发生撞车时，在不大的力的作用下，销钉连接被破坏，上、下转向轴分开。

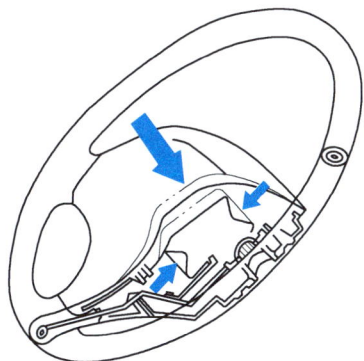

图 13-3　吸能式转向盘骨架变形示意图

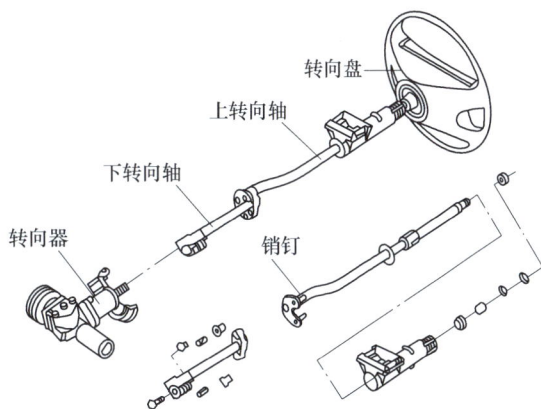

图 13-4　可分离式安全转向操纵机构

（3）缓冲吸能式转向操纵机构　缓冲吸能式转向操纵机构从结构上能使转向轴和转向管柱在受到冲击后轴向收缩并吸收冲击能量，从而有效缓和转向盘对驾驶人的冲击，减轻驾驶人所受到的伤害。

网格状转向管柱（图 13-5）的部分管壁制成网格状，当撞车而受到压缩时很容易轴向变形，吸收能量。除此外还有波纹管变形吸能装置和钢球滚压变形吸能装置等安全装置。

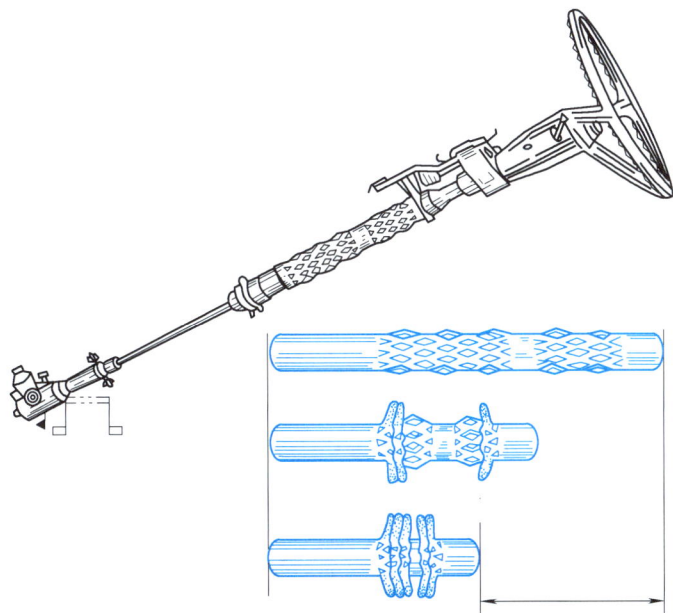

图 13-5　网格状转向柱管吸能装置示意图

13.2.2 机械转向器

转向器是转向系统中的减速增矩装置，并可改变转向力矩的传动方向。目前广泛应用的转向器有齿轮齿条式转向器、循环球式转向器和蜗杆曲柄指销式转向器等几种。

1. 齿轮齿条式转向器

图13-6所示为两端输出的齿轮齿条式转向器。其工作过程为：转向轴旋转→万向节叉旋转→转向齿轮轴旋转→转向齿条直线运动→转向横拉杆带动转向节转动。通过调整螺母可调整弹簧的预紧力。采用齿轮齿条式转向器不需要转向摇臂和转向直拉杆等，使转向机构简化，目前在小排量轿车上应用广泛。

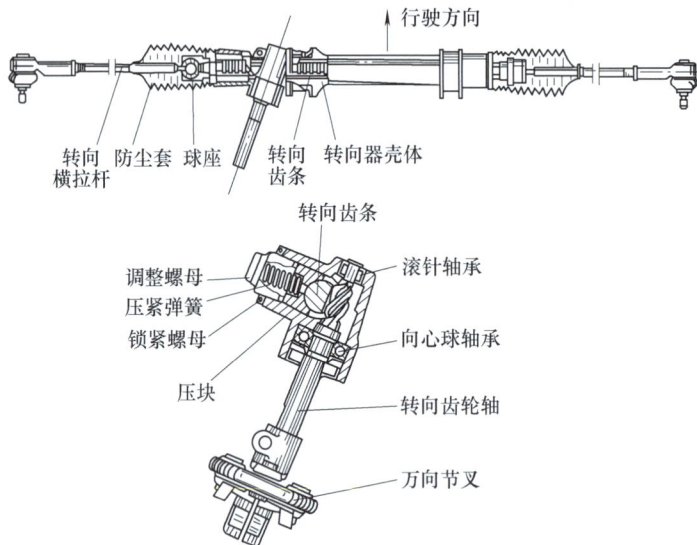

图13-6 两端输出的齿轮齿条式转向器

2. 循环球式转向器

循环球式转向器是目前国内外汽车上较为流行的一种结构形式，一般有两级传动副，第一级是螺杆螺母传动副，第二级是齿条齿扇传动副。

图13-7所示为一种循环式转向器。其第一传动副为转向螺杆和转向螺母。转向螺母外侧的下平面上加工成齿条，与齿扇轴上的齿扇啮合，组成第二传动副，即齿条-齿扇传动。转向螺母既是螺杆螺母传动副的从动件，又是齿条齿扇传动副的主动件。通过转向盘和转向轴转动转向螺杆时，转向螺母不能转动只能轴向移动，并驱动齿扇轴转动。

为了减少转向螺杆和转向螺母之间的摩擦，两者之间的螺纹用沿螺旋槽滚动的许多钢球代替，以实现将滑动摩擦变为滚动摩擦。转向螺杆和螺母上都加工出断面轮廓为两段或三段不同心圆弧组成的近似半圆的螺槽，两者能配成近似圆形断面的螺旋管状通道。螺母侧有两对通孔，可将钢球从此孔塞入螺旋形通道内。两根U形钢球导管的两端插入螺母侧面的两

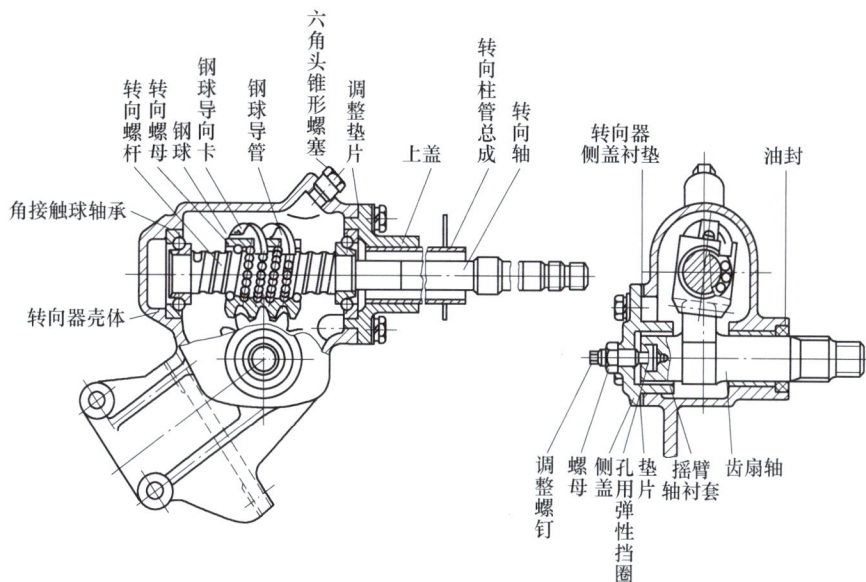

图 13-7　循环球式转向器

对通孔中，导管内也装满了钢球，这样，两根导管和螺母内的螺旋管状通道组合成两条各自独立的封闭的钢球"流道"。

当转向螺杆转动时，通过钢球将力传给转向螺母，螺母即沿轴向移动。同时，在螺杆与螺母两者和钢球间的摩擦力偶矩作用下，所有钢球便在螺旋管状通道内滚动，形成"球流"。钢球在管状通道内绕行，后流出螺母而进入导管的一端，再由导管的另一端流回螺旋通道。因此在转向器工作时，钢球只在封闭通道内循环，而不致脱落。

循环球式转向器中有两处配合需要调整：

1）支承转向螺杆的轴承预紧度。轴承为一对角接触球轴承，其预紧度通过调整垫片调整。

2）齿条齿扇啮合间隙。齿扇的齿是变厚度的，沿齿扇轴的轴向移动齿扇轴，即可调整齿条齿扇的啮合间隙。调整螺钉装在侧盖上。

3. 螺杆曲柄指销式转向器

图 13-8 所示为螺杆曲柄指销式转向器。其动力传递路线为：转向蜗杆→指销→摇臂轴。

摇臂轴通过滑动轴承衬套支承在转向器壳体上。转向蜗杆通过角接触球轴承支承在壳体上，轴承预紧力由调整螺塞在外部调整，调整后用锁紧螺母锁紧。两个指销通过双列圆锥滚子轴承支于摇臂轴内端的曲柄上。其预紧度在装配时由螺母调整。蜗杆上梯形截面螺纹与两个锥形指销啮合，其啮合间隙通过侧盖上的调整螺钉在外部调整，调整后用螺母锁紧。

当双指销式转向器在中间及附近位置时，其两指销均与蜗杆啮合，故每个指销较单指销式转向器的指销所受载荷的力较小，因而其工作寿命较长。当摇臂轴转角相当大时，一个指销与蜗杆脱离啮合，另一指销仍保持啮合，因此，双指销式转向器摇臂转角较单指销式大。

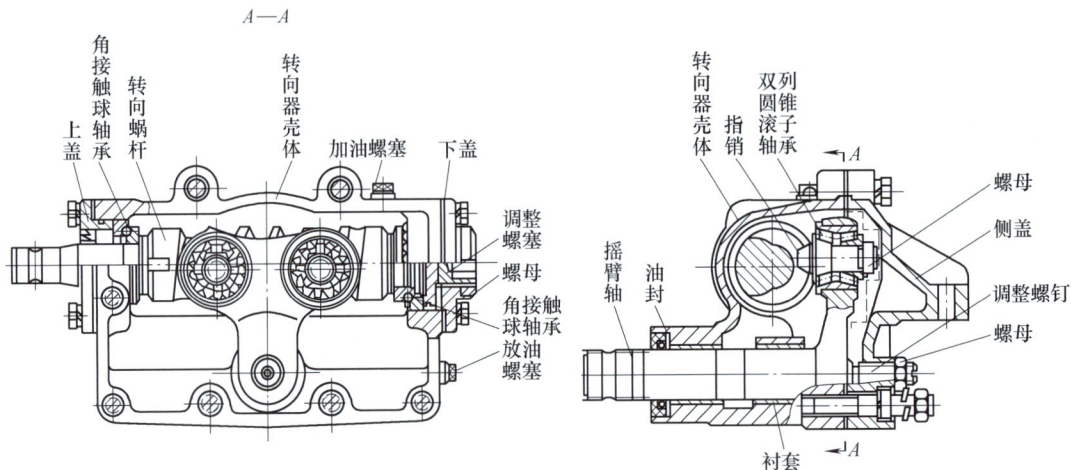

图 13-8 螺杆曲柄指销式转向器

13.2.3 转向传动机构

转向传动机构的功用是将转向器输出的力和运动传给转向桥两侧的转向节，使两侧转向轮偏转，并使两转向轮偏转角按一定关系变化，以保证汽车转向时车轮与地面的相对滑动尽可能小。

1. 转向传动机构的组成与布置方式

以图 13-9a 为例，转向传动机构主要由转向摇臂、转向直拉杆、转向节臂、转向梯形臂和转向横拉杆等组成。由转向器输出的力矩经上述各组件传到两轮的转向节，并由转向梯形臂和转向横拉杆组成的转向梯形机构保证左、右两转向轮的偏转角接近满足转向运动关系。

转向传动机构的组成与布置形式取决于转向器的位置和转向轮悬架的类型。

（1）与非独立悬架配用的转向机构布置方案 与非独立悬架配用的转向机构布置方案主要有图 13-9 所示几种。当前桥仅为转向桥时，转向梯形臂布置在前轿之后（图 13-9a）。当汽车直线行驶时，梯形臂与横拉杆在与道路平行的平面内交角 $\theta > 90°$。

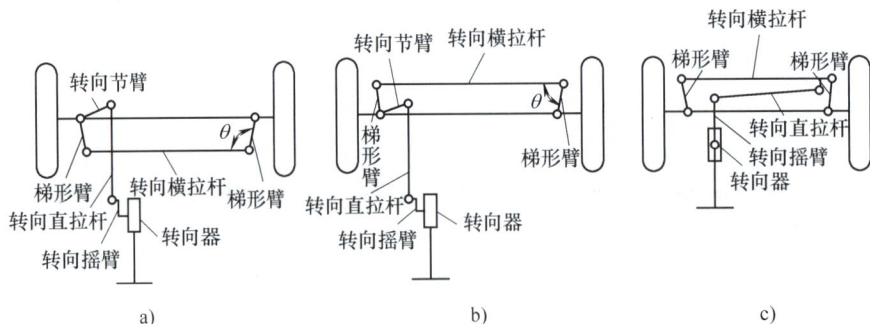

图 13-9 与非独立悬架配用的转向传动机构示意图
a）转向梯形在前轿之后 b）转向梯形在前桥之前 c）转向直拉杆横置

在前桥同时为转向驱动桥或发动机位置较低的情况下，为避免运动干涉，往往将转向梯

形臂布置在前桥之前（图 13-9b），此时，上述交角 $\theta < 90°$。

若转向摇臂不是在汽车纵向平面内前后摆动，而是在与道路平行的平面内左右摆动，可将转向直拉杆横置，并借助球头销直接带动转向横拉杆，从而推动两侧梯形臂转动（图 13-9c）。

（2）与独立悬架配用的转向机构布置方案　当转向轮独立悬挂时，每个转向轮分别与车架做独立运动，因而转向桥是断开的。与此相应，转向传动机构中的转向梯形也必须是断开式的，分成几段。

图 13-10 所示为几种与独立悬架配用的转向传动机构示意图。其中图 13-10a、b 所示为与循环球式转向器配用的转向机构布置方案，图 13-10c、d 所示为与齿轮齿条式转向器配用的转向机构布置方案。

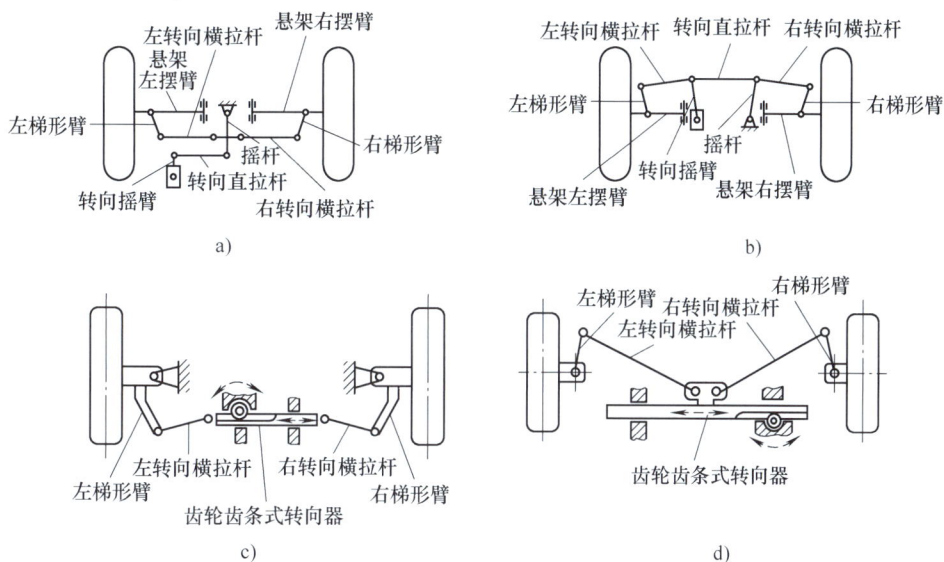

图 13-10　几种与独立悬架配用的转向传动机构示意图

2. 转向传动机构主要零部件结构

转向传动机构的构件多为杆件，各杆件之间一般为球形铰链连接。

（1）转向摇臂　转向摇臂的作用是把转向器输出的力和运动传给直拉杆。

转向摇臂的典型结构如图 13-11 所示。摇臂轴外端面和转向摇臂上端孔的外端面刻有短线等装配标志，以保证正确装配。当转向摇臂轴在中间位置时，汽车处于直线行驶状态。

（2）转向直拉杆　转向直拉杆的作用是将转向摇臂传来的力和运动传给转向梯形臂或转向节臂。其结构如图 13-12 所示。弹簧预紧力可用端部螺塞调节。

（3）转向横拉杆　转向横拉杆是联系左、右转向梯形臂并使其协调工作的连接杆。图 13-13 所示为一种转向横拉杆的结构图。

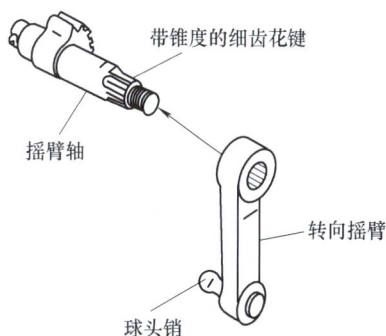

图 13-11　转向摇臂的典型结构

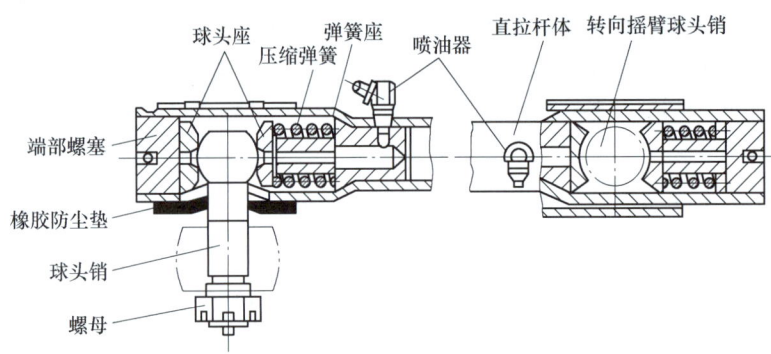

图 13-12　转向直拉杆

转向横拉杆由横拉杆体和两端的横拉杆接头组成。两端接头为球头座-球头销结构，其上有压紧弹簧和调节螺塞（图 13-13b）。球头座分上、下两部分（图 13-13c），装配时凹、凸部互相嵌合。

横拉杆体两端的螺纹旋向相反，一端为右旋、另一端为左旋。放松夹紧螺栓，转动横拉杆体，即可改变转向横拉杆的总长度，从而可调整转向轮前束。

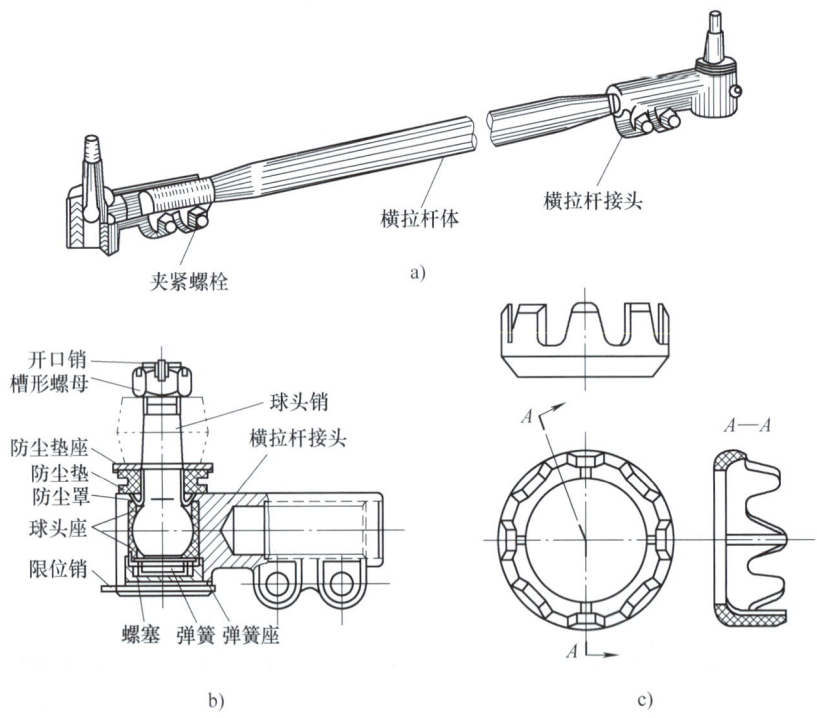

图 13-13　转向横拉杆的结构图
a）转向横拉杆　b）接头　c）球头座

想一想　汽车机械转向系统会存在哪些问题？

13.3　动力转向系统

动力转向系统是将发动机或电动机的动力作为主要转向能源的转向系统，即将发动机输出的部分机械能转化为压力能（或电能），并在驾驶人的控制下，对转向传动机构或转向器中某一传动件施加不同方向的辅助作用力，使转向轮偏摆，以实现汽车转向的一系列装置。采用这种动力转向系统的汽车转向所需的能量，在正常情况下，只有小部分是驾驶人提供的体能，大部分是发动机驱动的液压泵、空气压缩机或发电机提供的液压能、气压能或电能，从而减小了驾驶人的转向操纵力。

按传能介质不同，动力转向系统有液压式和气压式两种。气压式系统因其工作压力较低（一般不高于 0.7MPa），尺寸庞大，所以气压动力转向系统一般用于前轴最大轴载质量为 3~7t 的部分货车和客车。而液压系统工作压力高达 10MPa 以上，无噪声，工作滞后时间短，而且能吸收来自不平路面的冲击，所以液压动力转向系统在各类汽车上获得了广泛的应用。

13.3.1　液压动力转向系统概述

1. 液压动力转向系统的组成与工作原理

（1）液压动力转向系统的组成　图 13-14 所示为桑塔纳 2000 轿车液压动力转向系统，与机械转向系统相比，只是多了一套液压转向加力装置，它由动力装置、执行机构、控制元件以及辅助元件等组成。（汽车动力转向系统的拆装与检查实训参见《汽车构造与原理实训》教材及其光盘的项目 13.2）

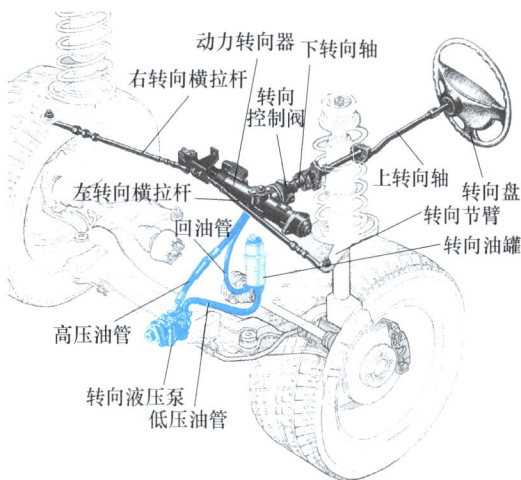

1）动力装置。液压泵（图 13-15）由发动机或电动机驱动，输出液压能。

2）执行机构。转向动力缸（图 13-15）由液压泵提供的高压液压油推动活塞杆左右运动。

3）控制元件。控制元件包括转向阀、油量控制阀、安全阀和单向阀等，转向阀根据转向盘转动方向控制流向转向动力缸的液压油流向，实现转向控制。

图 13-14　桑塔纳 2000 轿车液压动力转向系统

4）辅助元件。辅助元件包括转向油罐和油管等。

液压动力转向系统中，根据机械转向器、转向控制阀和转向动力缸三者的结构和连接关系不同，有图 13-15 所示的 4 种布置方式。

机械转向器、转向控制阀和转向动力缸三者组合成一体的动力转向器，称为整体式动力转向器。图 13-15a 中，机械转向器的壳体同时作为动力缸，动力缸活塞和机械转向器的螺母合为一体，将动力腔分为左、右两腔。

机械转向器与转向控制阀二者组合成一体的动力转向器，称为半整体式动力转向器，如

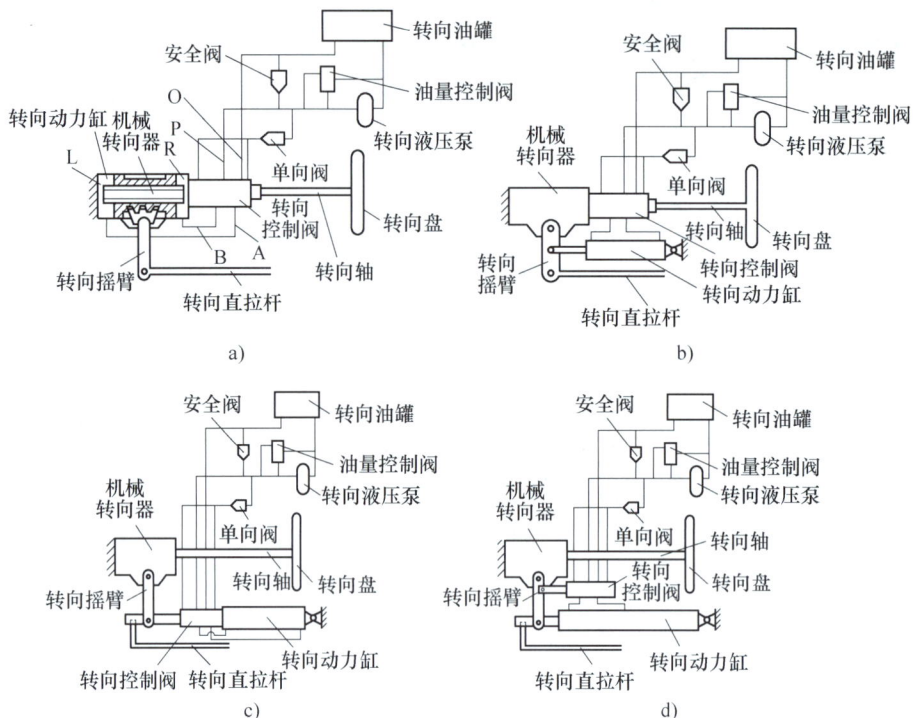

图 13-15　液压转向加力装置结构布置方案示意图
a）带整体式动力转向器　b）带半整体式动力转向器　c）带转向加力器　d）分离式
A—通动力缸左腔油道　B—通动力缸右腔油道　P—通液压泵输出管路的油道
O—通低压回油油道　L—动力缸左腔　R—动力缸右腔

图 13-15b 所示。转向动力缸和转向控制阀二者组合成一体，称为转向加力器，如图 13-15c 所示。分离式液压动力转向系统的机械转向器、辅助控制阀和转向动力缸三者各自独立，如图 13-15d 所示。

（2）液压动力转向系统的工作原理　以图 13-15a 为例，说明如下：

当汽车直线行驶时，转向阀在转向控制下将低压回油油路 O、高压动力油路 P、通动力缸左腔 L 的油路 A、通动力缸右腔 R 的油路 B 四路油道接通，转向液压泵处于卸荷状态，动力缸 R、L 腔无压力，动力转向器无助力。

驾驶人顺时针转动转向盘，带动转向阀，控制液压油由 P 经 A 到达动力缸 L 腔，R 腔制动油由 B 回流到 O，动力缸两腔压力不同，推动活塞运动，通过传动机构使左、右转向轮向右偏转，从而实现右转向助力。向左转向时，情况相反。

当动力转向装置出现故障时，在驾驶人的作用下实现机械转向。此时，单向阀打开，R、L 两腔液压油可与主油路自由流通。

2. 转向阀的构造与工作原理

转向控制阀有滑阀式和转阀式两种。

（1）滑阀式转向控制阀　阀芯沿轴向移动来控制油液流量和流向的转向控制阀，称为滑阀式转向控制阀（图 13-16）。其中图 13-16a 所示为常流式滑阀，图 13-16b 所示为常压式滑阀。

当阀芯处于中间位置（图示 13-16 位置）时，对于常流式转向阀，P、O、A、B 四油路相通，无助力作用。对于常压式转向阀，P、O、A、B 四油路互不相通，也无助力。

当阀芯向右移动时，油路为 P→A →动力缸左腔、动力缸右腔→B→O，产生助力。

当阀芯向左移动时，油路为 P→B →动力缸右腔、动力缸左腔→A→O，产生相反方向助力。

常流式与常压式转向阀的不同之处在于：当汽车转向盘处于中间位置时，常压式液压系统中的工作管路保持高压；而常流式只在转向时管路提供高压。常流式的优点是结构简单、液压泵使用寿命长、消耗功率少，广泛应用于各种汽车。常压式的优点是有蓄能器积蓄液压能，可以使用较小的液压泵，并可以在液压泵不运转的情况下保持一定的转向助力能力，一些重型汽车上采用这种结构。

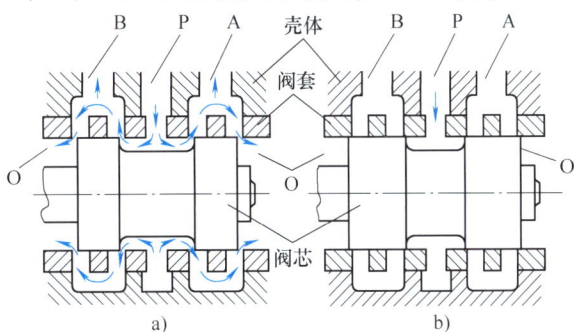

图 13-16　滑阀式转向控制阀

a）常流式　b）常压式

A—通动力缸左腔油道　B—通动力缸右腔油道
P—通液压泵输出管路的油道　O—通低压回油油道

滑阀式转向阀应用于图 13-15 所示的 c、d 两种情况。

（2）转阀式转向控制阀　阀芯绕其圆心转动来控制油液流量和流向的转向控制阀，称为转阀式转向控制阀。转阀的转动可方便地由转向盘的转动带动，应用于图 13-15 所示的 a、b 两种情况。

图 13-17 所示为转阀式转向控制阀的工作原理图。阀套上有 4 个互相连通的进油口 P，与液压泵动力油路接通；4 个互相连通的出油孔 A，与动力缸左腔 L 相通；4 个互相连通的出油口 B，与动力缸的右腔 R 相通。阀芯的内腔与低压回油油路 O 相通。阀芯与阀套的相对位置不同，油路的流通情况不同。

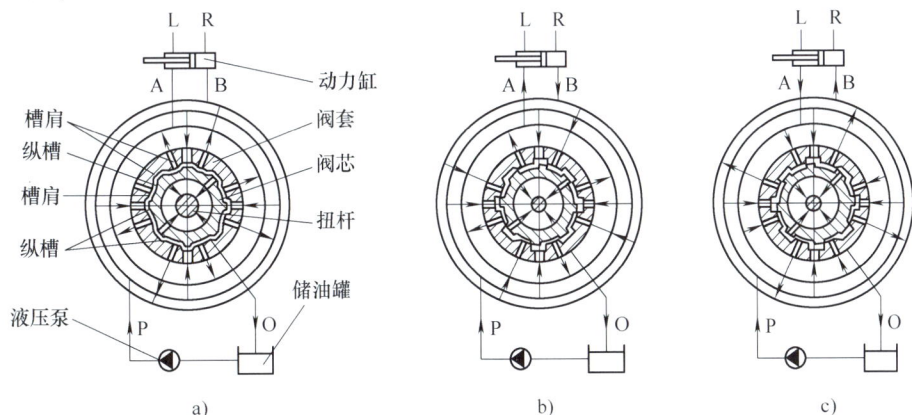

图 13-17　转阀式转向控制阀的工作原理图

a）汽车直线行驶　b）汽车右转弯　c）汽车左转弯

当汽车直线行驶转向盘处于中立位置时，阀芯和筒套的相对位置如图 13-17a 所示，P、O、A、B 四油路相通，此时转向泵卸荷，动力缸 R、L 两腔无压力，无助力作用。

当阀芯向右转动很小位置时，P→A→动力缸左腔 L、动力缸右腔 R→B→O，产生助力（图 13-17b）；当阀芯向左移动很小位置时，P→B→动力缸右腔 R、动力缸左腔 L→A→O，产生相反方向助力（图 13-17c）。

图 13-18 所示为典型转向阀的阀套及阀芯，对照图 13-17 构造说明如下：阀套是圆桶形，外圆表面上制有 3 道较宽且深的油环槽（对应图 13-17 中的 3 个圆形油路）和 4 道较窄的密封环槽。内表面开有不通的 8 道纵槽，同时形成 8 个槽肩（分别对应图 13-17 中的纵槽和槽肩）。中间环槽与助力液压泵输出端相通（图 13-17 中的 P 口），均布的 4 个孔开在中间环槽底部接通内表面纵槽。其他两个环槽分别与图 13-17 中 A 口和 B 口相通，均布的四个孔 1 和 2 开在其他两个环槽底部，通内表面横肩。3 条油环槽分别同时与孔 6、孔 1、孔 2 的各 4 个相同作用的孔连通，又被安装在 4 条较浅的密封环槽的密封圈隔开。

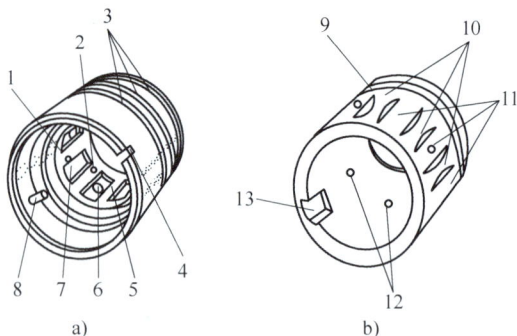

图 13-18　典型转向阀的阀套及阀芯
a）阀套　b）阀芯
1—小孔（通动力缸前腔）　2—小孔（通动力缸后腔）
3、9—环槽　4、13—缺口　5、11—槽肩
6—孔（通进油口）　7、10—纵槽
8—锁销　12—孔（通回油口）

阀芯也呈桶形，外表面上开有 8 条不通的纵槽，同时形成 8 道槽肩（对应于图 13-17 中的纵槽和槽肩）。阀芯的槽肩上开有 4 个通孔 12，接通阀芯内、外圆柱表面，阀芯内孔接回油管路，即为图 13-17 的 O 口。

阀套、阀芯安装位置如图 13-17a 所示，不可将阀套上有小孔的纵槽直接与阀芯上有小孔的槽肩相对。

13.3.2　整体式液压动力转向器

以齿轮齿条式整体动力转向器(图 13-19)为例,其转向动力传递路线为:转向盘→转向轴→阀芯→销 18→扭杆→销 15→阀套→转向齿轮。

阀芯与扭杆前端固连，阀套与转向齿轮制成一体和扭杆的后端固连。扭杆在扭力作用下，比较容易发生扭转变形。当扭杆发生扭转变形时，阀芯和阀套相对转动一个角度（即扭杆前、后端变形角度）。工作过程及原理分析如下（以右转向为例）：

当开始转向时，转向盘带动阀芯顺时针转动。受到转向节臂传来的路面转向阻力作用，动力缸活塞和转向齿条暂时不能运动，所以转向齿轮暂时也不能随转向轴转动。这样扭杆受到转矩作用，前、后端产生扭转变形，阀芯和阀套之间转过一个角度。动力缸左腔进入高压油，右腔泄压，动力缸产生向右转向助力。

齿条在液压力作用下向右运动的同时，转向齿轮本身开始与转向轴同向转动。只要转向盘继续转动，扭杆的扭转变形便一直保持不变，转向控制阀所处的右转向位置不变。

一旦转向盘停止转动，动力缸暂时继续工作，导致转向齿轮继续转动，使扭杆的扭转变形减少，转向助力减少。当转向助力刚好与车轮的回正力矩相平衡时，齿条、齿轮停止运动。此时，转向阀即停驻在某一位置不动，转向轮转角保持不变。

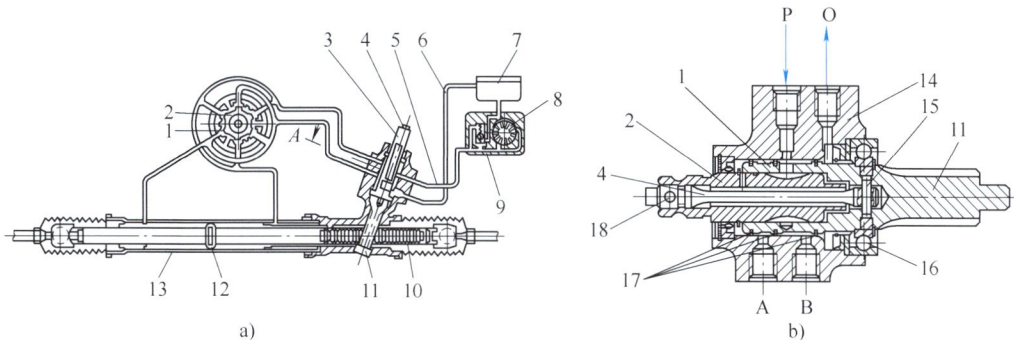

图 13-19　齿轮齿条式整体动力转向器

a) 结构图　b) 转阀构造

1—阀套　2—阀芯　3—转向轴　4—扭杆　5—进油管路　6—回油管路　7—转向油罐
8—转向液压泵（叶片泵）　9—流量控制阀（带安全阀）　10—转向齿条　11—转向齿轮
12—动力缸活塞　13—转向动力缸　14—阀体　15、18—销　16—轴承　17—密封圈
A—通动力缸左腔油道　B—通动力缸右腔油道　P—通液压泵输出管路的油道　O—通低压回油油道

转向过程中，若转向盘转动的速度快，阀体与阀芯的相对角位移量也大，动力缸两腔压力差增大，转向助力随之增大，车轮偏转的速度也快；若转向盘转动的速度慢，助力小，车轮偏转的速度也慢；若转向盘不动，转向轮转到某一相应的位置不动，这称为转向控制阀的"渐进随动原理"。

当转向后回正时，若驾驶人放松转向盘，阀芯回到中间位置，失去助力作用，此时，车轮在回正力矩的作用下回位。若驾驶人同时逆时针回转转向盘，动力转向器反向助力，帮助车轮回正。

若汽车行驶偶遇外界阻力使车轮发生偏转，则阻力矩通过转向传动机构、转向齿条齿轮作用在阀套上，使阀套阀芯产生相对角位移，动力缸产生与车轮偏转方向相反的助力作用。在此力的作用下，车轮迅速回正，保证了汽车直线行驶的稳定性。

一旦液压助力装置失效，助力缸不起作用，驾驶人需转动转向盘以较大的角度使扭杆产生更大变形，传递更大的转矩，以驱动转向齿轮旋转。此时，该动力转向器变成机械转向器。驾驶人需施加更大的力，转向盘的自由行程更大。

13.3.3　转向液压泵

转向液压泵是助力转向的动力源，其作用是将输出的机械能转化为液压能，经转向控制阀向转向动力缸提供一定压力和流量的工作油液。若将转向油罐直接安装在转向泵上，称为潜没式转向泵。非潜没式转向泵的储液罐与转向泵分开安装，用转向油管相连接。

转向液压泵的结构形式有齿轮式、叶片式、转子式和柱塞式等。其中叶片式液压泵在现代汽车上的应用越来越广。

1. 叶片式转向泵的基本结构和工作原理

图 13-20 所示为双作用叶片泵的工作原理图和实物图。叶片泵为容积式液压泵，主要由定子、转子、叶片、泵体和配油盘等组成。

转子上开有均布槽，叶片安装在转子槽内，并可在槽内滑动。定子内表面由两段大半径

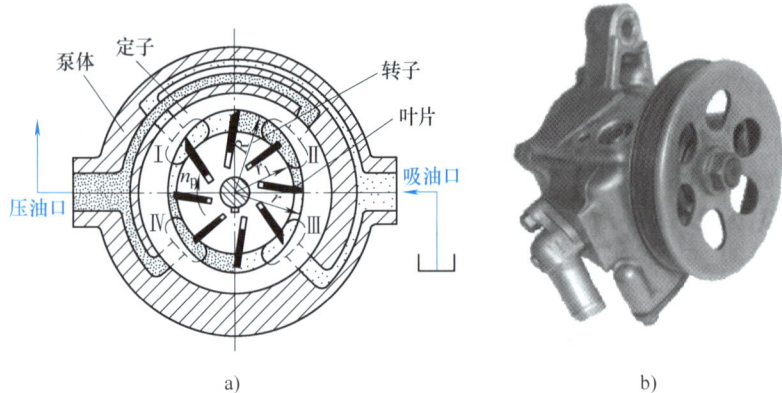

图 13-20　双作用叶片泵的工作原理图和实物图

a）工作原理图　b）实物图

R 的圆弧、两段小半径的圆弧和过渡圆弧组成腰形结构。转子和定子同圆心。转子在传动轴的带动下旋转，叶片在离心力和动压作用下紧贴定子表面，并在槽内做往复运动。相邻的叶片之间形成密封腔，其容积随转子由小到大、由大到小周期变化。当容积由小变大时，形成一定真空度吸油；当容积由大变小时，压缩油液，由压油口向外供油。转子每旋转 1 周，每个工作腔各自吸压油两次，称为双作用。双作用式叶片泵两个吸油区、两个排油区对称布置，所以作用在转子上的油压作用力互相平衡。

图 13-21 所示为潜没式双作用叶片泵，动力输入路线为发动机→驱动带→带轮→驱动轴→转子→叶片。

转子、叶片、驱动轴以及前、后配油盘之间的相对滑动表面，主要靠配合间隙泄漏的油液进行润滑，但如果泄漏量过多会使油泵容积效率降低。为了控制配油盘轴向间隙油液的泄漏量，该液压泵采用了浮动式配油盘结构。在壳体后盖与后配油盘之间的压油腔内装有压紧弹簧。

当液压泵空载时，两配油盘仅靠压紧弹簧的张力压紧在定子和转子的端面上。泵有负荷后，除弹簧张力外，还有后配油盘油腔的液压油作用。液压泵负荷越大，油压越高，配油盘压紧力越大，油液的泄漏量就越少，液压泵的容积效率越高。反之，液压泵负荷减小，压紧力减小，转子端面与配油盘之间的磨损也随之减少。

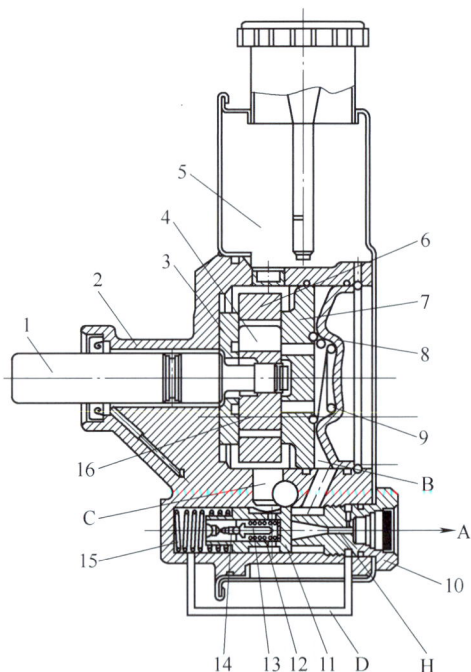

图 13-21　潜没式双作用叶片泵

1—驱动轴　2—壳体　3—前配油盘　4—叶片
5—储油罐　6—定子　7—后配油盘　8—后盖
9、12、15—弹簧　10—管接头　11—柱塞
13—阀杆　14—钢球　16—转子
A—出油口　B—出油腔　C—进油腔
D—油道　H—节流孔

2. 流量-安全组合阀

转向液压泵的流量与转子的转速成正比，即与发动机转速成正比。转向泵一般设计满足发动机最低转速，即怠速时的转向需要，以保证急速转向所需动力缸活塞的最大移动速度。这样，当发动机转速升高时，液压泵流量将过大，导致液压泵消耗功率过多和油温过高。为此，转向加力装置必须设置流量控制阀，以限制转向液压泵最大流量。

转向液压泵的输出压力取决于液压系统的负荷（即动力缸活塞所受的运动阻力）。在转向阻力矩过大时，动力缸和液压泵均将超载而导致零件损坏。因此，液压系统中必须装设用以限制系统最高压力的安全阀。

为了限制动力转向系统的最高工作和最大流量，在转向液压泵内装有流量安全组合阀。图 13-21 所示的叶片泵中，由柱塞和弹簧组成流量阀；钢球、阀杆和弹簧组成安全阀，安装在流量阀体内腔中。流量-安全组合阀控制油路如图 13-22 所示。

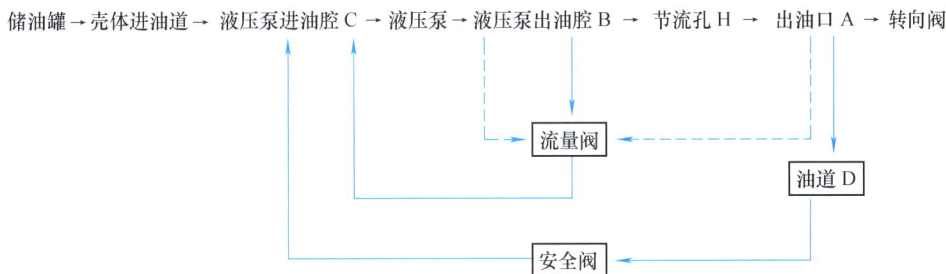

储油罐 → 壳体进油道 → 液压泵进油腔 C → 液压泵 → 液压泵出油腔 B → 节流孔 H → 出油口 A → 转向阀

流量阀

油道 D

安全阀

图 13-22　流量-安全组合阀控制油路

由于节流孔 H 的作用，出油口 A 压力小于出油腔 B。且流量越大，节流作用越大，压差越大。流量阀柱塞两端分别承受液压泵出油腔 B 和出油口 A 之间的压力。当流量达到一定值时，AB 之间的压差足以克服弹簧压力，推开柱塞向左运动，部分接通液压泵出油腔 B 和进油腔 C，限制流量。当出油口 A 压力达到一定值时，克服安全阀弹簧 12 的压力，推开单向阀钢球使出油口 A 与进油腔 C 相通，限制最大工作压力。安全阀体固定在流量控制阀前端，出油口通过油道 D 与组合阀左腔相通。当出油口压力升高到规定值时，组合阀右腔的油压使球阀克服安全阀弹簧的张力向右运动，从而使出油口与进油腔连通，出油口压力降低。

想一想　汽车液压转向系统会存在哪些不足？

13.4　电控转向系统

13.4.1　电控转向系统简介

汽车转向时地面对转向轮的反向阻力矩随汽车速度的变化而变化，车速越高转向阻力矩越小。相应地，驾驶人施加于机械转向系统转向盘的操纵力矩也随车速的升高而减小（图

13-23 中曲线 a）。动力转向系统以固定倍率放大转向力矩，其转向操纵力 – 车速特性的变化趋势与机械转向系统基本相同，只是所需操纵力矩大幅降低（曲线 b）。

理想的转向操纵力特性应同时满足汽车转向的轻便灵活与操纵稳定性的要求：当汽车静止或低速行驶时，转向所需操纵力小，轻便省力；当汽车中高速行驶时，所需转向操纵力稍大，增加驾驶人的"路感"，提高操纵稳定性，保证高速行车时的安全（图 13-23 中曲线 c）。

对比图 13-23 中 a、b、c 3 条曲线，可以看出，一般动力转向系统一定程度上解决了汽车低速转向轻便的问题，但无法保证高速时的操纵稳定性，其至使高速转向时路感变差，同时，为了兼顾高速转向的稳定性，动力转向系统无法在汽车低速转向时提供足够的助力。

图 13-23　转向操纵力-车速特性
a—机械转向系统　b—动力转向系统
c—理想转向操纵特性

电子控制动力转向系统（Electric Power Steering，EPS）根据理想的转向操纵力特性（曲线 c），对动力转向系统的助力进行控制，使之在停车转向时提供足够的助力，使汽车原地转向容易，随车速的升高助力逐渐减小，高速时无助力甚至适当增加转向阻力。这样就同时保证了转向轻便和操纵稳定性的要求。

电子控制动力转向系统主要有电控液力转向系统（液压式 EPS）和电控电动转向系统（电动式 EPS）两大类。（电子控制动力转向系统的拆装与检查实训参见《汽车构造与原理实训》教材及其光盘的项目 13.3）

13.4.2　电控液力转向系统

电控液力转向系统是在液力转向系统的基础上，增加了一套电子控制装置的动力转向系统，常见的控制方式有流量控制式和反力控制式。

1. 流量控制式电控液力转向系统

流量控制式电控液力转向系统的组成及工作原理示意图如图 13-24 所示。它与液力转向系统相比，多了一套电子控制装置，包括：信号输入装置（车速传感器、转向角传感器、选择开关等）、执行机构（旁通流量控制阀、电磁阀）和控制单元（控制器）三部分。其控制原理为：在泵与转向器之间设有旁流通道，由旁通流量控制阀控制其流量的大小，间接控制流向动力转向器的液压油流量，即控制转向助力的大小。控制器接收车速传感器、转向角传感器输入的车速、转角等信号，通过分析计算，控制分流电磁阀通电电流的大小，进而控制旁通阀的旁通流量，最终控制转向助力的大小。其控制程序决定了操纵特性，保证低速时转向轻便，中、高速时所需转向操纵力适当加大。当控制系统出现故障时，旁通阀完全关闭，转向系统变为非电控动力转向系统。

旁流通道与控制阀一般直接设在动力转向器壳体上。旁通阀流量受电磁阀控制（图 13-25）。随着电磁线圈电流的变化，主滑阀直线移动，控制旁流通道的节流孔面积。稳压滑阀起到稳定节流口前、后压力差的作用，进而使旁通流量由主滑阀准确控制。

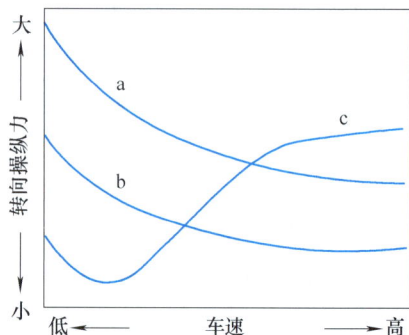

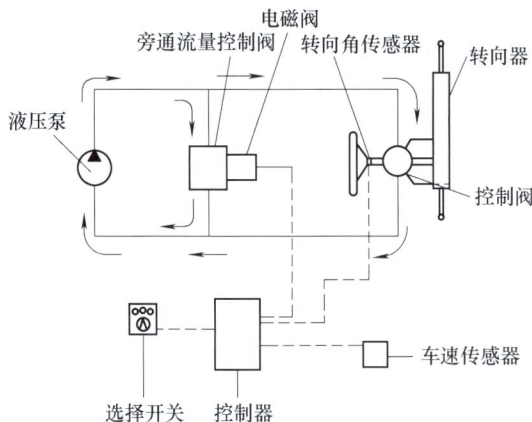

图 13-24　流量控制式电控液力转向
系统的组成及工作原理示意图

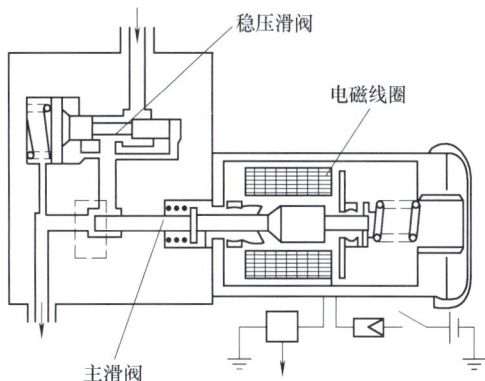

图 13-25　旁通流量控制阀结构示意图

　　流量控制式电控液力转向系统结构简单，在液压动力转向系统的基础上进行简单改造即可实现，但对操纵力的控制范围受到限制。

2. 反力控制式电控液力转向系统（图 13-26）

　　其控制系统包括油压反力装置、油压反力控制装置和电子控制装置三部分。

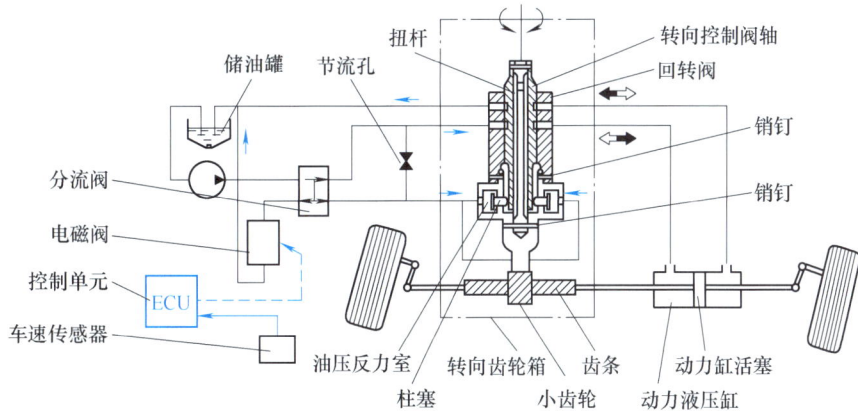

图 13-26　反力控制式电控液力转向系统

　　油压反力室内有来自分流阀的高压油，柱塞在油压作用下对转向控制阀轴施加一个压力，由这个压力产生的摩擦力矩阻碍控制阀轴的转动。油压反力室的油压不同，柱塞对控制阀轴的作用力大小不同，表现为转向所需操纵力不同。

　　液压泵反力室的油压受到分流阀、电磁阀和小节流孔的调节控制。流经电磁阀的电流不同，电磁阀开度不同，排回储油罐的流量不同。分流阀将从油泵输出的油液向转向控制阀和电磁阀分流，若转向控制阀侧油压升高，则流向电磁阀（即油压反力室）的油量增多。当转向控制阀侧的油压达到一定值时，从固定的小节流孔向油压反力室进油。

　　反力控制式电控液力转向系统有以下 3 种控制状态：

1）停车以及低速时的控制。此时，通过电磁阀线圈的电流较大，分流阀分流的油液经过电磁阀返回到储油罐的油量较大，油压反力室压力较小，柱塞对控制阀轴的压力也小。汽车在液压助力作用下实现轻便转向。

2）中高速直线行驶时的控制。当汽车直线行驶时，转向控制阀中的进回油路是连通的（常流式）。当因某种原因汽车偏离直线行驶时，进、回油路连通面积减小，进油处压力上升，通过分流阀进入电磁阀侧的油量增多。而在中高速电磁阀电流减小，泄油量减少，所以柱塞背压升高，阻力增大，增加路感。驾驶人可得到稳定的直行感。

3）中高速转向时的控制。从较大油压反力的中高速直线行驶进行转向操纵时，转向控制阀的进回油路连通面积进一步减小，由分流阀进入油压反力室的油量进一步增多，同时从固定的小节流孔向油压反力室进油。这样柱塞的背压更大。随着转向操纵角的增大，转向操纵力直线上升，所以能够获得高速稳定的转向操纵感。

13.4.3　电控电动转向系统

电控电动转向系统就是利用电动机作为转向辅助动力源的动力转向系统。电控电动转向易于实现微机控制，可以通过编程提供不同需求的理想的动力转向特性，也有助于四轮转向的实现。另一方面，电动转向系统轻便、紧凑、可靠。近年来电动转向在轿车上得到了广泛应用。

1. 电控电动转向系统的组成与工作原理（图13-27）

电控电动转向系统由机械转向系统、电动机驱动机构和电子控制装置组成。

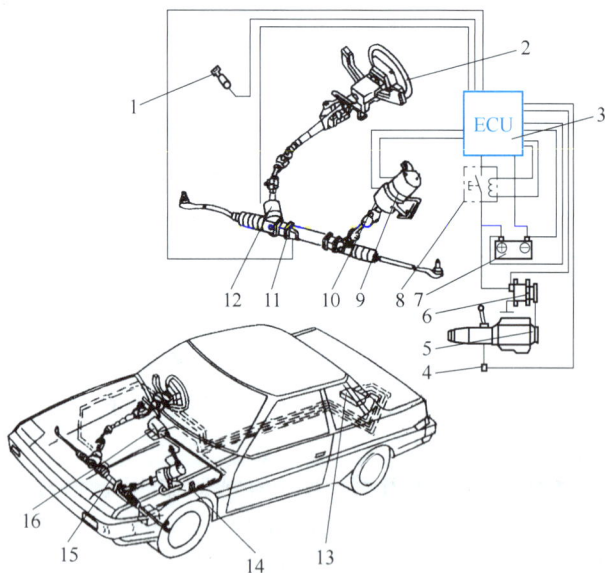

图13-27　电控电动转向系统

1—点火开关　2—转向盘　3—控制单元　4—车速传感器　5、9—电动机　6—发电机
7—蓄电池　8—继电器　10—离合器减速器　11—转向角传感器　12—转矩传感器
13—信号传感器　14—电动机继电器　15—转向器
16—功率控制装置

电动机驱动机构包括电动机9、减速器和助力齿轮等。电动机输出的转矩由减速齿轮减速放大后通过万向节带动转向器中的助力齿轮，驱动齿条运动为车轮转向提供助力。

电子控制装置是以微机为中心的包括车速传感器、转向转矩传感器、转角传感器和驱动电路的电子控制系统。电控电动转向系统控制框图如图13-28所示。其完成的功能如下：

1）转向助力控制。这是电控电动转向系统的基本功能。其工作原理是：控制单元根据转向传感器、转角传感器和车速传感器输入的转向转矩信号、转角信号和车速信号等，得出最优化的转向助力转矩。

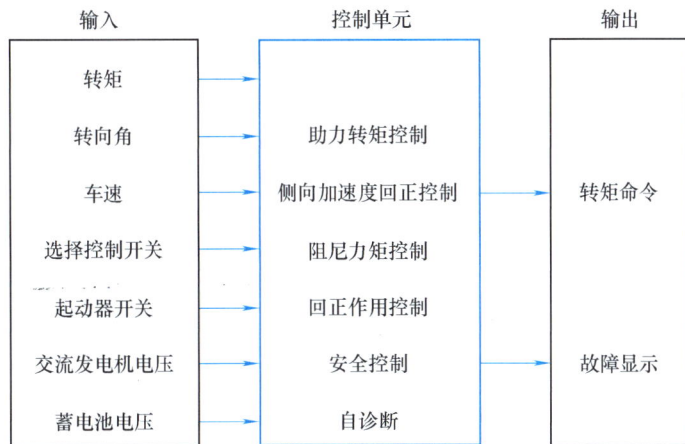

图13-28　电控电动转向系统控制框图

2）回正控制。动力转向系统可根据转向角传感器输入的转向角信号，产生回正作用力，该作用力沿着某一方向起作用使转向轮返回到中间位置。

3）侧向加速度响应回正控制。助力转矩是对车速的响应，同样也可以使回正作用力响应车速。动力转向系统可根据转向角和车速计算出汽车的侧向加速度，并可根据计算出来的侧向加速度产生回正力矩。

4）阻尼控制。动力转向系统可利用产生的阻尼转矩提供阻尼控制。阻尼转矩的方向同转向角速度的方向相反。阻尼控制允许转向系统调整回正速度，控制阻尼转矩随车速的变化而变化，使得以低速到高速的整个变化范围内都可以得到最优化的转向回正和车辆回正速度。

5）补偿控制。动力转向系统可根据转向作用力变化率，沿力矩变化方向产生补偿力矩，以防由于微机取样，电动机感应器引起的控制系统的延迟所成的自激振荡，确保系统稳定运行。

6）安全控制。电控动力转向系统中设有故障安全控制功能，其作用是确保在任何条件下转向系统能连续、安全地实现转向功能。安全控制包括停止助力转矩控制和限制助力转矩控制。

当系统的基本部件（如转向转矩传感器、电流传感器、助力电动装置及连接导线等）出现故障导致系统无法正常工作时，系统使电磁离合器断开，电源继电器释放，从而停止助力转矩控制。

限制助力转矩控制是为了避免可能出现的故障。一旦出现可能导致故障的蓄电池电压降低、动力装置过热、电流连续几秒钟过大时，系统就会降低向助力电动机的输出电流，限制助力转矩，以确保系统和汽车电路的安全。

7）自诊断功能。这是大多数电控系统所具有的供维修诊断提供信息的功能。

2. 电控电动转向系统的主要部件与工作原理

除机械转向系统外，电控电动转向系统的其他两个部分的主要部件有：控制器、转向转矩传感器、转向角传感器、车速传感器、电动机、离合器和减速机构等。

1）转向转矩传感器。它通过测定转向盘施加在转向器上的转矩作为电动助力依据之一。

图13-29所示为电磁式转向转矩传感器原理图。转子与转向轴一起转动，只要测出定子和转子之间的相对角位移，即转向轴的扭转角，就可间接地计算出转向力矩的大小。

图13-30所示为装在转向器内转向扭杆上的电位计式转向转矩传感器。当扭杆扭转变形时，引起电位计内的触点位置发生变化，进而引起电阻值发生改变，由输出端输出的电位发生变化。根据输出端的电位值可计算出转向角和转向转矩。

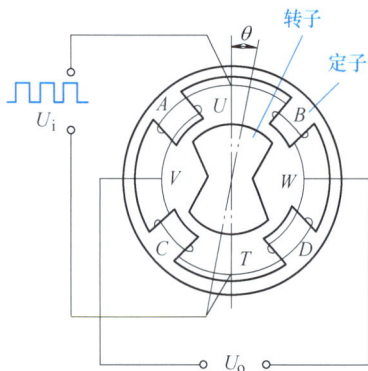

图13-29　电磁式转向转矩传感器原理图

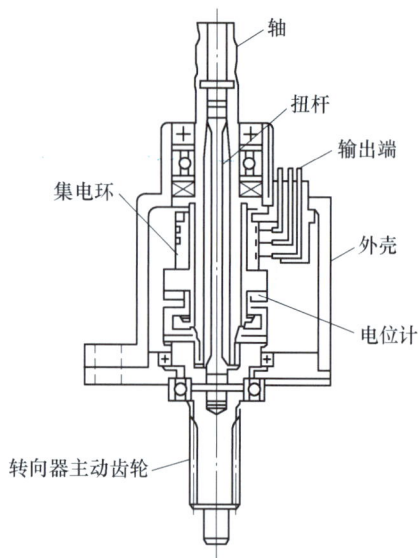

图13-30　装在转向器内转向扭杆上的电位计式转向转矩传感器

2）转向角传感器。图13-31所示为安装在转向器内的转向角传感器。它由啮合在齿条上的磁铁和固定在转向器上的霍尔元件探测器组成。当齿条移动时，引起磁通密度和极性的变化，由霍尔元件转化为电压信号输出。根据输出电压可计算出齿条移动量和转移方向，进而可以计算出转向角。

3）电磁离合器。电控电动转向系统一般采用单片式电磁离合器，其工作原理如图13-32所示。当电流通过集电环进入离合器线圈时，在主动轮上产生电磁吸引力，带花键的压板被吸引与主动轮压紧，电动机的动力经过电动机输出轴、主动轮、压板、花键和从动轴传给减速机构。离合器在微机控制下接合或者分离。

4）电动机减速机构。助力电动机转速高、转矩小，必须经由减速机构减速增矩后驱动转向器。常用的减速机构有蜗杆减速机构、螺杆螺母减速机构和行星轮减速机构等多种形式。

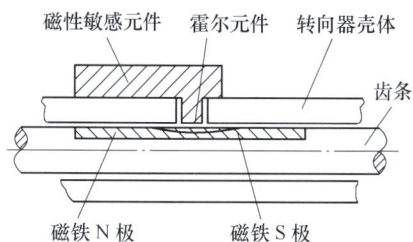

图 13-31　安装在转向器内的转向角传感器

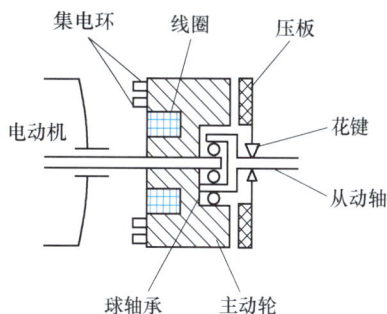

图 13-32　电磁离合器的工作原理示意图

图 13-33 所示为电动转向系统中的螺杆螺母减速机构。在转向器的齿条导向壳内装有直流电动机。齿条穿过电动机的空心转子，当转子转动时，通过齿轮传动和螺杆、螺母，带动齿条左、右移动。在螺杆-螺母传动副中采用了循环球装置。

电控电动转向系统是根据车速进行控制的，随着车速的提高所提供的辅助转向力逐渐减小。根据提供辅助转向力的车速范围不同，电控电动转向系统可以分为全速助力型和低速助力型。Mira 汽车在所有的车速范围内都提供转向助力，属于前一种；而 Alto 和 Minica 汽车只在低速范围内提供助力，属于后一种类型。Alto 和 Minica 汽车的助力车速上限分别是 45km/h 和 30km/h。

低速助力型系统在减速机构与电动机之间设置了离合器，目的是保证助力系统只在设定的车速范围内起作用。当车速达到界限值时，离合器分

图 13-33　电动转向系统中的螺杆螺母减速机构

离，电动机停止工作，转向系统为手动转向系统。此时系统不再受电动机部件惯性力的影响。当电动机发生故障时，离合器将自动分离。

低速助力型系统的成本较低，但在不同车速下（即有助力和没有助力的情况下）驾驶人的转向路感会有所不同。尤其是处于助力系统开始起作用的车速附近时，对转向手感会有显著影响。

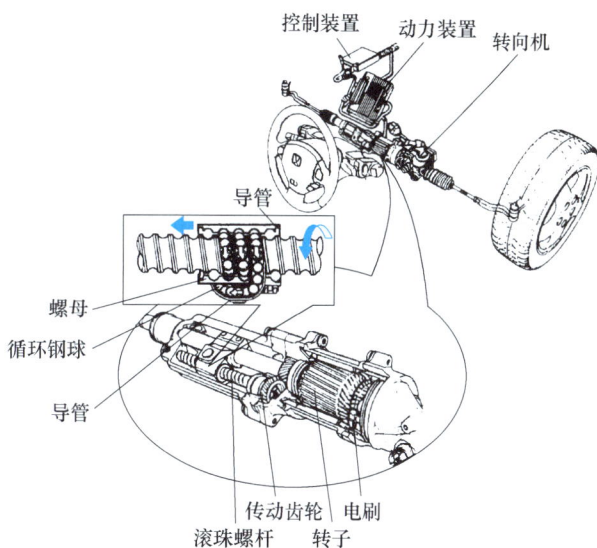

13.5　四轮转向系统

13.5.1　四轮转向系统概述

汽车的四轮转向系统可使汽车在转向时,4个车轮都可相对车身主动偏转,使之起到转

向作用，以改善汽车的转向机动性能、操纵稳定性和行驶安全性。

四轮转向系统是在前轮转向机构的基础上，增加后轮转向机构组成的。前、后转向轮的转向控制有同向和逆向两种情况（图13-34）。

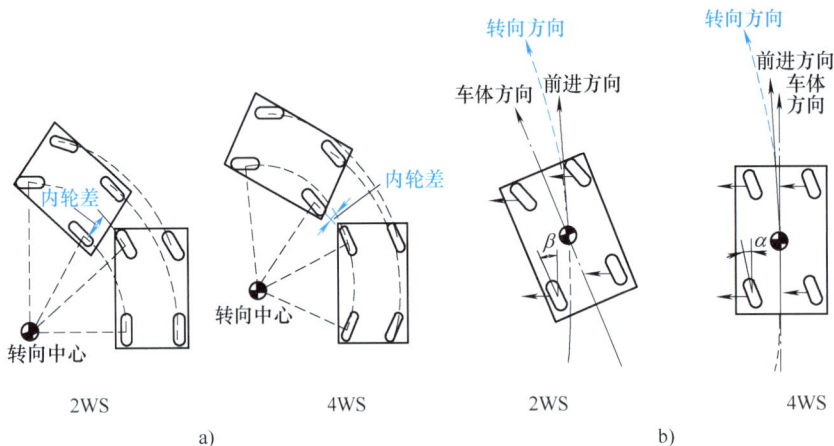

图13-34　四轮转向与两轮转向比较
a）逆向控制模式　b）同向控制模式

四轮转向系统中若后轮的转向与前轮的转向方向相反，则称为逆向控制模式（图13-34a），其转弯半径比两轮转向的转弯半径小，这就提高了汽车停车或在狭小空间转向的机动性，适于汽车低速行驶。

若后轮的转向与前轮的转向方向相同，则称为同向控制模式（图13-34b）。其转弯半径比两轮转向的转弯半径大，但汽车在转向时车身与行驶方向的偏转角小，这样，减小了汽车调整行驶转向时的旋转和侧滑，提高了操纵稳定性，适于汽车的高速行驶。

四轮转向的种类很多，如下所示：

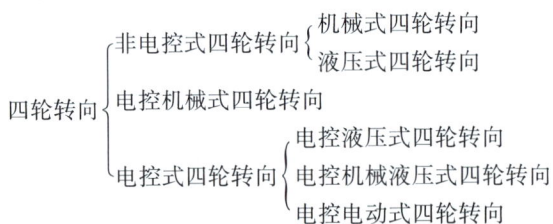

$$
四轮转向\begin{cases}
非电控式四轮转向\begin{cases}机械式四轮转向\\液压式四轮转向\end{cases}\\
电控机械式四轮转向\\
电控式四轮转向\begin{cases}电控液压式四轮转向\\电控机械液压式四轮转向\\电控电动式四轮转向\end{cases}
\end{cases}
$$

13.5.2　电控机械式四轮转向系统

电控机械式四轮转向系统的组成如图13-35所示，前、后转向机构由机械连接。转向系统的转动传到前轮转向器（齿轮齿条式）中的齿条，齿条带动前转向横拉杆左右移动，使前轮转向，同时，使前转向器主动齿轮转动，并通过连接轴将动力传到后转向器中。

后转向器中的转向轴为一个大轴承，其外圈与扇形齿轮为一体，可以绕转向轴左、右旋转中心偏转；内圈与一个凸出在连接杆上的偏心轴相连。连接杆由变换器中的主电动机驱动，可以绕其转动中心正、反向运动，并使偏心轴在转向轴上、下旋约55°。

当转向盘通过连接轴使驱动小齿轮向左或向右旋转时，带动扇形齿轮转动，扇形齿轮带

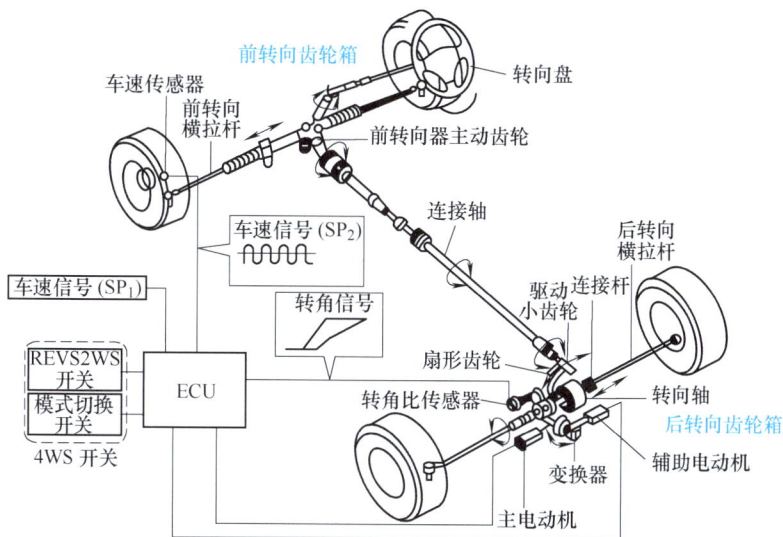

图 13-35　电控机械式四轮转向系统的组成

动转向轴通过偏心轴使连接杆左右移动，连接杆带动后转向横拉杆以及后转向节臂转动，实现后轮转向。

ECU 根据车速信号控制主电动机驱动连接杆，从而改变偏心轴与转向轴的相对位置。当偏心轴的前端与转向轴的左右旋转中心一致时，转向轴即使向左右倾斜，连接杆也不发生轴向移动，此时，后轮处于中间位置；当偏心轴的前端位于转向轴旋转中心上方或下方偏离转向轴中心时，转向轴的左右倾斜将使连接杆产生轴向位移。当偏心轴前端分别位于转向轴上、下方时，后轮相对于前轮分别做反向与同向转动。

13.5.3　电控液压式四轮转向系统

图 13-36 所示为一种电控液压四轮转向系统，其后轮偏转机构如图 13-37 所示。

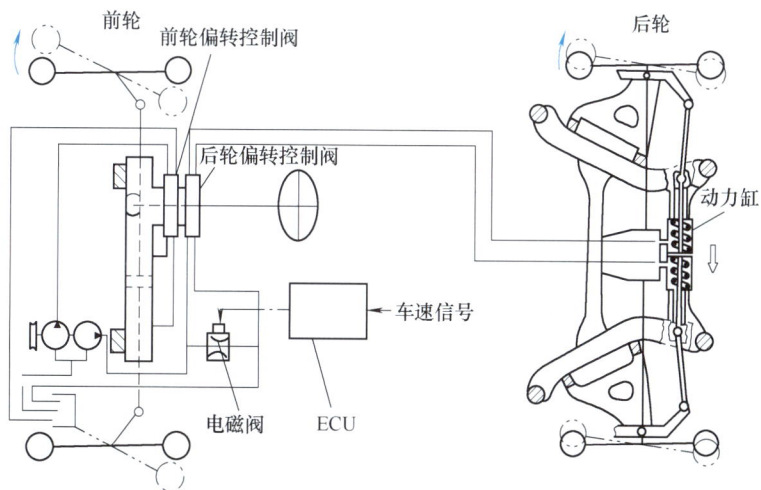

图 13-36　电控液压四轮转向系统

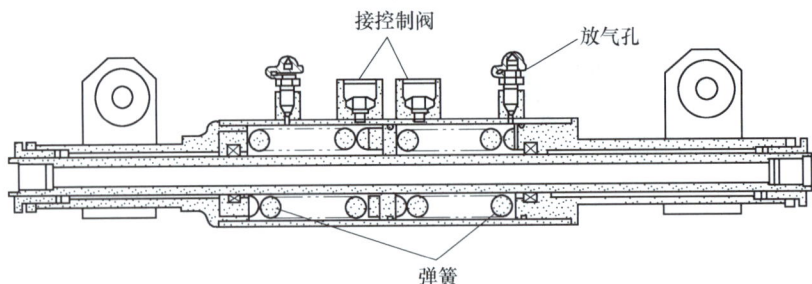

图 13-37　液压四轮转向系统的后轮偏转机构

该系统中有一个液压控制阀，它通过供给前轮偏转动力缸和后轮偏转动力缸的液压对系统进行控制，使前轮偏转动力缸产生的偏转力与正比于汽车横向加速度的转向反力相平衡。供给后轮偏转动力缸的油液推动活塞克服刚度较大的弹簧的反力进行移动，通过活塞杆带动后轮与前轮同向偏转。

电控液压四轮转向系统具有控制自由度高、转向机构紧凑等优点。目前，电控液压式四轮转向系统使用最广泛，主要用于前轮采用液压助力转向系统的汽车中。

13.5.4　电控电动四轮转向系统

电控液压四轮转向系统的工作压力大，工作平稳可靠，但系统存在结构复杂，布置不方便，对密封性要求高，消耗发动机功率较多，转向滞后较大等缺点，不能满足现代汽车转向灵敏、准确的要求。随着电控电动转向系统的出现，电动四轮转向系统应运而生。电控电动式四轮转向系统取消了前、后轮之间的传动轴、绳索和液压管道等部件，大大简化了后轮转向机构，并且能够实现前后轮转向角关系的精确控制。1992 年，本田序曲汽车开始采用电动四轮转向系统。

图 13-38 所示为本田序曲汽车采用的电控四轮转向系统。其前、后轮转向器均为电动助力，两转向器之间无任何机械连接装置。

1. 系统组成

它包括控制单元，前、后轮转向执行器，主、副前轮转向传感器，主、副后轮转向传感器，后轮转速传感器和车速传感器等。

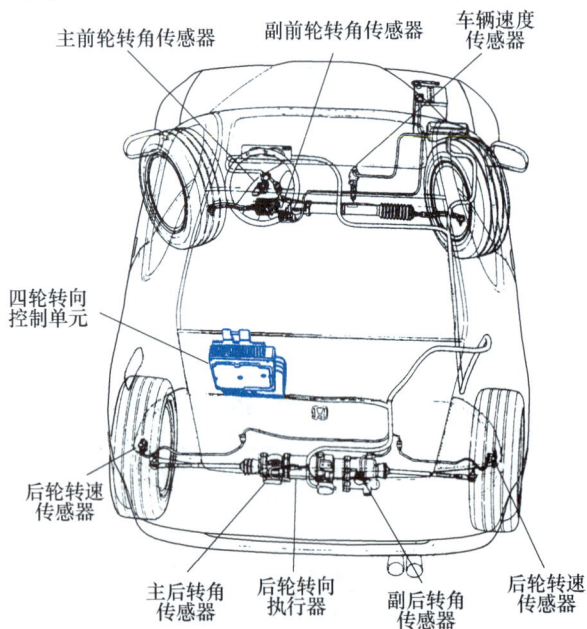

图 13-38　本田序曲汽车采用的电控四轮转向系统

后轮转向执行器包括一个通过循环球螺杆机械驱动转向齿条的电动机（图 13-39）。常规的转向横拉杆是从转向执行器连接到后轮转向臂和转向节处。执行器内的回位弹簧在点火

开关关闭时或四轮转向系统失效时将后轮推到直线行驶位置。一个主后轮转角传感器和一个副后轮转角传感器安装在后轮转向执行器的顶端。

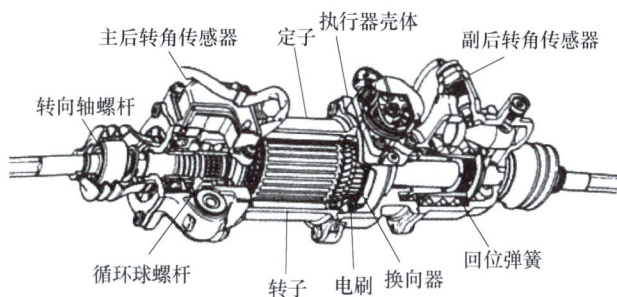

图 13-39　后轮转向执行器

2. 四轮转向系统的工作原理

当发动机工作时，四轮转向控制单元不断地从所有的传感器收集信息。如果转向盘转动，四轮转向控制单元就会对车辆速度传感器、主前轮转向角传感器、副前轮转向角传感器、主后轮转角传感器、副主后轮转角传感器以及后轮转速传感器传来的信息进行分析，并计算出适当的后轮转向角，然后将蓄电池电压输入到前、后轮转向执行电动机，使前、后轮转向。

蓄电池电压通过两只大功率晶体管输送到后轮转向执行器电动机处。其中一只晶体管在右转弯时导通，而另一只在左转弯时导通。主、副后轮转向角传感器将反馈信号送到四轮转向驱动控制单元，以显示后轮转向角已被执行。

想一想　与前轮转向系统相比，四轮转向系统有哪些优越性？

本章小结

1. 汽车转向时 4 个车轮都做纯滚动的条件是 4 个车轮轴线交于一点。

2. 汽车转向系统分为机械转向系统和动力转向系统两大类。机械转向系统以驾驶人的体力作为转向能源，传力件都是机械的。动力转向系统以发动机或电动机的动力作为主要转向能源。

3. 汽车机械转向系统由转向操纵机构、机械转向器和转向传动机构部分组成。

4. 动力转向系统有液压式和气压式两种。液压动力转向系统的转向加力装置由液压泵、转向动力缸、转向阀和转向油罐等组成。

5. 电子控制动力转向系统根据理想的转向操纵力特性对动力转向系统的助力进行控制，同时保证了转向轻便和操纵稳定性的要求。

6. 汽车四轮转向是对前、后轮进行转向操纵的系统。前、后转向轮的转向控制有同相和逆相两种情况。

思考题

1. 名词解释：机械转向系统、动力转向系统、转向盘的自动行程、整体式动力转向器、半整体式动力转向器、滑阀式转向控制阀、转阀式转向控制阀、电子控制动力转向、转向操纵力特性、电控液力转向系统、电控电动转向系统、四轮转向。

2. 汽车转向系统的功用是什么？当汽车转向时，若使四轮都做纯滚动，应满足什么条件？

3. 汽车转向系统分为哪几类？各由哪几部分组成？

4. 何谓转向盘的自由行程？它的大小对汽车转向操纵有何影响？一般范围应为多大？

5. 简述齿轮齿条转向器的基本结构和工作原理。

6. 简述循环球转向器的基本结构和工作原理。

7. 简述螺杆曲柄指销式转向器的基本结构和工作原理。

8. 简述转向控制阀的工作原理。

9. 简述齿轮齿条式整体动力转向器的工作原理。

10. 电子控制动力转向系统的控制目的是什么？

11. 简述流量控制式电控转向系统的工作原理。

12. 简述电控电动转向系统的工作原理。

13. 简述电控电动四轮转向的工作原理及其优越性。

第 ⑭ 章

汽车制动系统

内容架构

```
第 14 章 汽车制动系统
├── 14.1 汽车制动系统概述
├── 14.2 制动器的结构与工作原理
├── 14.3 制动传动装置的结构与工作原理
├── 14.4 防抱死制动系统 (ABS) 的结构与工作原理
└── 14.5 辅助制动装置
```

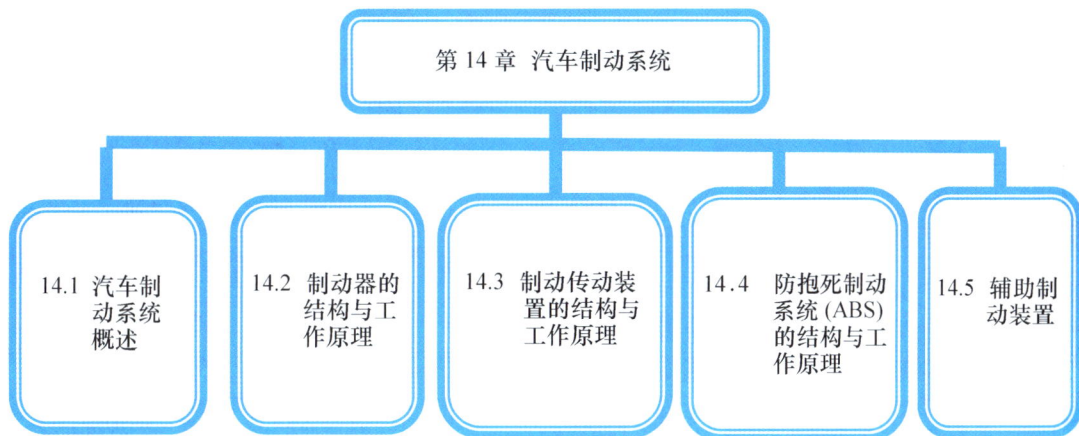

教学目标要求、重点与难点

序号	教学目标要求	教学重点	教学难点
1	掌握汽车制动系统的作用、分类与结构特点	✓	
2	掌握鼓式和盘式制动器的结构及工作原理	✓	
3	掌握液压制动传动装置的组成及工作原理	✓	✓
4	掌握机械制动传动装置的组成及工作原理	✓	
5	理解气压制动传动装置的组成及工作原理		✓
6	掌握 ABS 的作用、结构及工作原理	✓	✓
7	理解驱动防滑系统（ASR）的基本作用、结构与原理		✓
8	理解电子稳定程序（ESP）的基本作用、结构与原理		✓
9	理解主要辅助制动装置的基本作用、结构与原理		✓
10	能够识别制动系统的类型、总成与主要零部件	✓	

14.1 汽车制动系统概述

使行驶中的汽车减速甚至停车，或使已经停下来的汽车保持不动，都称为汽车制动。实现汽车制动功能的一系列专门装置称为汽车制动系统。汽车行驶的安全性，在很大程度上取决于汽车制动装置工作的可靠性。

14.1.1 汽车制动系统的基本组成与工作原理

各种类型制动系统的结构与工作原理有所不同，以液压制动系统为例，它主要由车轮制动器和液压传动机构组成（图 14-1）。（液压制动系统的拆装与结构认识参见《汽车构造与原理实训》教材及其光盘的项目 14.1）

车轮制动器主要由制动鼓、制动蹄和制动底板等组成。

当制动系统不工作时，制动鼓的内圆面与制动蹄摩擦片的外圆面之间保留有一定的间隙，使制动鼓可以随车轮自由旋转。

制动时，驾驶人踩下制动踏板，推杆便推动主缸活塞使主缸中的油液以一定压力流入制动轮缸，通过轮缸活塞使两制动蹄的上端向外张开，从而使摩擦片压紧在制动鼓的内圆面上。这样，不旋转的制动蹄就对旋转着的制动鼓产生一个摩擦力矩 M_U，迫使车轮停止转动。

当松开制动踏板时，制动蹄回位弹簧将制动蹄拉回原位，制动作用解除。

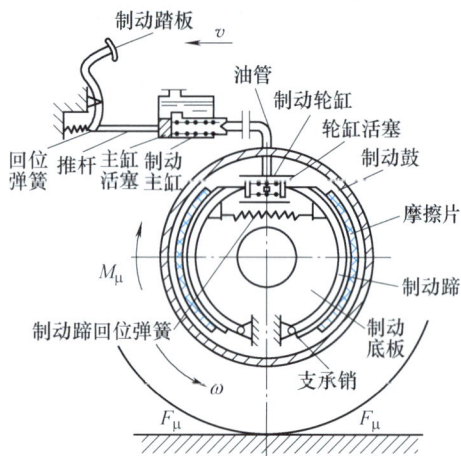

图 14-1　制动系统的工作原理示意图

14.1.2 汽车制动系统的分类

汽车制动系统的分类见表 14-1。

表 14-1　汽车制动系统的分类

分类方法	类　型	特　　点
按功能分	行车制动系统	使行驶中的汽车减速或停车
	驻车制动系统	使汽车停在各种路面驻留原地不动
	应急制动系统	在行车制动系统失效后使用的制动系统
	辅助制动系统	增设的制动装置，以适应山区行驶及特殊用途汽车需要
按制动能源分	人力制动系统	以人力为唯一能源
	动力制动系统	以发动机动力转化为液压或气压制动
	伺服制动系统	兼用人力和发动机动力制动
按制动能量传输方式分	机械系统	以机械传输制动能量
	液压式	以液压传输制动能量
	气压式	以气压传输制动能量
	电磁式	以电磁力传输制动能量
	组合式	多种传输制动能量综合
按制动回路分	单回路	全车制动用一条制动回路
	双回路	全车制动用两条制动回路

14.2　制动器的结构与工作原理

目前，各类汽车上均采用摩擦式制动器，它是利用固定元件与旋转元件工作表面的摩擦作用产生制动力矩的制动器。根据制动器中旋转元件的不同，车轮制动器可分为鼓式和盘式两大类。

14.2.1　鼓式制动器

图 14-1 所示的制动器是鼓式制动器，它是利用制动蹄摩擦片挤压制动鼓来获得制动力的。

鼓式制动器按制动蹄的受力情况不同，可分为领从蹄式、双领蹄式（双向作用、单向作用）和自动增力式 3 种（图 14-2）。

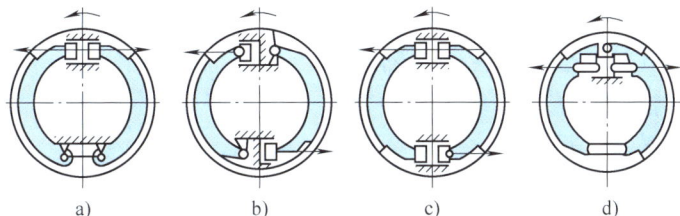

图 14-2　各种鼓式制动器的示意图

a）领从蹄式　b）单向作用双领蹄式　c）双向作用双领蹄式　d）双向制动增力式

（1）领从蹄式　由于车轮的旋转，制动鼓作用于制动蹄的摩擦力，对两制动蹄分别起加大与减小制动蹄与制动鼓间压力的作用，前者称为领蹄，后者称为从蹄。这种制动器制动效能比较稳定，结构简单可靠，便于安装，广泛用作货车的前、后轮制动器和轿车的后轮制动器。

当领从蹄制动器制动时，两制动蹄 1、4（图 14-3）在相等张力 F_s 的作用下，分别绕各自的支承点向外偏转紧压在制动鼓上，同时旋转的制动鼓对两制动蹄分别作用法向反力 F_{N1} 和 F_{N2} 以及相应的切向反力 F_{T1} 和 F_{T2}，F_{T1} 和 F_s 绕支承销对领蹄 1 作用的力矩是同向的，因此前制动蹄对制动鼓的压紧力由于 F_{T1} 的作用而增大，即 F_{N1} 变得更大。这种情况称为"增势"作用，相应的前制动蹄称为助势蹄。与此相反，F_{T2} 则使后制动蹄有放松制动鼓，使 F_{N2} 减小的趋势，故后制动蹄具有"减势"作用，被称为减势蹄。制动鼓所受来自两蹄的法向力不互相平衡的制动器，属于非平衡式制动器。

（2）双领蹄式　双领蹄式制动器分为单向作用式和双向作用式两种。

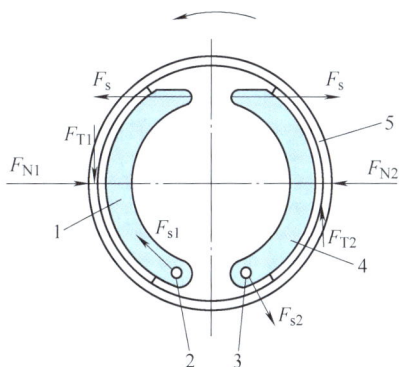

图 14-3　领从蹄制动器
制动蹄的受力示意图
1—领蹄　2、3—支承销
4—从蹄　5—制动鼓

单向作用双领蹄式制动器（图14-2b）前进时制动效能好，倒车时为双从蹄式，制动效能低，但两蹄片的受力相同，磨损均匀，且蹄片作用于制动鼓的力量是平衡的。

当轿车的后轮制动器为领从蹄式时，前轮制动器采用双领蹄式，易于达到合理的前、后轮制动力的匹配，而且前、后制动器中多数零件具有同样的尺寸。由于双领蹄式制动器在汽车倒车时制动效能大大下降，且不便安装驻车制动器，故不用作后轮制动器。

双向作用双领蹄式制动器（图14-2c）不论汽车前行或倒退，两制动蹄总是领蹄，制动效能不变，用作中、轻型货车及部分轿车的前、后轮制动器。但用作后轮制动器时，需另设中央驻车制动器。若将图14-2b的左、右两侧车轮的双领蹄式制动器对调安装，便都成为在制动鼓正向旋转时两制动蹄均为从蹄的"双从蹄式"制动器。显然，双从蹄式制动器的前进制动效能低于双领蹄式和领从蹄式制动器；但其效能对摩擦因数变化的敏感程度较小，即具有良好的制动效能稳定性。

双领蹄、双向作用双领蹄、双从蹄式制动器的固定元件布置都是中心对称的。如果间隙调整正确，则其制动鼓所受两制动蹄施加的两个法向合力能互相平衡，不会对轮毂轴承造成附加径向载荷。因此，这3种制动器都属于平衡式制动器。

（3）自动增力式制动器　自动增力式制动器可分为单向自动增力式和双向自动增力式（图14-2d）两种。单向自动增力式制动器只是在汽车前进时起自动增力作用，使用单活塞式轮缸；双向自动增力式制动器在前进和倒车制动时都能起自动增力作用，使用双活塞式轮缸。

图14-4　凸轮式制动器

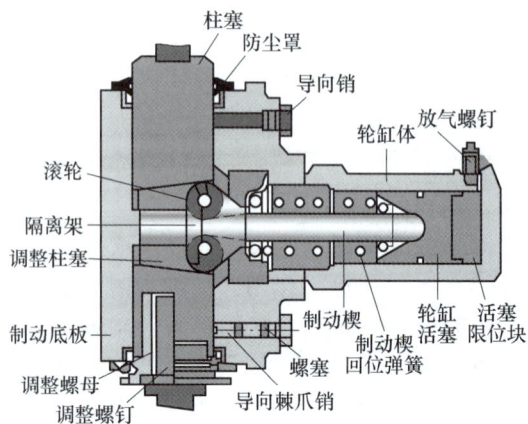

自动增力式制动器的增力原理是用可调顶杆体浮动铰接的制动蹄来代替固定的偏心销式制动蹄，利用前蹄的助势推动后蹄，使总的摩擦力矩增大，起到自动增力作用。

按驱动制动蹄张开装置（称为促动装置）的形式不同，鼓式制动器可分为轮缸式制动器、凸轮式制动器和楔式制动器。

轮缸式制动器是依靠制动轮缸活塞力作用驱动制动蹄张开（图14-1）的制动器。

凸轮式制动器（图14-4）用凸轮取代制动轮缸对两制动蹄起促动作用，通常利用气压使凸轮转动。

楔式制动器如图14-5所示，被用于重型载货汽车。两制动蹄端部的圆弧面分别浮支在柱塞和调整柱塞（实际上是柱塞组件）的外端面直槽底面上。柱塞和调整柱塞的内端面都是斜面，与支于隔离架两边槽内的滚轮接触。制动时，轮缸活塞在液压作用下推动制动楔向内移动，后者使两滚轮一面沿柱

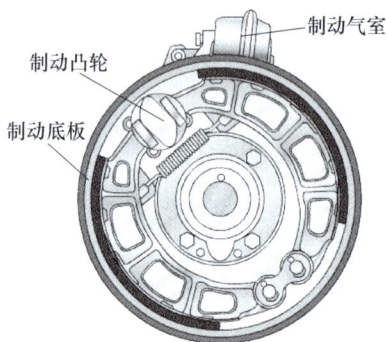

图14-5　楔式制动器

塞斜面向内滚动，一面推动两柱塞在制动底板的孔中外移一定距离，从而使制动蹄压靠到制动鼓上。轮缸液压一旦撤除，这一系列零件即在制动蹄回位弹簧的作用下各自回位，导向销和导向棘爪销用以防止两柱塞转动。

14.2.2 盘式制动器

盘式制动器摩擦副中的旋转元件是以端面工作的金属圆盘，称为制动盘，摩擦元件从两侧夹紧制动盘可产生制动。固定元件则有多种结构形式，主要分为两类：钳盘式制动器和全盘式制动器。钳盘式制动器分为定钳盘式和浮钳盘式两种。

全盘式制动器制动盘的全部工作面可同时与摩擦片接触，主要用于重型汽车。钳盘式制动器多用于轿车，有定钳盘式和浮钳盘式两种形式。

1. 定钳盘式制动器

定钳盘式制动器结构如图 14-6 所示。制动盘固定在轮毂上，与车轮一起旋转。制动钳固定在车桥上，既不能旋转也不能沿制动盘轴线方向移动。制动钳内装有两个制动轮缸活塞，分别压住制动盘两侧的制动块。当驾驶人踩下制动踏板使汽车制动时，制动轮缸的液压上升，活塞被微量顶出，制动块夹紧制动盘产生制动。

2. 浮钳盘式制动器

浮钳盘式制动器的结构如图 14-7 所示。制动钳可以相对于制动盘轴向移动，在制动盘的内侧设有液压缸，外侧的制动块附着在钳体上。制动时，在液压力的作用下，推动活塞及制动块向左移动，并压到制动盘上，于是制动盘给活塞一个向右的反作用力，使活塞连同制动钳体整体沿导向销向右移动，直到制动盘左侧的制动块也压到制动盘上。这时，两侧制动块都压在制动盘上，夹住制动盘产生制动作用。

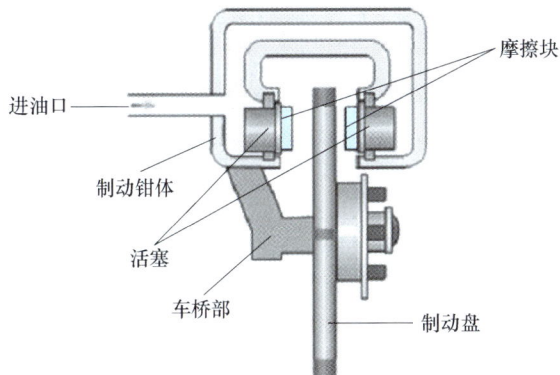

图 14-6 定钳盘式制动器的结构   图 14-7 浮钳盘式制动器的结构

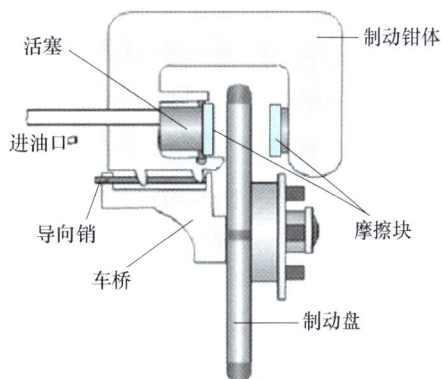

目前，盘式制动器已广泛应用于轿车，除一些高性能轿车外，大都只用作前轮制动器，与后轮的鼓式制动器配合，可使汽车在较高车速下保持制动时的方向稳定性。在货车上，盘式制动器目前采用得较多。

14.2.3 制动器间隙调整装置

当制动器不工作时，其摩擦片与制动鼓或制动盘之间应保持合适的间隙，称为制动间

隙。其值由汽车制造厂规定，如鼓式制动器一般在 0.25 ~ 0.5mm 之间。若制动间隙过小，就不易保证彻底解除制动，造成摩擦副的拖磨；若过大，将使制动踏板行程太长，以致驾驶人操作不便，同时会推迟制动器开始起作用的时刻。但是在制动器工作过程中，摩擦片的不断磨损必将导致制动器间隙逐渐增大。此情况严重时，即使将制动踏板踩到极限位置，也产生不了足够的制动力矩。因此，制动器都有检查、调整制动间隙的装置。制动间隙的调整方法有手动调整和自动调整两种。

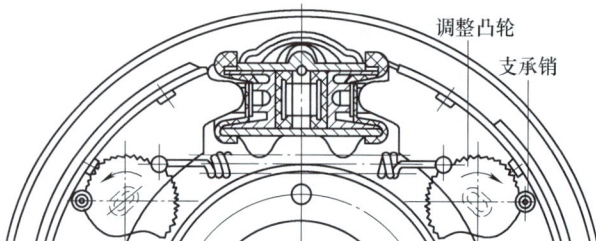

图 14-8　凸轮调整制动间隙

1. 手动调整

（1）凸轮调整式　如图 14-8 所示，该装置的调整凸轮固定在制动底板上，支承销固定在制动蹄上，沿图中箭头所示方向转动调整凸轮时，通过支承销将制动蹄向外顶，制动器间隙将减小。

（2）螺母调整式　如图 14-9 所示，该装置用一字螺钉旋具拨动制动轮缸调整螺母的齿槽，带螺杆的可调支座便向内或向外做轴向移动，使制动间隙减小或增大。间隙调整好以后，用锁片插入调整螺母的齿槽中，固定螺母位置。

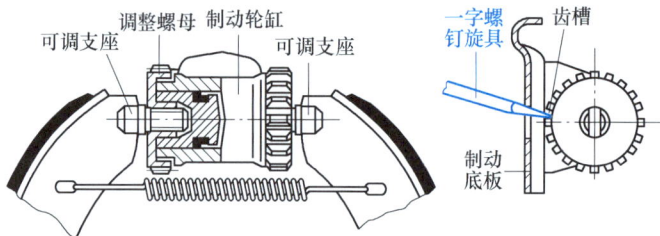

图 14-9　螺母调整制动间隙

（3）顶杆调整式　如图 14-10 所示，该装置由顶杆体、调整螺钉和顶杆套组成。拨动顶杆套带齿的凸缘，可使调整螺钉沿轴向移动，调整了制动器间隙。

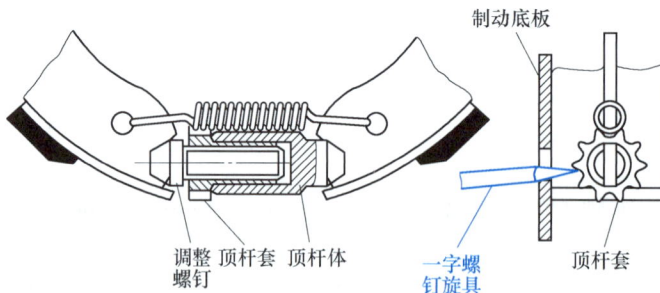

图 14-10　顶杆调整制动间隙

2. 自动调整

按工作过程的不同，自动调整可分为一次调准式和阶跃式两种。一次调准式自动调整装置不需要精细调整，只需一次完全制动即可自动地调整到设计间隙，且在行车过程中可随时补偿过量间隙。正是由于可随时进行补偿，往往会导致"调整过量"而使冷却状态下的间隙过小。因鼓式制动器的热变形导致的过量间隙远比盘式制动器大得多，故在采用一次调准式的自调装置时只能加大设定间隙量，以留出足够的热膨胀量，这就加大了踏板行程损失。因此，当前的鼓式制动器已很少采用一次调准式，而多采用阶跃式的自动调整装置。

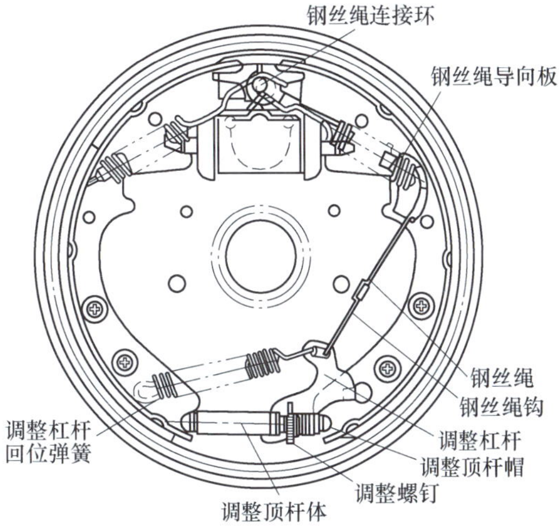

（1）双向增力式制动器阶跃式制动间隙自动调整（图 14-11）　钢丝绳组件上端经连接环固定于制动蹄支承销上，由钢丝绳操纵的调整杠杆以其中部的弯舌支承于制动蹄的腹板上，其另一弯舌嵌入调整螺钉星形轮的齿间。当倒车制动时，调整杠杆的支点随制动蹄下移，而其下臂的弯舌沿星形轮齿的齿廓上升。当过量间隙值累积到一定量时，弯舌即嵌入星形轮的下一个齿间，并在

图 14-11　双向增力式制动器阶跃式
制动间隙的自动调整

解除制动过程中转动调整螺钉，从而恢复设定间隙。这类结构多设计成只在倒车制动时才起调整作用，以尽量避免制动时热膨胀的影响。

阶跃式自动调整装置必须在制动蹄与制动鼓间隙达到一定值后才起调整作用，而不允许随时微调以补偿随时产生的微小的过量间隙。另外，在制动器装车后必须经过多次制动才可自动调整到设定间隙。为此，上述调整螺钉头部的星形轮可用于事先进行粗略的人工调整。

（2）钳盘式制动器一次调准式制动间隙自动调整　目前，钳盘式制动器的间隙都是自动调节的，而且其自调方式都属于一次调准式。最常见的钳盘式制动器的间隙自调装置是图 14-12 所示的活塞密封圈，它能兼起活塞回位弹簧和一次调准式间隙自调装置的作用。制动钳体中的活塞上都装有橡胶密封圈。在活塞移动过程中，橡胶密封圈的刃边在摩擦力的作用下随活塞移动，使密封圈产生弹性变形。相应地，其极限变形量 Δ 应等于制动器间隙为设定值时的完全制动所需的活塞行程（图 14-12a）。当解除制动时，活塞在密封圈的弹力作用下返回，直到密封圈变形完全消失为

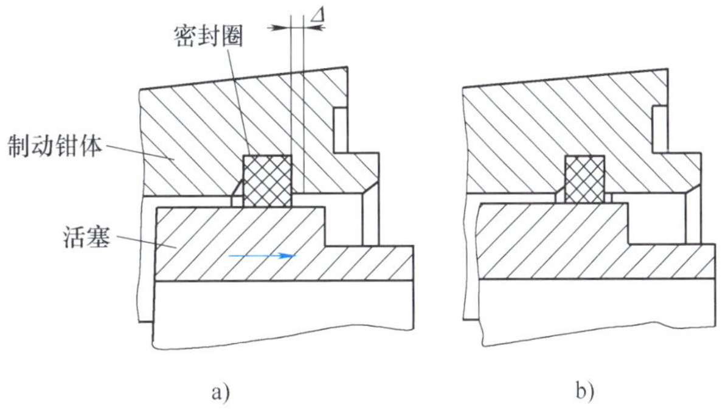

图 14-12　活塞密封圈的工作情况
a）制动状态　b）不制动状态

止（图 14-12b）。若制动器存在过量间隙，则制动时活塞密封圈变形量达到极限值后，活塞仍可能在液压力的作用下克服密封圈的摩擦力而继续移动，直到实现完全制动为止。但解除制动后，活塞密封圈将活塞拉回的距离仍然是 Δ，因此制动器间隙恢复到设定值。这种利用密封圈的弹性和定量变形使活塞回位和自动调整间隙的方法，可使制动器结构简单，成本低，但对密封圈的要求较高。

想一想 几种制动间隙调整方法各有哪些优缺点？

14.2.4　驻车制动器

驻车制动器的主要作用是配合行车制动器，在车辆停稳后可靠停驻，便于在坡道上起步，在行车制动器失效后临时使用或配合行车制动器进行紧急制动。驻车制动器有机械式和电子式两种。

1. 机械驻车制动器

机械驻车制动器俗称为手刹，它利用手拉起操纵杆（图14-13a），通过拉绳使制动蹄张开而产生制动。用棘爪和齿扇锁住操纵杆，保持制动状态。当解除制动时，按下棘爪按钮，将操纵杆推向前面的极限位置，两制动蹄片在回位弹簧的作用下回位，解除制动。

现在大多数乘用车驻车制动器与行车制动器共用一套制动器总成，只是传动机构相互独立，这种形式称为车轮制动式。还有一种是将制动鼓通过螺栓与变速器第二轴的凸缘盘紧固在一起，制动底板固定在变速器后端壳体上，制动力矩作用在传动轴上，这种形式称为中央制动式（图14-13b）。

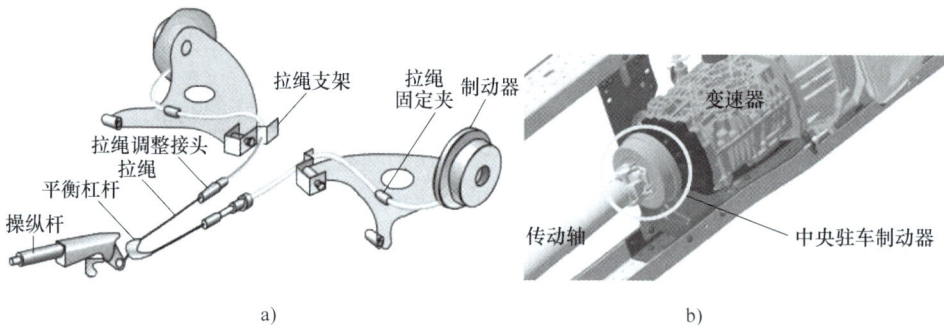

图 14-13　驻车制动器
a) 车轮制动式　b) 中央制动式

有的驻车制动器不是鼓式，而是采用盘式，其基本工作原理与盘式制动器类似，只是采用人力制动。

自动变速器有个P档，利用它可以进行驻车，其基本结构与工作原理如图14-14所示，当挂入P档时，工作销将P档锁止齿轮与变速器低档齿轮接合，直接固定与车轮相连的变速器输出轴，通过半轴锁止车轮。

2. 电子驻车制动器

电子驻车制动器（Electrical Park Brake，EPB）把传统的变速杆变成了一个按键控制（图14-15a），控制电动机转动（图14-15b），通过减速齿轮带动螺栓和拉索，驱

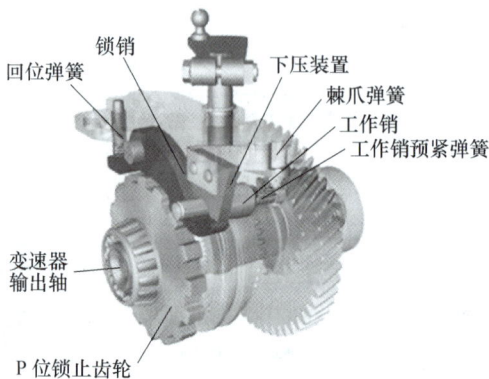

图 14-14　自动变速器P档驻车

动制动器起作用。

电子驻车制动器通过内置在其 ECU 中的纵向加速度传感器来测算坡度，从而可以算出车辆在斜坡上由于重力而产生的下滑力，ECU 通过电动机对后轮施加制动力来平衡下滑力，使车辆能停在斜坡上。当车辆起步时，ECU 通过离合器踏板上的位移传感器以及节气门开度的大小来测算需要施加的制动力，同时通过高速 CAN 与发动机 ECU 通信来获知发动机牵引力的大小。ECU 自动计算发动机牵引力的增加，相应地减小制动力。当牵引力足够克服下滑力时，ECU 驱动电动机解除制动，从而实现车辆顺畅起步。

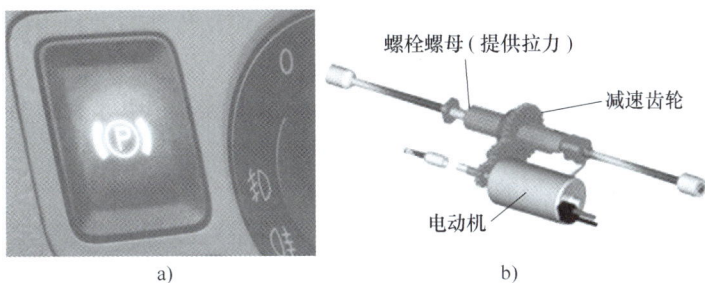

图 14-15　电子制动器
a）控制按键　b）电动机驱动

该系统可以保证车辆在 30% 的斜坡上稳定驻车。另外该系统自动实现热补偿，即如果车辆经过强制动后驻车，后制动盘会因为温度下降与摩擦片产生间隙，此时电动机会自动起动，驱动压紧螺母来补偿温度下降产生的间隙，保证可靠的驻车效果。

还有一种整合卡钳式电子驻车制动器（图 14-16），需要专用的制动卡钳和相关的驻车制动执行机构，因而成本相对较高。但它摒弃了传统的拉索，采用了导线进行信号传递，更利于车辆组装及驻车制动系统简化。

电子制动器只有两种状态：拉紧或松开。行驶过程中如果需要紧急制动，按下制动器按键，电子制动器会根据车速选择适当的制动力保证行驶的安全性。如果在紧急制动过程中按下，大部分电子制动器都会额外提供更强的制动力来辅助，部分车型更具有电子制动力分布以及限速制停的功能。当车辆起步，车轮转矩达到一定值时，电子驻车制动器就会自动释放。

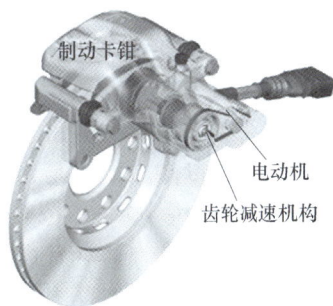

图 14-16　整合卡钳式
电子驻车制动器

14.3　制动传动装置的结构与工作原理

汽车制动传动装置将驾驶人或其他动力源的作用力传到制动器，并控制制动器工作，从而获得所需要的制动力矩。按传力介质的不同，制动传动装置可分为液压式、气压式和气液综合式；按制动管路的套数，分为单管路和双管路制动传动装置。现代汽车的行车制动系统都必须采用双管路制动传动装置。

14.3.1　机械制动传动装置

机械制动传动装置主要用于驻车制动，其基本结构原理如图14-13、图14-14所示，这里不再重复。

14.3.2　液压制动传动装置

液压制动传动装置利用液压油将制动踏板力转换为液压力，通过管路传至车轮制动器，再将液压力转变为制动蹄张开的机械推力。双回路液压制动传动装置利用相互独立的双腔制动主缸，通过两套独立管路分别控制两桥或三桥的车轮制动器。其特点是若其中一套管路发生故障而失效时，另一套管路仍能继续起制动作用，从而提高了汽车制动的可靠性和行车安全性。

1. 双回路液压制动传动装置的布置形式

双回路液压制动传动装置由制动踏板、双腔式制动主缸、前车轮制动器、后车轮制动器以及油管等组成。制动主缸的前、后腔分别与前、后轮制动轮缸之间通过油管连接，并充满液压油。

双回路液压制动传动装置在各型汽车上的布置方案各不相同，可归纳为如下几种：一轴对一轴（Ⅱ）型、交叉（X）型、一轴半对半轴（HI）型、半轴一轮对半轴一轮（LL）型、双半轴对双半轴（HH）型（图14-17）。

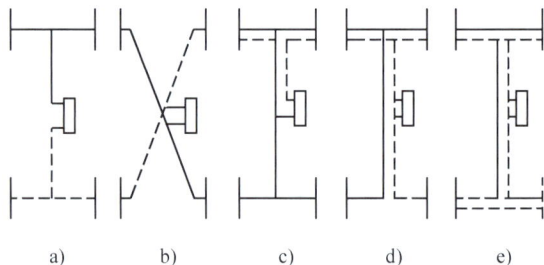

图14-17　双回路液压制动传动装置的布置形式
a）一轴对一轴（Ⅱ）型　b）交叉（X）型　c）一轴半对半轴（HI）型　d）半轴一轮对半轴一轮（LL）型
e）双半轴对双半轴（HH）型

（1）一轴对一轴（Ⅱ）型（图14-17a）　一轴对一轴（Ⅱ）型的特点是前轴制动器与后轴制动器各有一套管路，这种布置形式最为简单，缺点是当一套管路失效时，前、后桥制动力分配的比值被破坏。

（2）交叉（X）型（图14-17b）　交叉（X）型的特点是一轴的一侧车轮制动器与另一轴对侧车轮制动器同属一个管路。在任意一个管路失效时，剩余总制动力都能保持正常值的50%，且前、后桥制动力分配比值保持不变，有利于提高制动稳定性。

（3）一轴半对半轴（HI）型（图14-17c）　一轴半对半轴（HI）型的特点是每侧前轮制动器的半数轮缸和全部后轮制动器轮缸属于一套管路，其余的前轮轮缸属于另一套管路。

（4）半轴一轮对半轴一轮（LL）型（图14-17d）　半轴一轮对半轴一轮（LL）型的特点是两套管路分别对两侧前轮制动器的半数轮缸和一个后轮制动器起作用。

（5）双半轴对双半轴（HH）型（图14-17e）　双半轴对双半轴（HH）型的特点是每套管路均只对每个前、后轮制动器的半数轮缸起作用。

在以上各种布置形式中，HI、LL、HH型较为复杂，故应用较少。

2. 双回路液压制动传动装置的构造

（1）总体构造　以上海桑塔纳轿车采用的交叉式双回路液压制动传动装置（图14-18）

为例，主要由制动踏板、串联式双腔制动主缸、轮缸（未标出）和油管等组成。制动踏板和主缸装在车架上，轮缸装在制动底板上，主缸与轮缸内均装有活塞，并用油管连通。连接油管多用钢管，部分有相对运动的区段用高强度的橡胶软管连接。制动前整个系统充满了制动油液。

串联式双腔制动主缸用一个缸体装入两个活塞，形成两个彼此独立的工作腔，分别和各自的管路连接：左前轮和右后轮，右前轮和左后轮。管路中还有各种管接头和制动灯开关等。

当制动时，驾驶人踩下制动踏板，先使制动主缸的后腔活塞工作，再使前腔活塞工作，将油液从主缸中压出并经油管同时分别注入前、后各车轮轮缸内，使轮缸活塞向外移动，从而将制动蹄压靠到制动鼓（盘）上，使汽车产生制动。

图 14-18　上海桑塔纳轿车液压制动系统示意图

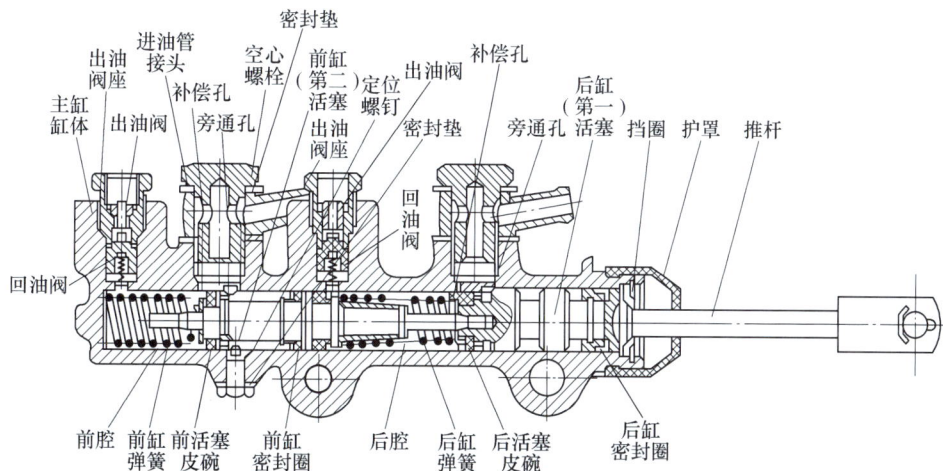

放开制动踏板，制动蹄和轮缸活塞在回位弹簧的作用下回位，将制动油液压回制动主缸，制动作用解除。

管路液压和制动器产生的制动力矩与踏板力呈线性关系，若轮胎与路面间的附着力足够，汽车所受到的制动力也与踏板力呈线性关系。这种特性称为制动踏板感，俗称"路感"。由此驾驶人可直接感觉到汽车的制动强度，以便及时进行必要的调节和控制。

（2）制动主缸　制动主缸的作用是将由踏板输入的机械能转换成液压能。

在双管路液压制动装置中，一般采用串联双腔式制动主缸，相当于两个单腔制动主缸串联在一起，如图 14-19 所示。主缸的壳体装有前缸活塞、后缸活塞及前缸弹簧、后缸弹簧；前缸活塞用密封圈密封；后缸活塞用后缸密封圈密封，并用挡圈定位。两个储液筒分别与前腔、后腔相通，通过各自的出油阀与前、后制动轮缸相通，前缸活塞靠后缸活塞的液力推动，而后缸活塞直接由推杆推动。

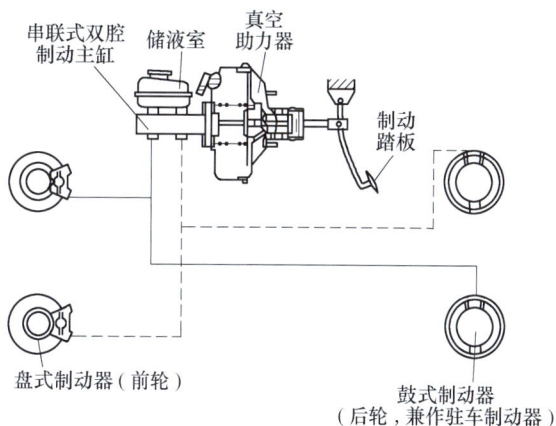

图 14-19　串联双腔式制动主缸

当主缸不工作时，前、后腔内的活塞头部与皮碗正好位于各自的旁通孔和补偿孔之间。前缸活塞回位弹簧的弹力大于后缸活塞回位弹簧的弹力，以保证两个活塞不工作时都处于正确的位置。

当踩下制动踏板制动时，踏板力通过传动机构传到推杆，并推动后缸活塞向前移动，皮碗盖住补偿孔后，后腔压力升高。在后腔液压和后缸弹簧力的作用下，前缸活塞向前移动，前腔压力随之提高。当继续下踩制动踏板时，前、后腔的液压继续提高，使前、后制动器产生制动。

放松制动踏板时，在前、后活塞弹簧的作用下，主缸中的活塞和推杆回到初始位置，管路中的油液推开回油阀流回到主缸，从而解除制动。

为了保证制动主缸活塞在解除制动后能退回到适当位置，在不工作时，推杆的头部与活塞背面之间应留有一定的间隙。为了消除这一间隙所需的踏板行程称为制动自由行程。该行程若过大将使制动失灵，若过小则使制动解除不彻底。

（3）制动轮缸　制动轮缸的作用是将主缸传来的液压力转变为机械推力，以使制动蹄张开。对不同结构的车轮制动器，轮缸的数目和结构形式也不同，通常分为双活塞式和单活塞式两类。目前大量使用的是双活塞式制动轮缸。

上海桑塔纳轿车采用的双活塞式制动轮缸的结构如图14-20所示。缸体用螺栓固定在制动底板上，缸内有两个活塞、两个皮碗。两个皮碗分别压靠在两个活塞上，以保持两皮碗之间的进油孔畅通。活塞外端的凸台孔内压有顶块，与制动蹄的上端抵紧。防尘罩用以防止尘土和水分进入，以免活塞与缸体锈蚀而卡死。缸体上方装有放气阀，用以排放轮缸中的空气。从液压制动传动装置的结构和工作原理可以看出，该装置制动柔和

图14-20　上海桑塔纳轿车采用的双活塞式制动轮缸的结构

灵敏，结构简单，使用方便，不消耗发动机功率。但操纵较费力，制动力不是很大，液压油低温流动性差，高温时易产生气阻，如果有空气侵入或漏油会降低制动效能甚至失效。通常在液压制动传动机构中增设制动增压或助力装置，使制动系统操纵轻便并增大制动力，构成真空液压制动传动装置。

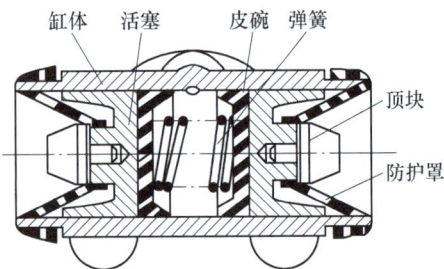

14.3.3　真空液压制动传动装置

真空液压制动传动装置是以发动机工作时在进气管中产生的真空度（或利用真空泵）为力源的动力制动传动装置。在人力液压制动传动机构的基础上，加装一套真空加力装置便构成了真空液压制动传动装置，有真空增压式和真空助力式两种。真空增压式液压制动传动装置装在制动主缸之后，利用真空度对制动主缸输出的油液进行增压；真空助力式液压制动传动装置装在踏板与制动主缸之间，利用真空度对制动踏板进行助力。

1. 真空增压式液压制动传动装置

（1）真空增压式液压制动传动装置的组成和工作原理　图14-21所示为装有真空增压器的液压制动系统。它是在人力液压制动系统的基础上，加装一套由发动机进气管（真空源）、真空单向阀、真空筒、控制阀、加力气室及辅助缸等组成的真空增压系统构成的。

由发动机进气管（真空源）、真空单向阀和真空筒构成供能装置，控制阀是控制装置，伺服气室和辅助缸构成传动装置。加力气室的作用是把进气管（或真空泵）产生的真空度与大气压力的压力差转变为机械推力，辅助缸的作用是将低压油变成高压油，控制阀的作用是控制加力气室的正常工作。真空单向阀的作用是当进气管（或真空泵）的真空度高于真空筒的真空度时，单向阀开启，抽出真空筒及加力气室内的空气；反之，单向阀关闭，可保持真空筒及加力气室内的真空度。

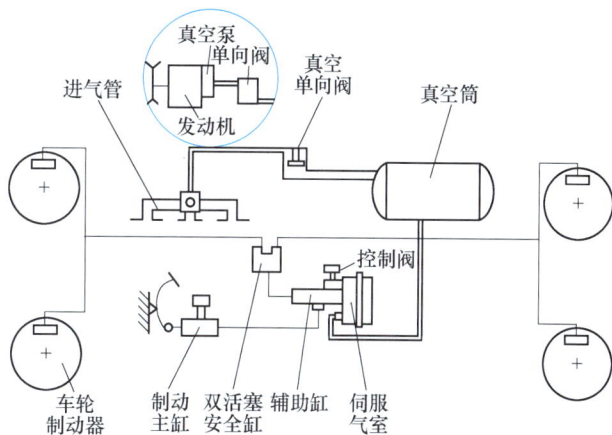

当发动机怠速时，进气管内真空度很高，在此真空度的作用下，真空筒的空气经真空单向阀吸入到发动机，因而筒中形成一定的真空

图 14-21　装有真空增压器的液压制动系统

度，构成制动时的加力力源（对柴油发动机，由于进气管的真空度不高，需另装真空泵作为动力源）。在工作过程中最高真空度可达 0.07MPa。

当踩下制动踏板时，从制动主缸中压出的制动油液先进入辅助缸，液压力由此传入前、后制动轮缸，并作用于控制阀，使真空加力气室起作用，而对辅助缸进行增压，使由此输送至制动轮缸的液压远远高于制动主缸。这时，真空增压系统起增压作用。

（2）真空增压器的结构和工作原理　真空增压器的结构如图 14-22 所示，由辅助缸、控制阀和加力装置等组成。

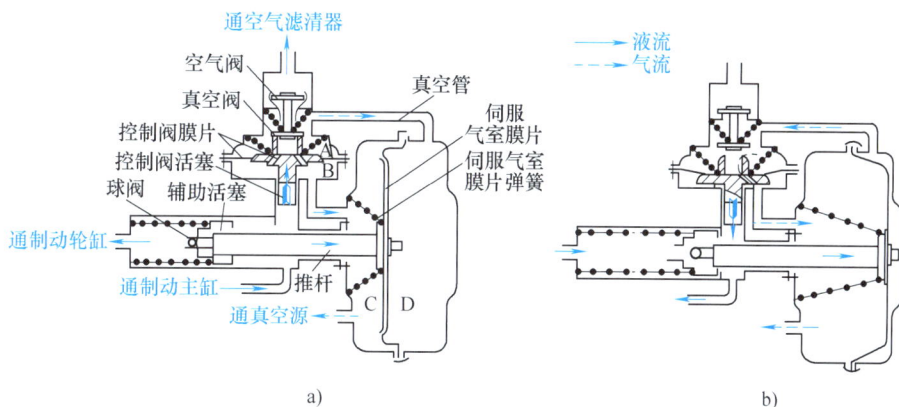

图 14-22　真空增压器的结构

a）当踩下制动踏板时　b）当放松制动踏板时

当踩下制动踏板时（图 14-22a），制动液从制动主缸流入辅助缸，由于此时球阀仍是开启的，故制动液经过活塞上的孔进入各制动轮缸，轮缸液压等于主缸液压。与此同时，辅助缸的液压作用在控制阀活塞上，并推动膜片座使真空阀的开度逐渐减小直至关闭，使上腔 A 和下腔 B 隔绝；再开启空气阀，于是，外界空气便经进气滤清器流入控制阀上腔 A 和右腔

D，降低了真空度；而此时下腔 B 和左腔 C 中的真空度仍保持不变。在 D、C 两腔压力差的作用下，膜片带动推杆左移，球阀关闭，这样，制动主缸与辅助缸左腔隔绝。此时，辅助缸活塞上有两个作用力：一是主缸的液压力，二是推杆的推力，辅助缸左腔和各轮缸的压力高于主缸压力，起到增压作用。

在 A、D 两腔真空度降低（压力升高）的过程中，膜片和阀门组渐渐下移。当 A、D 两腔的真空度下降到一定数值时，空气阀关闭而使真空度保持恒定。这一稳定值的大小取决于制动主缸压力，而制动主缸压力取决于踏板力和踏板行程。

当松开制动踏板时，制动主缸液压力下降，控制阀平衡状态被破坏。控制阀活塞及膜片座下移，真空阀开启，A、D 两腔压力降低，D、C 两腔压差减小，增压作用降低，制动强度减弱。当制动踏板完全放松时，所有运动件在各自回位弹簧的作用下复位（图 14-22b），A、B 腔和 C、D 腔又都具有一定真空度，以备下次制动之用。

2. 真空助力式液压制动传动装置

（1）真空助力式液压制动传动装置的基本构造　图 14-23 所示为真空助力式液压制动传动装置的示意图。它采用的是交叉型（X）布置的双回路液压制动系统，即左前轮缸与右后轮缸为一液压回路，右前轮缸与左后轮缸为另一液压回路。

串联双腔制动主缸装在加力气室前端，前腔通往左前轮制动器的轮缸，并经感载比例阀通向右后轮制动器的轮缸；后腔通往右前轮制动器的轮缸，并经感载比例阀通向左后轮制动器的轮缸。真空单向阀直接装在加力气室上。加力气室工作时产生的推力同踏板力一样，直接作用在制动主缸的活塞推杆上。加力气室和控制阀组合成一个整体部件，称为真空助力器。

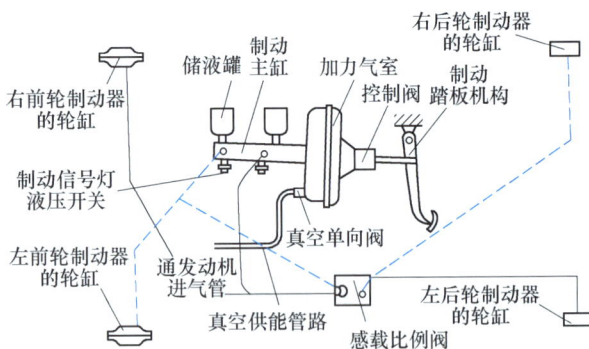

（2）真空助力器的结构和工作原理　真空助力器主要由真空伺服气室和控制阀组成，其结构如图 14-24 所示，控制阀部分放大后如图 14-24b 和 c 所示。

图 14-23　真空助力式液压制动传动装置的示意图

当制动时，踩下制动踏板，踏板力推动控制阀推杆和控制阀柱塞向前移动，在消除柱塞与橡胶反作用盘之间的间隙后，继续推动制动主缸推杆，主缸内的制动液压油以一定压力流入制动轮缸。与此同时，在阀门弹簧的作用下，真空阀随之向前移动，直到压靠在膜片座的阀座上，从而使通道 A 与 B 隔绝。与此同时，真空阀离开阀座，空气阀打开，空气经过滤环、空气阀的开口和通道 B 充入加力气室后腔。加力气室因前、后腔的压差而产生推力，此推力通过膜片座、橡胶反作用盘推动制动主缸推杆向前移动，此时制动主缸推杆上的作用力（即踏板力）和加力气室反作用盘推力的总和使制动主缸输出压力成倍增高。

当解除制动时，控制阀推杆弹簧使控制阀推杆和空气阀向右移动，真空阀离开膜片座上阀座，真空阀开启。伺服气室前、后腔相通，均为真空状态。膜片座和膜片在回位弹簧的作用下回位，制动主缸解除制动。

导向螺栓密封套　膜片回位弹簧
真空管
控制阀
橡胶反作用盘
导向螺栓
伺服气室膜片座
通道　阀座
真空阀
调整叉
过滤环
控制阀推杆
外界空气
踏板压力
制动主缸推杆
毛毡过滤环
控制阀推杆弹簧
螺栓　阀门弹簧
控制阀柱塞
伺服气室膜片座
伺服气室前壳体
伺服气室后壳体
伺服气室膜片
a)

通道伺服气室膜片座　阀座　真空阀
通伺服气室前腔
控制阀推杆
制动主缸推杆
橡胶反作用盘
控制阀柱塞　通道
通伺服气室后腔
b)　　　　c)

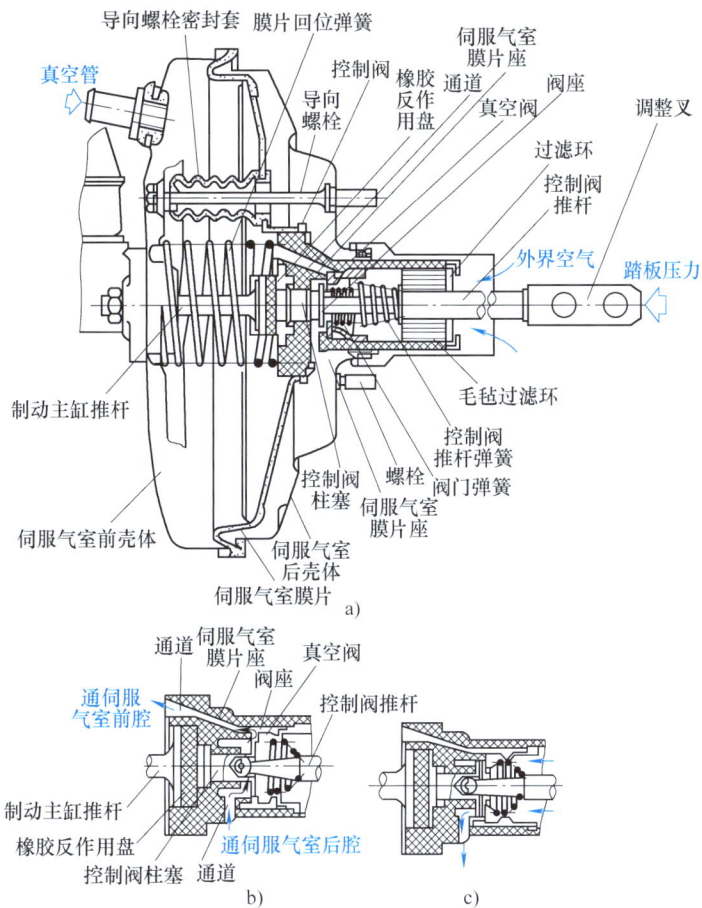

图 14-24　真空助力器的结构

找一找　找一辆液压制动传动的汽车，分析其装置结构原理。

14.3.4　气压制动传动装置

气压制动传动装置是利用压缩空气作为动力源，并将压力转变为机械推力，使车轮产生制动的。其特点是踏板行程较短，操纵轻便，制动力较大，但消耗发动机的动力，结构复杂，制动不如液压式柔和；一般用于中、重型汽车上。

1. 气压制动装置的基本组成与工作原理

图 14-25 所示为汽车气压制动装置的基本组成图。（气压制动系统的拆装与结构认识参见《汽车构造与原理实训》教材及其光盘的项目 17.2）

空气压缩机由发动机驱动，产生的压缩空气经过单向阀流入储气筒。当踏下制动踏板时，控制阀打开，储气筒的压缩空气便进入前、后轮制动气室，使前、后轮制动。

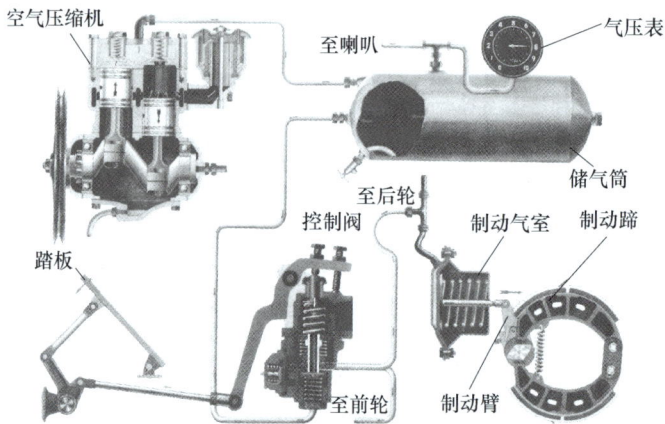

图 14-25　汽车气压制动装置的基本组成

2. 气压式制动传动装置主要部件的构造和工作原理

（1）空气压缩机　空气压缩机是整个制动系统的动力源，最常见的是空气冷却往复活塞式空气压缩机，它与往复活塞式发动机结构相似。空气压缩机按其气缸的数量可分为单缸式和双缸式两种。

以风冷单缸式空气压缩机为例，它固定于发动机一侧的支架上，由曲轴带轮通过齿轮或 V 带驱动（图14-26）。进气口经气管通向空气滤清器，出气口经气管通向湿储气筒。

当发动机运转时，空气压缩机随之运转。当活塞下行时，进气阀开启，外界空气经空气滤清器、进气阀被吸入气缸。当活塞上行时，进气阀在弹簧的作用下关闭，气缸内空气被压缩并顶开出气阀，压缩空气经出气口和气管送到湿储气筒。当储气筒内的气压达到 $0.7 \sim 0.81$ MPa 时，卸荷柱塞顶开进气阀，使空气压缩机气缸与大气相通，不再泵气，卸掉活塞上的载荷，减少了发动机的功率损失。

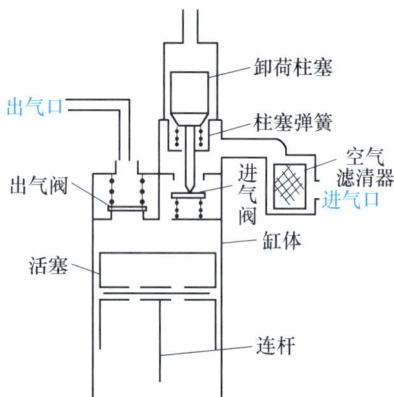

图 14-26　风冷单缸式空气压缩机的结构示意图

风冷双缸式空气压缩机的结构与单缸式空气压缩机基本相同，不同之处主要是双气缸交替不断地向储气筒充气，供气压力稳定且泵气效率较高。气缸盖上的卸荷阀可以控制两个气缸的气压。

（2）调压器　调压器的作用是保持储气筒内的气压在规定的范围内，且在过载时实现空气压缩机的卸荷空转，以减少发动机的功率消耗。调压器在回路中的连接方法有以下两种：

1）将调压器与空气压缩机和储气筒并联，当系统内的压力达到规定值时，调压器使空气压缩机的进气阀开启，卸荷空转。

图 14-27 所示为与储气筒并联的膜片式调压器的结构。它的气压调节值可通过旋转其盖上的调压螺钉进行调整。当螺钉旋入时，气压升高；反之，气压降低。

2）将调压器串联在空气压缩机和储气筒之间，当系统内的空气压力达到规定值时，调压器将多余的压缩空气直接排入大气，使空气压缩机卸荷空转。

（3）制动控制阀　制动控制阀的作用是控制储气筒进入各个车轮制动气室和挂车制动控制阀的压缩空气量。它具有的随动作用可以保证足够强的"踏板感"，即在输入压力一定的情况下，使其输出压力与踏板行程呈一定的递增关系，且保证输出压力渐进地变化。

图 14-28 所示为双腔串联活塞式制动控制阀。

当驾驶人踏下制动踏板时，拉动制动阀拉臂，将平衡弹簧上座下压，经平衡弹簧和下座、钢球，并通过推杆和钢球将平衡臂压下，推动两腔内膜片挺杆总成下移，消除间隙后，先关闭排气孔，然后打开进气孔，储气筒内的压缩空气经制动阀充入各制动气室，推杆推动制动调整臂使凸轮转动，顶开制动蹄压向制动鼓，起制动作用。

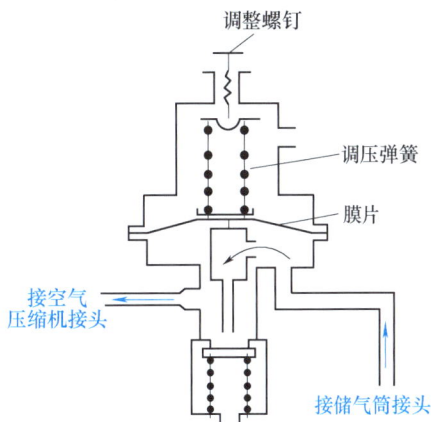

图 14-27　与储气筒并联的膜片式调压器的结构

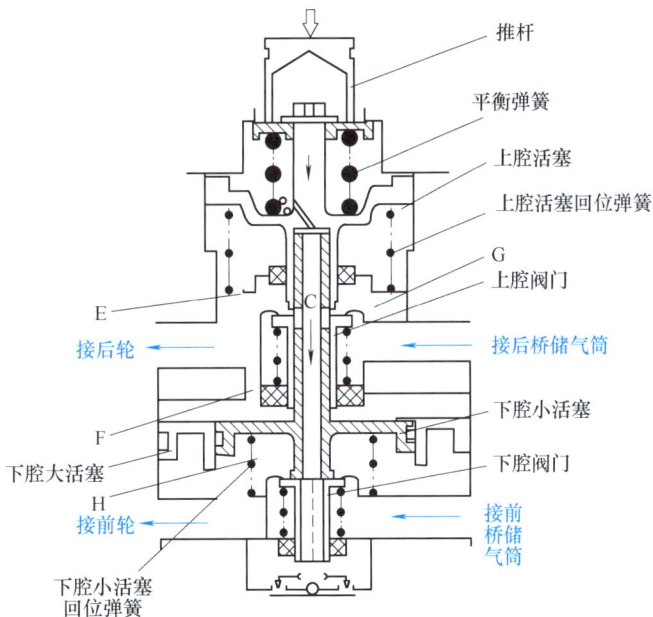

图 14-28　双腔串联活塞式制动控制阀

（4）快放阀　快放阀的作用是迅速排放制动气室中的压缩空气，以便迅速解除制动。

快放阀的结构与工作原理如图 14-29 所示。它主要由上壳体、膜片、下壳体及密封垫等零件组成。

当制动时（图 14-29a），从双腔并列膜片或制动阀前腔室输往后桥车轮制动气室的压缩空气进入 A 口后推动膜片，将排气口 D 堵住，同时吹开膜片四周，使膜片边缘下弯，压缩空气沿下壳体的径向沟槽经 B、C 口分别通往左、右制动气室。

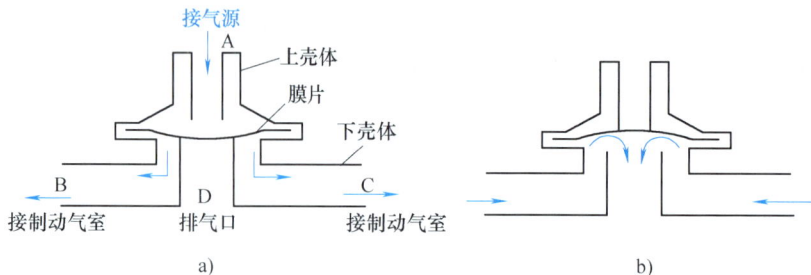

图 14-29　快放阀的结构与工作原理

a）当制动时　b）当放松制动时

当放松制动踏板时（图 14-29b），制动气室的压缩空气回流，从快放阀 B、C 口进入，将膜片向上吹起关闭了进气口 A，同时从排气口 D 排入大气。

（5）制动气室　制动气室的作用是将输入的空气压力转变为转动制动凸轮的机械推力，使车轮制动器产生制动力矩。

膜片式制动气室如图 14-30 所示，它主要由盖、橡胶膜片、外壳、推杆以及回位弹簧等组成。夹布层橡胶膜片的周缘用卡箍夹紧在壳体和盖的凸缘之间。盖与膜片之间为工作腔。用橡胶软管与由制动阀接出的钢管连通，膜片右方则通大气。弹簧通过焊接在推杆上的支承盘推动膜片紧靠在盖的极限位置。推杆的外端通过连接叉与制动器的制动调整臂相连。制动时，膜片右移推动推杆，使调整臂转过一个角度。由于调整臂和凸轮轴相连，故凸轮转动使蹄片张开，紧贴制动鼓产生制动作用。

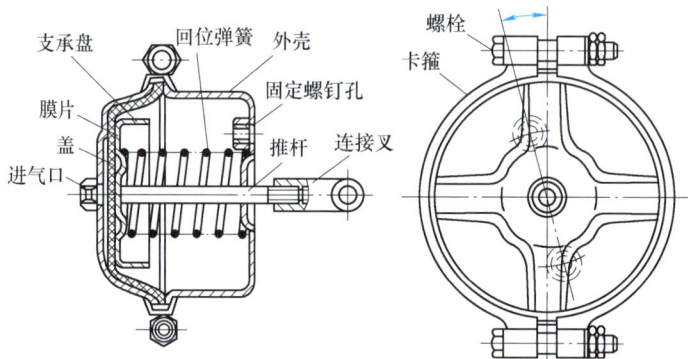

图 14-30　膜片式制动气室

14.4　防抱死制动系统（ABS）的结构与工作原理

14.4.1　ABS 概述

1. ABS 的作用

试验研究表明，汽车制动不是在车轮抱死时制动效果最好，而是滑转率为 17% ~ 20% 时最佳，如图 14-31 所示。

滑转率指汽车制动时，车速与轮速之间存在的速度差和车速的比值，即

$$S = \frac{u - r_0 \omega}{u} \times 100\%$$

式中 S——滑移率；

u——车速；

ω——车轮滚动角速度；

r_0——车轮运动半径。

当汽车直线行驶时，车轮抱死后，侧向附着系数基本为零，保持方向稳定性的车轮侧向力也接近于零。此时由路面不均匀、侧向风、左右轮地面制动力不相等引起的即使很小的偏转力矩，也会使汽车产生不规则运动而处于危险状态。在不规则旋转的过程中将制动释放，汽车会沿着瞬时行驶方向急速驶出，这也是很危险的（图14-32）。

当汽车曲线行驶时，若只有前轮抱死，由于前轮的转弯力基本为零，无法进行正常的转向操作，驾驶人无法控制汽车的运动方向。这时汽车沿行驶曲线的切线方向滑行（图14-33a）。

当只有后轮抱死时，后轮的侧向力接近于零，由于离心力和前轮转向力的作用，汽车不能保持原来的行驶方向，汽车将一边旋转一边沿曲线行驶，即发生甩尾现象（图14-33b）。

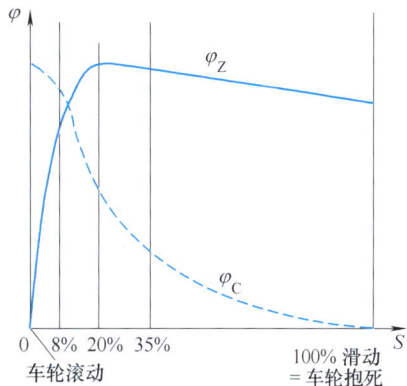

图14-31 附着率与滑转率的关系

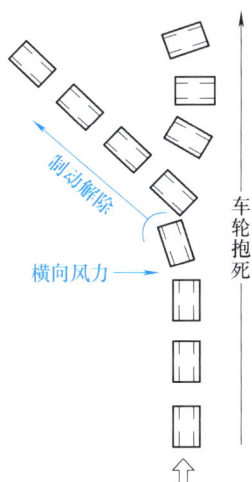

图14-32 直线行驶时车轮
抱死的汽车运动情况

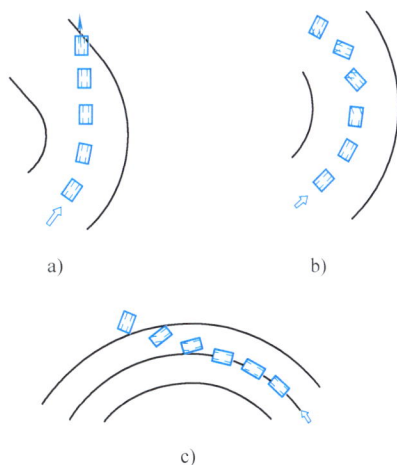

图14-33 曲线行驶时车轮抱死的汽车运动情况
a）前轮抱死 b）后轮抱死 c）所有车轮抱死

当所有的车轮全部抱死时，转弯力、侧向力均接近于零，汽车完全失去操纵性和方向稳定性，兼有前、后轮单独抱死时的两种运动（图14-33c），即一边做与驾驶无关的不规则运动，一边沿曲线的切线方向滑行。

ABS的作用是防止汽车制动时车轮抱死，并把车轮的滑移率保持在 S_{opt} 左右的一定范围

内，以保证车轮与地面有良好的纵向、横向附着力，有效防止制动时汽车侧滑、甩尾和失去转向等现象发生，提高了制动稳定性；同时，将制动力保持在最佳的范围内，缩短了制动距离。这样也减弱了轮胎与地面的剧烈摩擦，减少了轮胎的磨损。

2. ABS 的组成及控制原理

以桑塔纳 2000GSi 型轿车为例，其 ABS 的组成与位置如图 14-34 所示。它由普通制动系统和电子控制系统两大部分组成，其普通制动系统的组成与工作原理与常规制动完全相同，由制动总泵、制动轮缸和制动管路等构成，用来实现汽车的常规制动；其电子控制系统由传感器、电子控制器和制动压力调节器组成。（汽车 ABS 的拆装与结构认识参见《汽车构造与原理实训》教材及其光盘的项目 17.3）

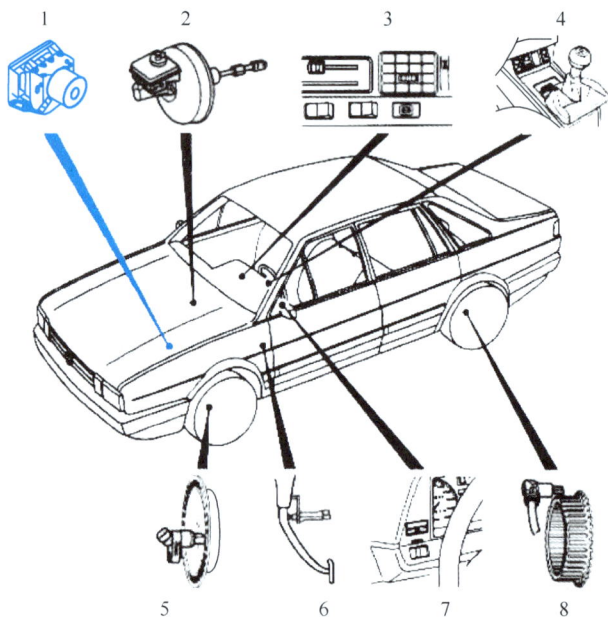

图 14-34　桑塔纳 2000GSi 型轿车 ABS 的组成与位置图

1—ABS 控制器　2—制动主缸和真空助力器　3—ABS 警告灯（K47）

4—自诊断插口　5—前轮转速传感器（G45/G47）

6—制动灯开关（F）　7—制动警告灯（K118）

8—后轮转速传感器（G44/G46）

ABS 的基本工作原理如图 14-35 所示。在汽车制动过程中，车轮转速传感器不断地把各个车轮的转速信号及时输送给 ABS ECU，ABS ECU 根据设定的控制逻辑对 4 个轮速传感器输入的信号进行处理，计算汽车的参考车速、各车轮速度和减速度，确定各车轮的滑移率。如果某个车轮的滑移率超过设定值，ABS ECU 就发出指令控制液压控制单元，使该车轮制动轮缸中的制动压力减小；如果某个车轮的滑移率还没达到设定值，ABS ECU 就控制液压单元，使该车的制动压力增大；如果某个车轮的滑移率接近于设定值，ABS ECU 就控制液压单元，使该车制动压力保持一定。从而使各个车轮的滑移率保持在理想范围之内，防止 4

个车轮完全抱死。

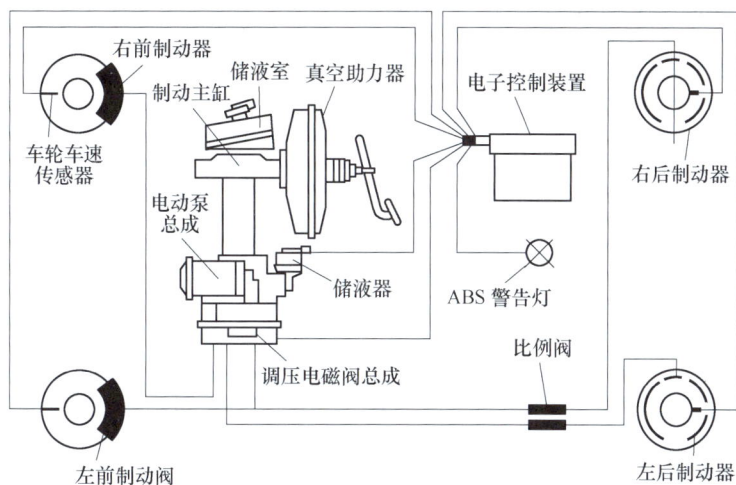

图 14-35　ABS 的基本工作原理

3. ABS 的类型

ABS 种类繁多，分类见表 14-2。

表 14-2　ABS 的分类

分类方法	分　类	说　明	性能与应用
按系统构造	整体式	制动压力调节器与制动主缸一体	结构紧凑、成本高，一般用于高级轿车
	分离式	制动压力调节器与制动主缸分离	结构简单
按压力调节介质	机械式	以机械惯性力控制	现应用较少
	真空式	以真空产生作用力控制	真空液压制动汽车
	空气式	以高压空气控制	气压或气顶液压制动汽车
	液压式	以液压油控制	应用广泛
按被控制车轮	后轮	只控制后轮	成本低，用于货车、早期应用
	四轮	同时控制 4 个车轮	应用广泛
按控制方法	轴控式	同一个车轴上的两个车轮一起控制	结构简单、效果差
	轮控式	每个车轮单独控制	成本高、效果好
	混合式	前轮采用轮控式，后轮采用轴控式	介于以上两者之间
按控制通道	单通道	后轮采用轴控式	早期应用
	双通道	前、后轮采用轴控式	早期应用
	三通道	前轮采用轮控式，后轮采用轴控式	应用广泛
	四通道	各轮均采用轮控式	充分发挥各轮制动力，应用广泛
按控制参数	车轮滑移率	直接控制滑移率	价格昂贵、暂未使用
	车轮角加减速度	控制车轮角加、减速度在一定范围内	结构简单、控制精度低
	车轮角减速度及滑移率	以车轮加、减为主，间接滑移率为辅	应用广泛、效果较好

14.4.2　ABS 电子控制部分的主要组成

1. 车轮转速传感器

车轮转速传感器的作用是将车轮的转速信号传给 ABS ECU。桑塔纳 2000GSi 型轿车 ABS 共有 4 个车轮转速传感器，前轮的齿圈（43 齿）安装在传动轴上，转速传感器安装在转向节上，两者间隙为 1.1 ~ 1.97mm，如图 14-36a 所示。后轮的齿圈（43 齿）安装在后轮毂上，转速传感器安装在固定支架上，两者间隙为 0.42 ~ 0.80mm，如图 14-36b 所示。

转速传感器由电磁感应式传感头和磁性齿圈组成。当齿轮旋转时，传感头感应线圈中会产生交变电压，交变电压的频率将随车轮转速成正比例变化，ECU 可以通过转速传感器输入的电压脉冲频率来确定车轮的转速。

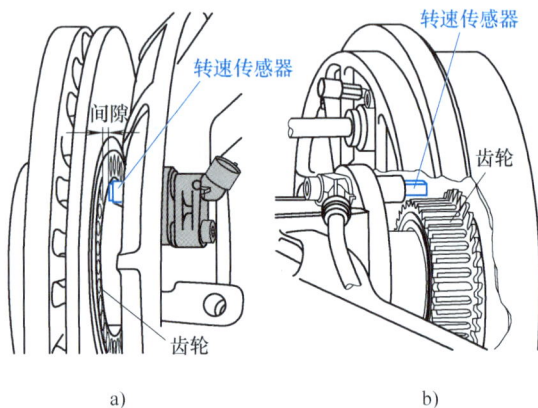

图 14-36　ABS 转速传感器
a）前轮转速传感器　b）后轮转速传感器

想一想　车轮速度传感器还有其他形式吗？

2. ABS 控制器

以桑塔纳 2000GSi 型轿车为例，ABS 控制器由 ABS ECU、液压控制单元和液压泵等组成。

（1）ABS ECU　其组成框图如图 14-37 所示，主要由主控 CPU、辅控 CPU、稳压模块电路、电磁阀电源模块电路、液压泵电动机驱动模块电路、信号处理模块电路和元件安全保护电路等组成。ABS ECU 采用了两个微处理器，其中一个 16 位主控 CPU，另一个为 8 位辅控 CPU，主要目的是保证 ABS 的安全性。两个 CPU 接收同样的输入信号，在运算处理过程中，通过通信对两个微处理器的处理结果进行比较。如果两个微处理器处理结果不一致，微处理器立即发出控制指令使 ABS 退出工作，防止系统发生逻辑错误。

信号处理模块电路由低通过滤波电路和整形放大电路等组成，其功用是对轮速传感器输入的交变电压信号进行处理，并传送给主控 CPU 和辅控 CPU。与此同时，信号处理电路还接收点火开关、制动灯开关和液位开关等外部信号。

计算电路是 ABS ECU 的核心，主要由微处理器构成。其功用是根据轮速传感器和控制开关信号，按照预先编制的程序进行数学计算和逻辑判断，计算出车轮瞬时速度，然后得出加减速度、初始速度、参考车速和滑移率，最后形成相应的控制指令，再向电磁阀控制电路输出制动压力的控制信号。计算电路不仅能够监测自己内部的工作过程，而且还能监测系统控制部件的工作状况，如轮速传感器、液压泵电动机和电磁阀工作电路等。当监测到这些电路工作不正常时，计算电路立即向安全保护电路输出指令，使 ABS 停止工作。

驱动模块电路的主要功用是将 CPU 输出的数字信号（如控制压力升高、保持、降低）进行功率放大并驱动执行元件（电磁阀、电动机）工作，实现制动压力的调节功能。

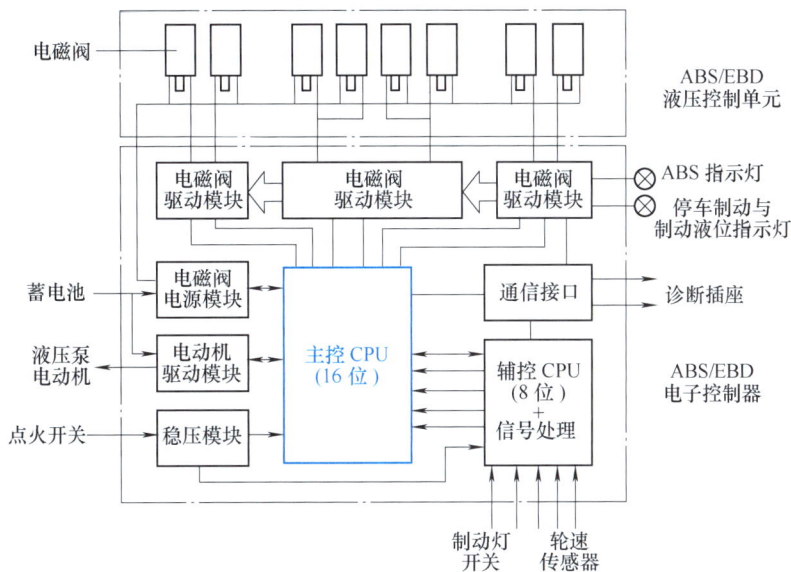

图 14-37　ABS ECU 组成框图

安全保护电路由电源监控、故障记忆和 ABS 指示灯驱动电路等组成。其主要功用是接收蓄电池的电压信号，监控电源电压是否在稳定范围内，同时将 12V 或 14V 电源电压变换为 ECU 工作需要的 5V 电压。

由于微处理器具有监测功能，该电路能根据微处理器输出的指令，对有关继电器电路、ABS 指示灯电路进行控制。当发现影响 ABS 工作的故障（如电源电压、轮速传感器信号、计算电路和电磁阀控制电路等出现异常）时，CPU 就会发出指令使 ABS 停止工作，恢复常规制动功能，起到实效保护作用。同时，接通仪表盘上的 ABS 指示灯电路使 ABS 指示灯发亮，提醒驾驶人及时检修 ABS。ABS ECU 具有故障记忆功能，当 ECU 监测到 ABS 出现故障时，除控制执行上述动作外，还要将故障信息编成代码储存在存储器中，以备自诊断时读取故障码，供维修诊断参考。

（2）液压控制单元和液压泵　液压控制单元装在制动主缸与制动轮缸之间，采用整体式结构，如图 14-38 所示。其主要任务是转换执行 ABS ECU 的指令，自动调节制动器中的液压压力。

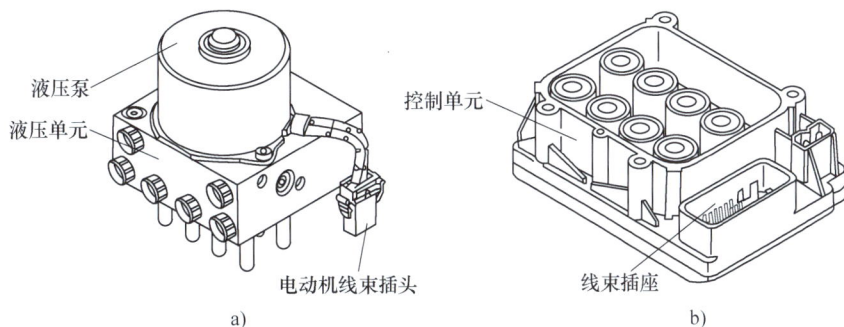

图 14-38　ABS 液压控制单元的结构

1）液压泵。ABS中采用的液压泵一般为柱塞泵（图14-39），通过电动机带动偏心轮来驱动，泵内设有两个单向阀，下阀为进油阀，上阀为出油阀。当柱塞上行时，轮缸及储能器的液压油推开下进油阀，进入泵体内。当柱塞下行时，泵体内的液压油首先封闭进油阀，随后推开出油阀，将制动液压回制动主缸。

2）储能器。储能器也称储液器，有低压和高压两种。桑塔纳2000GSi型轿车所用储能器为低压储能器，与电动液压泵合为一体装于液压控制单元上。其作用是暂时储存从轮缸中流出的制动液，以缓和制动液从制动轮缸中流出时产生的脉动。低压储能器一般是一个内部置有活塞和弹簧的油缸，当轮缸的液压油进入储能器并作用在活塞上时，压缩弹簧，使油道容积增大，以暂时储存制动液。

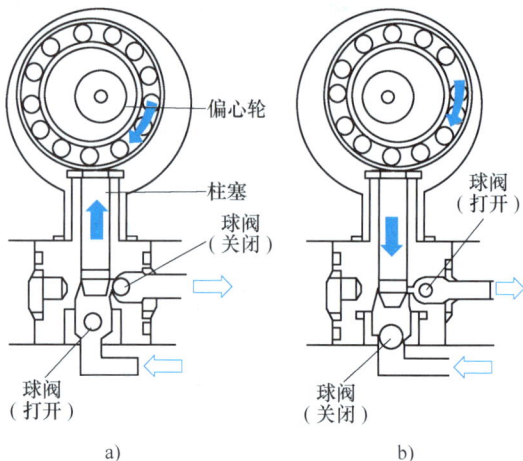

图14-39 ABS液压泵
a）吸油 b）泵油

高压储能器采用气囊式的结构（图14-40），在储能器中有膜片将容器分隔成两部分，下部气囊中充满高压氮气，上腔充满高压制动液，并与回油泵和电磁阀回油口相连。储能器上的压力开关可根据储能器内部的压力高低向ECU发出信号，以便控制电动机和液压泵的工作，即当储能器内油压达到一定值以后，波登管在该压力作用下向外伸展，感应杆在弹簧拉力的作用下将微动开关闭合，向ECU输入控制信号。

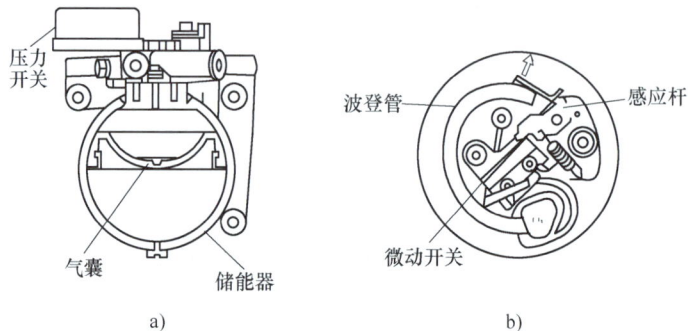

图14-40 气囊式高压储能器
a）储能器 b）压力开关

3）电磁阀。ABS采用的电磁阀有三位三通和二位二通两种。

三位三通电磁阀的结构与工作原理如图14-41所示。它主要由阀体、进油阀、回油阀、单向阀、支架、托盘、主弹簧、副弹簧、无磁支承环、电磁线圈和油管接头组成。

移动架在无磁支承环14、18的导向下可沿轴向做微小的运动（约0.25mm），由此可以打开回油阀和关闭进油阀。主弹簧与副弹簧相对设置，且主弹簧刚度大于副弹簧。

单向阀与进油阀并联设置，在解除制动时，该阀打开，增大轮缸至主缸的回油通道，以

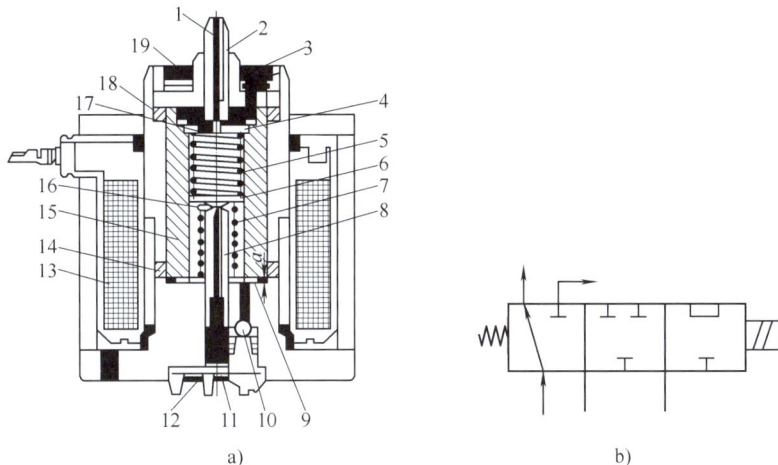

图 14-41　三位三通电磁阀的结构与工作原理

a）结构图　b）图形符号

1—回油管路接口　2、8—阀座　3—出液口　4、6—压板　5—副弹簧　7—主弹簧
9—凹槽　10—单向阀　11—进液口　12、19—滤网　13—电磁线圈
14、18—无磁支承环　15—衔铁移动架　16—进油阀　17—回油阀

便轮缸压力迅速下降，即使在主弹簧断裂或移动架被卡死的情况下，也能使车轮制动器的制动解除。

当电磁线圈无电流通过时，由于主弹簧力大于副弹簧，进油阀被打开，回油阀关闭，制动主缸与轮缸的油路接通。此状态既可以是常规制动，也可以是 ABS 增压。

当 ECU 向电磁阀线圈半通电时，电磁力使移动架向下运动一定距离，将进油阀关闭。由于此时的电磁力尚不足以克服两个弹簧的弹力，移动架被保持在中间位置，回油阀仍处于关闭状态，即 3 个阀孔相互封闭，ABS 处于保压状态。

当 ECU 向电磁线圈输入大工作电流时，产生的大电磁力足以克服主、副弹簧的弹力，使移动架继续向下运动，将回油阀打开，从而轮缸通过卸载阀与回油管相通，ABS 处于减压状态。

桑塔纳 2000GSi 型轿车液压控制单元（N55）阀体内包括 8 个电磁阀，每个回路各 1 对，其中一个是常开进油阀，另一个是常闭出油阀。它在制动主缸、制动轮缸和回油路之间建立联系，实现压力升高、压力保持和压力降低的功能，防止车轮抱死。其工作原理如下：

1）开始制动阶段（系统油压建立）。开始制动时，驾驶人踩制动踏板，制动压力由制动主缸产生，经常开的不带电压的进油阀作用到车轮制动轮缸上。此时，不带电压的出油阀依然关闭，ABS 没有参与控制，整个过程和常规液压制动系统相同，制动压力不断上升，如图 14-42 所示。

2）油压保持。当驾驶人继续踩制动踏板，油

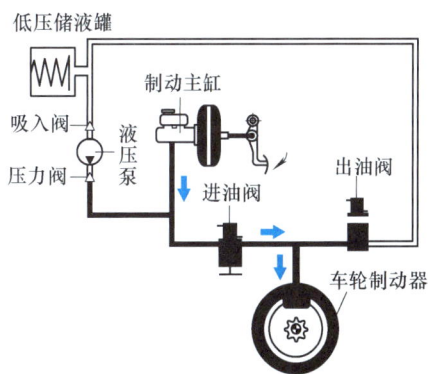

图 14-42　系统油压建立

压继续升高到车轮出现抱死趋势时，ABS ECU 发出指令使进油阀通电并关闭阀门，出油阀依然不带电压仍保持关闭，系统油压保持不变，如图 14-43 所示。

3）油压降低。若制动压力保持不变，车轮有抱死趋势时，ABS ECU 给出油阀通电打开出油阀，系统油压通过低压储液罐降低油压，此时进油阀继续通电保持关闭状态，有抱死趋势的车轮被释放，车轮转速开始上升。与此同时，电动液压泵开始起动，将制动液由低压储液罐送至制动主缸，如图 14-44 所示。

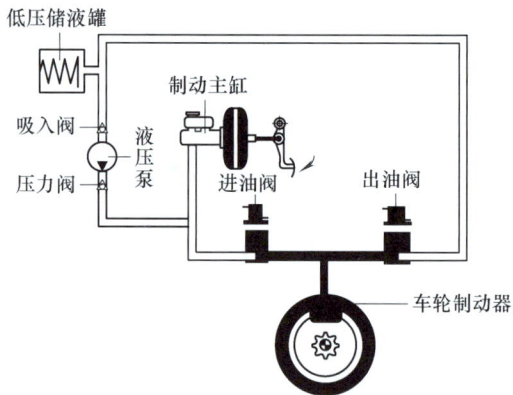

4）油压增加。为了使制动最优化，当车轮转速增加到一定值后，ECU 给出油阀断电，关闭此阀门，进油阀同样不带电而打开，电动液压泵继续工作，从低压储液罐中吸取制动液泵入液压制动系统，如图 14-45 所示。随着制动压力的增加，车轮转速降低。这样反复循环地控制（工作频率为 5~6 次/s），将车轮的滑移率始终控制在 20% 左右。

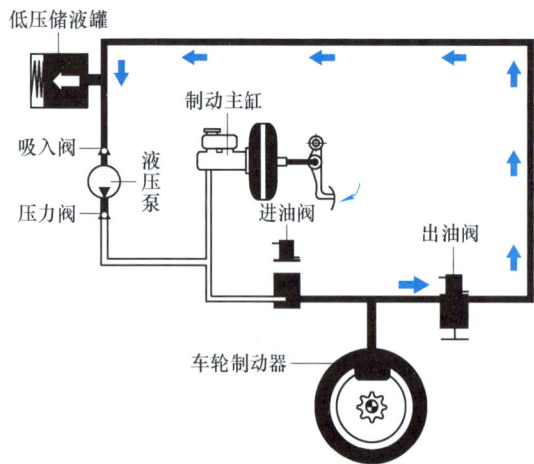

图 14-43　系统油压保持

图 14-44　系统油压降低

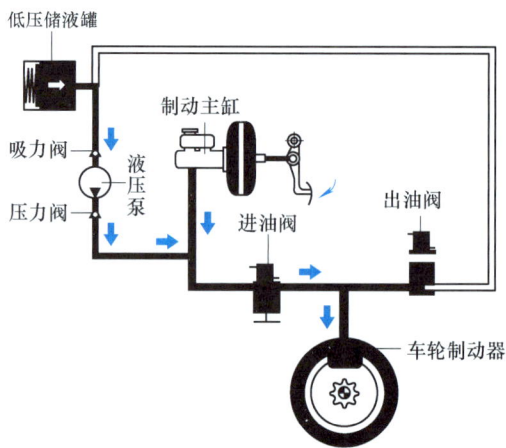

图 14-45　系统油压增加

如果 ABS 出现故障，进油阀始终常开、出油阀始终常闭，使常规液压制动系统继续工作而 ABS 不工作，直到 ABS 故障排除为止。

想一想　ABS 控制器还有其他的结构形式吗？

（3）故障警告灯　ABS 在仪表板及仪表板附加部件上装有两个故障警告灯，一个是 ABS 警告灯（K47），另一个是制动装置警告灯（K118）。

两个故障警告灯正常亮的情况是：当点火开关打开起动至自检结束（大约 2s），在拉紧驻车制动装置时警告灯（K118）亮。如果上述情况灯不亮，说明故障警告灯本身或电路有故障。

如果 ABS 故障灯常亮，说明 ABS 出现故障；如果制动装置警告灯常亮，说明制动液不足。

14.5　辅助制动装置

随着现代汽车对安全性能的提高和科学技术的进步，增强汽车制动性能的辅助装置大量涌现，下面对驱动防滑（ASR）系统、电子稳定程序（ESP）等辅助制动装置进行介绍。

14.5.1　驱动防滑（ASR）系统

1. ASR 系统概述

（1）汽车防滑概念　当汽车的驱动力大于地面附着力时，驱动轮会发生滑转，此时车轮的横向附着力很小，几乎为零。这同制动抱死时车轮滑移情况类似，将发生侧滑等现象。对于后驱动汽车，驱动轮滑转将使汽车发生不规则的旋转；对于前驱动汽车，会使方向失去控制。这极大影响了汽车的操纵稳定性、安全性，并加速轮胎异常磨损。

ASR 系统又称为牵引力控制（Traction Control，TRC、TRAC）系统。其作用是防止汽车在起步、加速和低附着系数路面行驶时驱动轮的滑转，以提高汽车的牵引性和操纵稳定性。

（2）车轮防滑转控制方式　为了防止滑转，必须适当降低驱动力，大幅度提高侧向力，增大抵抗侧滑的能力。目前，常采用以下两种方法防止驱动轮的滑转：

1）发动机输出转矩调整方式。通常通过控制节气门开度和点火提前角的方式调节发动机的输出转矩，使驱动车轮的转矩迅速减小，从而对两侧驱动车轮的驱动力矩进行调节。由于发动机已经实现了电子控制，因此，这种控制方法容易实现。

2）驱动轮制动控制方式。当驱动轮发生滑转时，对滑转的车轮施加一定的制动力，使车轮的滑转率控制在合适的范围内。制动控制方式比发动机控制方式反应速度快，能有效地防止汽车起步时或从高附着路面突然进入低附着路面时的车轮空转。制动控制方式还能对每个驱动轮独立控制，与差速器锁止装置具有同样的功能。

为了防止制动器过热，驱动轮制动控制的方法只限于低速行驶时使用。

ASR 一般综合应用上述两种方法，以取得理想的控制效果。

另外，有些汽车采用防滑差速器锁止控制（Limited Slip Differential，LSD；或 Electronic Differential System，EDS），使行驶在不同附着系数路面的左、右驱动车轮产生不同的驱动力。

（3）ASR 系统与 ABS 比较　ASR 是继 ABS 之后应用于汽车车轮防滑的电子控制系统，ASR 系统是 ABS 的完善和补充。

在 ASR 系统中，为了确定驱动车轮是否滑转，可以利用 ABS 中的车轮转速传感器获得车轮转速的信号。ASR 电子控制装置既可是独立的，也可与 ABS 共用。ASR 系统的制动压力调节装置有与 ABS 的制动压力调节装置一体和独立两种形式。

ABS 和 ASR 系统比较如下：

1）ABS 和 ASR 系统都是用来控制车轮相对地面的滑动，以使车轮与地面的附着力不下降。ABS 控制的是汽车制动时车轮的"拖滑"，主要用来提高制动效果和确保制动安全；ASR 控制的是车轮的"滑转"，用于提高汽车起步、加速及低附着路面行驶的牵引力和确保

行驶稳定性。

2）ASR 系统只对驱动轮实施制动控制，ABS 对 4 个制动轮实施控制。

3）ASR 系统在汽车起步及一般行驶过程中工作，当车轮出现滑转时即可起作用，ABS 则是在汽车制动时工作。当车速很高（80～120km/h）时，ASR 系统不起作用；当车速很低（<8km/h）时，ABS 不起作用。

4）在防滑转控制过程中，如果汽车制动，ASR 系统就立即中止防滑转控制，以使制动过程不受 ASR 系统的影响。

2. ASR 系统的组成与工作原理

图 14-46 所示为典型的 ASR 系统组成示意图。ASR 系统由与 ABS 共用的电子控制器和车速传感器 1、5、6、12，与发动机控制系统共用的节气门，发动机转速传感器等传感器，独立的压力调节器以及辅助节气门等部分组成。

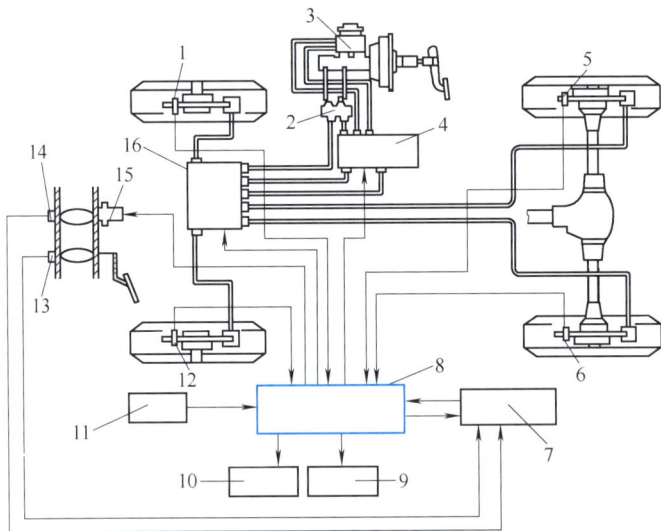

图 14-46　典型的 ASR 系统组成示意图

1—右前车轮转速传感器　2—比例阀　3—制动总泵　4—ASR 制动压力调节器
5—右后车轮转速传感器　6—左后车轮转速传感器　7—发动机电子控制器
8—ABS/ASR 电子控制器　9—ASR 关闭指示灯　10—ASR 工作指示灯
11—ASR 选择开关　12—左前车轮转速传感器　13—主节气门开度
传感器　14—副节气门开度传感器　15—副节气门驱动步进电动机
16—ABS 制动压力调节器

控制器根据车速传感器的信号计算驱动车轮的滑转率，综合发动机工作情况判断是否需要进行防滑控制及如何控制。

（1）辅助节气门　在发动机节气门体的主节气门前方，设置有辅助节气门（图 14-47）。辅助节气门一般由步进电动机驱动。在 ASR 系统不起作用时，辅助节气门处于全开的位置；当两驱动车轮滑转率超出限定值时，ASR ECU 输出控制信号，控制辅助节气门驱动步进电动机工作，使辅助节气门的开度适当减小，以控制发动机的功率，抑制驱动车轮的滑转（图 14-48）。

（2）ASR 制动压力调节器 ASR 制动压力调节器执行 ASR 控制器的指令对滑转车轮施加制动力和控制制动力的大小，以使滑转车轮的滑转率在目标范围之内。有的 ASR 制动压力调节器与 ABS 制动压力调节器组合成一体，也有的 ASR 制动压力调节器是独立的。

1）独立 ASR 制动压力调节器。这种 ASR 制动压力调节器和 ABS 制动压力调节器在结构上各自分开，通过液压管路互相连接（图 14-49）。其工作原理如下：

在 ASR 系统不起作用，电磁阀不通电时，阀在左位，调压缸有右腔与储液器相通而压力低，调压缸的活塞被回位弹簧推至右边极限位置。这时，调压缸活塞左端中央的通液孔将 ABS 制动压力调节器与车轮制动分泵沟通，因此 ASR 系统不起作用时，对 ABS 无任何影响。

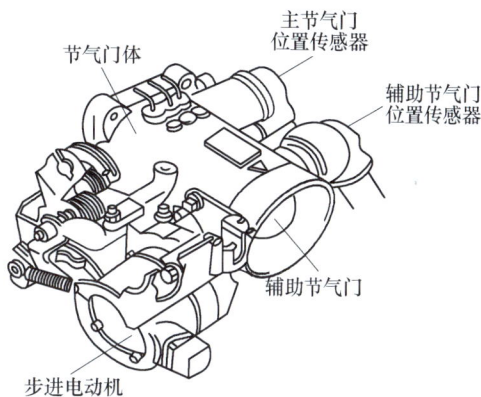

图 14-47 带辅助节气门的节气门体

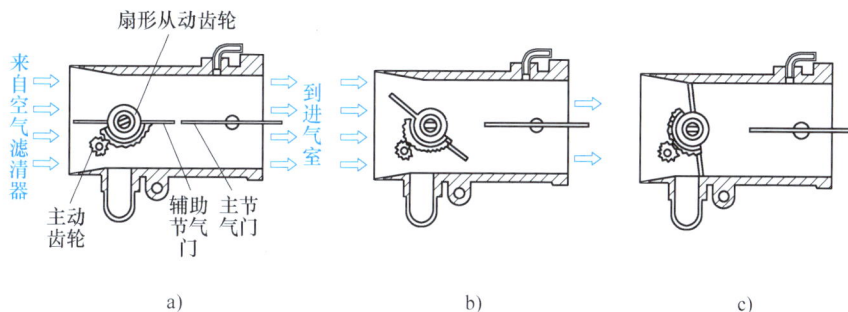

图 14-48 辅助节气门的工作原理
a）全开位置 b）半开位置 c）全关位置

当驱动车轮出现滑转而需要对驱动车轮实施制动时，ASR 控制器输出控制信号，使电磁阀通电而移至右位。这时，调压缸左腔与储液器隔断而与蓄压器接通，蓄压器内具有一定压力的制动液推动调压缸的活塞左移，ABS 制动压力调节器与车轮分泵的通道被封闭，调压缸左腔的压力随活塞的左移而增大，驱动车轮制动分泵的制动压力上升。当需要保持车轮的制动压力时，控制器使电磁阀半通电，电磁阀处于中位，使调压缸与储液器和蓄压器都隔断，于是调压缸活塞保持原位不动，使驱动车轮制动分泵的制动压力不变。当需要减小驱动车轮的制动压力时，控制器使电磁阀断电，电磁阀在其回位弹簧力的作用下回到左位，使调压缸右腔与蓄压器隔断而与储液器接通。于是，调压缸右腔压力下降，其活塞右移，使驱动车轮制动分泵的制动压力下降。

2）整体式 ABS/ASR 制动压力调节器。图 14-50 所示为采用三位三通电磁阀的循环流动式 ASR/ABS 制动压力调节器。

在 ASR 系统不起作用时，电磁阀不通电。汽车在制动过程中如果车轮出现抱死，ABS 起作用，通过控制电磁阀Ⅱ和电磁阀Ⅲ来调节制动压力。

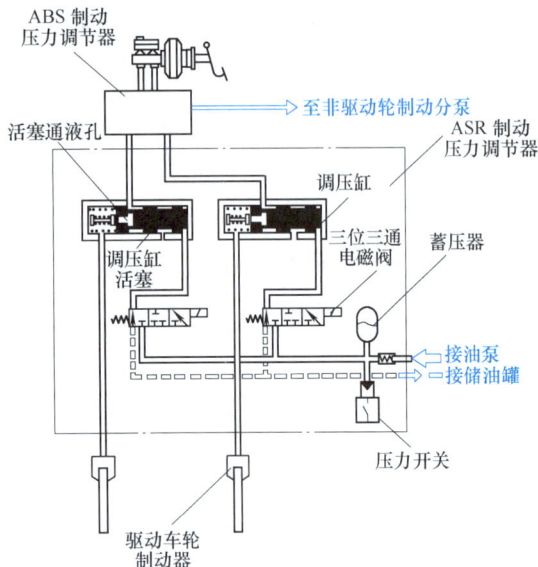

图 14-49　独立 ASR 制动压力调节器的工作原理

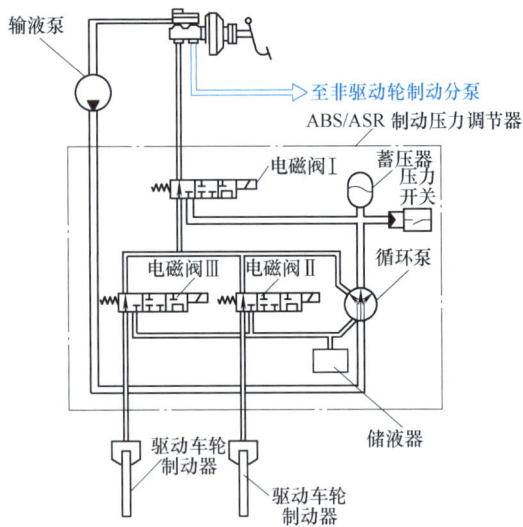

图 14-50　采用三位三通电磁阀、循环
流动式 ASR/ABS 制动压力调节器

当驱动车轮出现滑转时，ASR ECU 使电磁阀Ⅰ通电并移至右位，电磁阀Ⅱ和电磁阀Ⅲ不通电仍在左位，于是蓄压器的液压油通入驱动车轮制动泵，制动压力增大。当需要保持驱动车轮的制动压力时，ASR ECU 使电磁阀Ⅰ通电并移至中位，隔断了蓄压器及制动总泵的通路，驱动车轮制动分泵的制动压力保持不变。当需要减小驱动车轮的制动压力时，ASR ECU 使电磁阀Ⅱ和电磁阀Ⅲ通电并移至右位，将驱动车轮制动分泵与储液器接通，于是制动压力下降。

如果需要对左、右驱动车轮的制动压力实施不同的控制，ASR ECU 则分别对电磁阀Ⅱ和电磁阀Ⅲ实行不同的控制。

14.5.2　电子稳定程序（ESP）

1. ESP 概述

大众、奔驰汽车的 ESP 是一个主动安全系统，是建立在 ABS、ASR 系统等牵引控制系统之上的一个非独立的系统。它的作用是在汽车左右转向时减少车辆横向滑移，防止出现转向不足和转向过度。

在其他公司车型上，相同或相近功用的系统采用了不同的名字。如：丰田汽车的车辆稳定系统（Vehicle Stability Control，VSC），宝马汽车的 DSC（Dynamic Stability Control），本田汽车的 VSA（Vehicle Stability Assist）。

2. ESP 系统组成

（1）ESP 系统的总体组成　ESP 系统的组成如图 14-51 所示。

（2）ESP 元件构造与工作原理　ESP 的一些元件（如 ECU、液压调节器和轮速传感器等）都是与 ABS、ASR 系统共用或构造原理相似，在此不再赘述。此处仅对 ESP 系统专用

的一些传感器进行介绍。

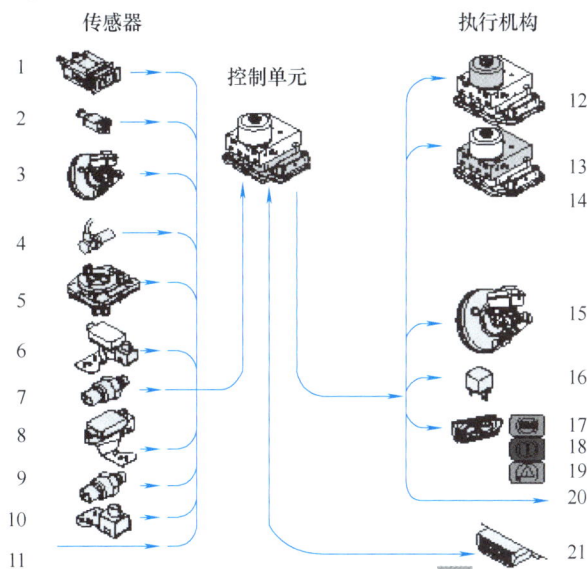

图 14-51　ESP 系统的组成

1—TCS/ESP 开关　2—制动灯开关　3—ESP 制动识别开关（在伺服器内）　4—转速传感器
5—转向盘转角传感器　6—侧向加速度传感器　7—制动压力传感器　8—横摆角速度
传感器　9—副制动压力传感器　10—纵向加速度传感器　11—附加信号（发动机
管理系统、变速器管理系统）　12—ABS 回油泵　13—ABS 进油阀　14—ABS 出油阀
15—预压电磁线圈　16—继电器　17—ABS 警告灯　18—制动系统警告灯
19—TCS/ESP 警告灯　20—附加信号（发动机管理系统、
变速器管理系统、巡航系统）　21—自诊接口

1）转向盘转角传感器。转向盘转角传感器安装在转向柱上，位于转向开关与转向盘之间，与安全气囊（SRS）时钟弹簧集成为一体，如图 14-52 所示。转向盘转角传感器用于检测转向盘的偏转角度和速度，并把该信号传递给带有 EDL/TCS/ESP 的 ABS 控制单元。

转向盘转角传感器利用光栅原理测量角度。传感器由一个信号编码盘、光源、光敏二极管和整圈计数器组成，如图 14-53 所示。

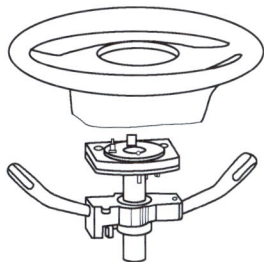

图 14-52　转向盘转角传感器

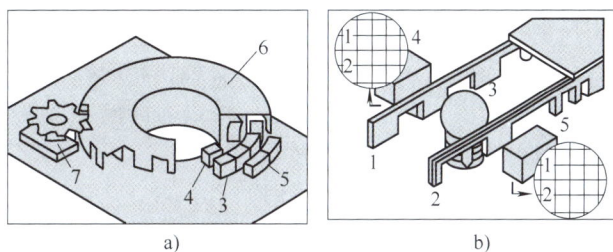

图 14-53　转向盘转角传感器的工作原理图
a）内部结构　b）工作原理图
1、2—模板　3—光源　4、5—光敏二极管
6—编码盘　7—整圈计数器

编码盘有带孔模板 1 和模板 2，光源在两板之间，光学传感器在两板之外。光束通过孔隙照到传感器上，产生电压信号。如果光线被挡住，电压消失。

编码盘固定在转向盘主轴上，随转向盘转动，模板也随之移动。光线不断被挡住或透过，在两个模板上产生不同的电压序列。其中模板 1 因孔隙间隔一致，产生的电压信号是规则信号。模板 2 因不规则间隙生成不规则信号。比较两个信号，系统可以计算出模板移动的距离，进而计算出转向盘转过的角度和转向速度。运动的起始点由不规则模板确定。

光学传感器计数范围不大于 360°，当转向盘转度大于 360°时，由整圈计数器记下圈数。

当转向盘转角传感器失效时，系统将不能识别车辆的预期行驶方向（驾驶人意愿），导致 ESP 不起作用。

2）侧向加速度传感器（图 14-54）。侧向加速度传感器用于检测汽车是否受到使其发生滑移的侧向力，以及侧向力的大小。有些车型中侧向加速度传感器与横摆角速度传感器安装成一体，有的独立安装。侧向加速度传感器一般安装在转向柱下方偏右侧、变速杆旁或杂物箱下等位置。

侧向加速度传感器由两个串联电容组成，中间极片通过一个软片与车身沿纵向相连，可在作用力下左右摆动。

当汽车直线行驶时，没有侧向力作用在中间极片上，则两电容间隙保持恒定，电容相等。

当汽车在行驶中进行转向时，则产生侧向加速度和惯性力，中间电极在侧向惯性力作用下发生变形，致使一个电容间隙增加，另一个减小，串联电容值也随之改变。检测电容的改变量即可计算出侧向力的大小和方向。

当侧向加速度传感器没有信号时，无法识别车辆状态，ESP 失效。

3）横摆角速度传感器。横摆角速度传感器的作用是感知作用在车辆上的转矩，识别车辆围绕垂直于地面轴线方向的旋转运动。横摆角速度传感器一般安装在转向柱下方、变速杆旁、行李箱内、座椅下等位置，可以与侧向加速度传感器一体，也可独立安装。

横摆角速度传感器的工作原理如图 14-55 所示。

其基本结构可简化成双调节叉结构，一个励磁叉，另一个测量叉。双叉经过匹配，使得励磁叉在 11kHz 时共振，而测量叉在 11.33kHz 时产生共振。向双叉施加 11kHz 的交变电压，在励磁叉上发生共振，而测量叉上不出现。

发生共振的调节叉对于外力的反应要比没有发生共振的调节叉运动响应慢。这意味着车辆的角加速度使得测量叉与

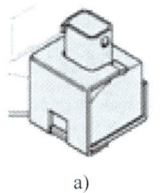

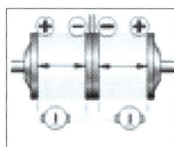

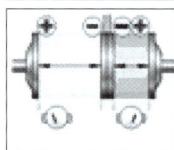

图 14-54 侧向加速度传感器
a）外形 b）工作原理图

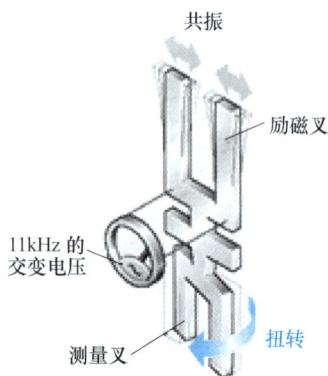

图 14-55 横摆角速度传感器的工作原理图

车辆同步运动，而共振叉滞后于车辆的运动。结果，双叉发生扭曲。摇摆的结果是改变了叉上的电荷分配，传感器感知此信号并将其传递给控制单元。

当横摆角速度传感器失效时，控制单元不能识别车辆是否发生转向，ESP 失效。

3. ESP 系统工作原理

（1）ESP 系统工作原理　ESP 系统控制原理如图 14-56 所示。

1）转向不足与转向过度的判断。ESP 系统中装有横摆率传感器、侧向加速度传感器、转向盘转角传感器以及轮速传感器，ESP ECU 根据这些信号判断汽车的转向情况，进而进行侧滑控制。

ESP 首先通过转向盘转角传感器及各车轮转速传感器识别驾驶人转弯方向（驾驶人意愿），设为 a。ESP 通过横摆角速度传感器识别车辆绕垂直于地面轴线方向的旋转角度及侧向加速度传感器识别车辆实际运动方向，设为 b。

若汽车实际旋转角度 b = 目标偏转角度 a，则汽车的实际行驶方向与驾驶人的意愿一致，ESP 不介入工作，如图 14-57 所示。

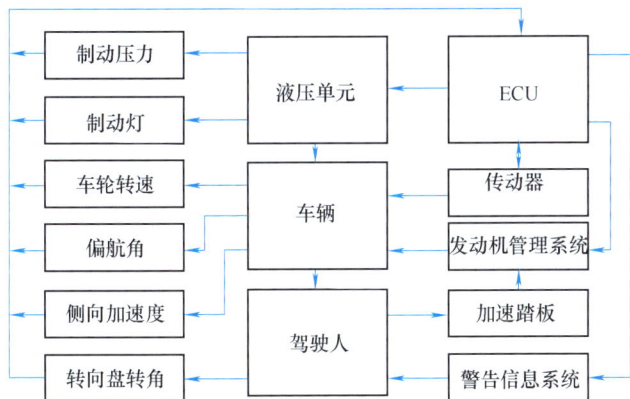

图 14-56　ESP 系统控制原理图

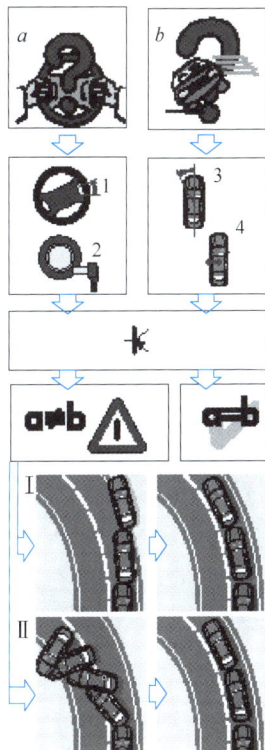

图 14-57　ESP 工作过程分解图
1—转向盘转角　2—转向盘转角传感器
3—车体绕轴线转角　4—横摆角速度传感器
Ⅰ—转向不足　　Ⅱ—转向过度

若汽车实际旋转角度 b < 目标偏转角度 a，则为转向不足。

若汽车实际旋转角度 b > 目标偏转角度 a，则为转向过度。

2）ESP 在各种情况下的应对策略。当汽车正常转向时，若 ESP 判定为出现不足转向，将制动内侧后轮，使车辆进一步沿驾驶人转弯方向偏转，从而稳定车辆；若 ESP 判定为出现过度转向，将制动外侧前轮，防止出现甩尾，并减弱过度转向趋势，稳定车辆。

如果单独制动某个车轮不足以稳定车辆，ESP 将通过降低发动机转矩输出的方式或制动其他车轮来满足需求。在不操纵制动踏板时，制动预压力来源于 ABS 泵。

当汽车闪避前方障碍物时，若实际汽车因转向不足可能撞到障碍物（图 14-58），ESP

系统对左后轮施加一定的制动力，增加汽车转向角度，使汽车能够正常绕过障碍物。当脱离障碍物后，对左前轮施加一定的制动力，使汽车恢复直线行驶。

当汽车前方突然出现障碍物时，驾驶人紧急躲避，先向左急转向紧接着向右转向。这种操作可能会使汽车出现甩尾现象，或者沿垂直轴线转动，失去控制，如图 14-59 所示。当 ESP 系统感知到紧急转向时，根据图示的可能情况按表 14-3 所列的步骤进行调整。

图 14-58　汽车躲避前方障碍物

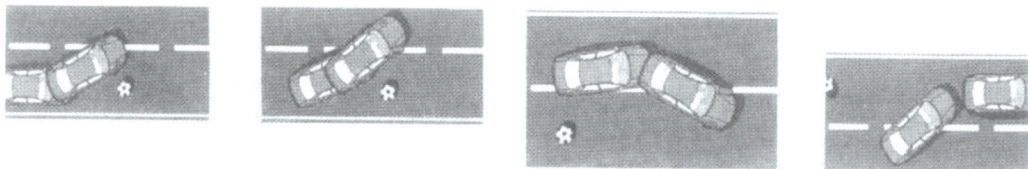

图 14-59　汽车紧急闪避前方障碍物

表 14-3　ESP 系统车轮制动调整对照表

工作过程	车辆转向	行驶状态	受制动车轮	目　的
第一阶段	制动/向左	转向不足	左后轮	前轮保留侧向力，有效保证车辆的转向
第二阶段	向右	转向不足	右前轮	保证后轴的最佳侧向力，后轴车辆自动转动
第三阶段	向左	转向过度	左前轮	为阻止车辆出现甩尾，为限制前轴侧向力的建立，在特殊危险情形下这个车轮将强烈制动
第四阶段	中间	稳定	无	不稳定行驶状态被校正后，ESP 结束高速工作

（2）ESP 液压控制　ESP 液压控制系统由控制阀、高压阀、进油阀、出油阀、制动轮缸、回油泵和动态液压泵等组成，如图 14-60 所示。其工作包括建压、保压和卸压 3 个过程。

1）建压。ESP 进行控制调整，动态液压泵开始从制动液储液罐中向制动管路输送制动液。在制动轮缸和回油泵内很快建立制动压力，回油泵开始输送制动液使制动压力进一步提高。ESP 油压建立示意图如图 14-60b 所示。

2）保压。如图 14-60c 所示，进油阀关闭，出油阀也保持关闭，制动压力不能卸压。回油泵停止工作，高压阀关闭。

3）卸压。如图 17-60d 所示，控制阀反向打开，在出油阀打开时，进油阀保持关闭。制动液通过制动主缸返回储液罐。

（3）ESP 系统与其他动力控制系统的关系　ESP 系统本身不是一个单独的系统，是建立在 ABS 等系统基础上的，必然要与这些系统协同工作。ESP 系统与其他动力控制系统的关系（优先原则）如下：

1）TCS 逻辑覆盖 ESP 逻辑（只发生在驱动轮），即选择较低的制动压力施加在车轮上。与 TCS 直接介入有所不同的是，此时动力源来自 ESP 压力调节器，否则将破坏液压系统。

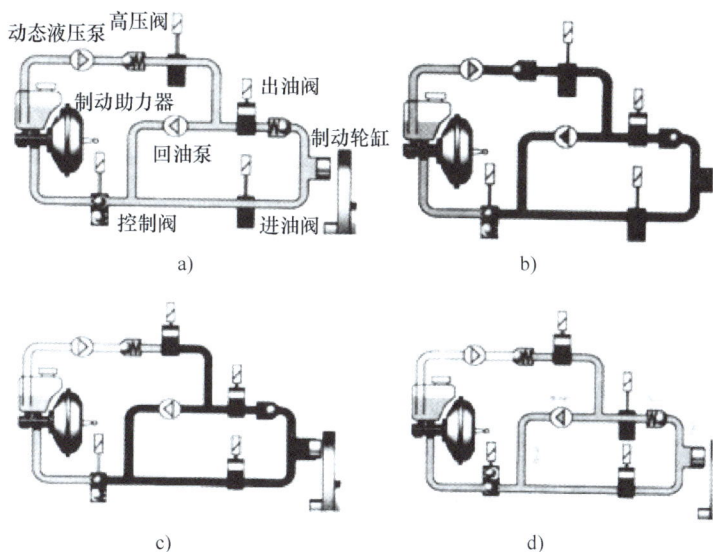

图 14-60　ESP 液压控制过程
a）液压系统的组成　b）建压　c）保压　d）卸压

2）ESP 逻辑覆盖 ABS 逻辑。这是由于 ESP 系统将产生接近 50% 的滑移率来稳定车辆（超出 ABS 的 20% 逻辑控制范围）。

3）发动机转矩调节。如果 ESP 和 TCS 都想降低发动机转矩，将优先采用最大调节量。

4）ESP 与 EPC（发动机电子功率控制系统）。当 ESP 工作时，EPC 需要介入，则此时 EPC 起作用，提高发动机转速。

14.5.3　其他辅助制动装置

1. 电子制动辅助（EBA）系统

EBA（Electronic Brake Assist）系统的作用是在紧急制动时增加制动力，从而将制动距离缩短。它包含机械制动辅助系统"BA"（也称为 BAS，是 EBA 的前身）。

机械式 BAS 装置就是在传统的真空助力器的基础上改造输入端结构，增加大气阀进气调节装置。当紧急制动时，如果达到 BAS 的激发条件，该调节装置便会发生作用，瞬间增加真空助力器大气腔的进气口宽度，突破传统真空助力器的缓慢进气的缺点，瞬间提高助力器大气腔的压力和管路制动压力，增加车辆制动力。

EBA 系统在车辆行驶过程中全程监测车辆制动过程，利用传感器及 ECU 判断驾驶人的制动意图。正常制动时该系统并不会介入，会让驾驶人自行决定制动时的力度大小，但当其侦测到驾驶人忽然以极快的速度和力量踩下制动踏板时，会被判定为需要紧急制动，于是 EBA 系统指示制动系统产生更高的制动压力使 ABS 尽快发挥作用，从而使制动力快速提高，减小制动距离。

根据 BAS 的激发条件，EBA 可分为 3 类：①根据踏板速度判断触发；②根据踏板力判断触发；③以踏板速度为主，根据多项条件进行判断触发。

2. 电子差速锁（EDS）

EDS（Electronic Differential System）是 ABS 的一种扩展功能，用于鉴别汽车的车轮是不是失去着地摩擦力，从而对汽车的加速打滑进行控制。因为差速器允许传动轴两侧的车轮以不同的转速转动，如果传动轴某一侧的车轮打滑或者悬空时，会造成另一侧车轮完全没了动力。当 EDS 通过 ABS 的传感器自动探测到由于车轮打滑或悬空而产生的两侧车轮转速不同的现象时，就会通过 ABS 对打滑一侧的车轮进行制动，从而使驱动力有效地作用到非打滑侧的车轮，保证汽车平稳起步。当车辆的行驶状况恢复正常后，EDS 即停止作用。与普通车辆相比，带有 EDS 的车辆可以更好地利用地面附着力，从而提高车辆的运行性，尤其在倾斜的路面上，EDS 的作用更加明显。但它有速度限制，只有在车速低于 40km/h 时才会起动，主要用来防止起步和低速时打滑。

3. 下坡控制（HDC）系统

HDC 系统利用防抱死制动电路分别向 4 个车轮施加制动力，从而在下坡时控制汽车，并将车速限制在预定的目标速度范围内。其新的最小目标速度为 4km/h。踩踏加速踏板可提高目标速度，而施加制动力可降低目标速度。HDC 系统由驾驶人利用变速杆旁的开关打开，但是目前只有当车速低于 35km/h 时，它才起作用。HDC 系统在高速档和低速档、前进档和倒车档都能工作。

找一找

还有哪些制动辅助装置。

本章小结

1. 制动系统用来使汽车减速或停车。按功用的不同分为行车制动系统、驻车制动系统、应急制动系统和辅助制动系统等；按照制动能量的传输方式不同，制动系统可分为机械式、液压式、气压式和电磁式等。

2. 制动系统一般由供能装置、控制装置、传动装置和制动器四部分组成，较为完善的制动系统还具有制动力调节装置、报警装置和压力保护装置等附加装置。

3. 目前各类汽车上均采用摩擦式制动器。它是利用固定元件与旋转元件工作表面的摩擦作用产生制动力矩的制动器。根据制动器中旋转元件的不同，车轮制动器可分为鼓式和盘式两大类。

4. 当制动器不工作时，其摩擦片与制动鼓或制动盘之间的间隙称为制动间隙。它对汽车的制动性能影响重大，应定期检查调整。

5. ABS 可以防止汽车制动时车轮抱死，以保证车轮与地面有良好的纵向、横向附着力，有效防止制动时汽车侧滑、甩尾和失去转向等现象发生，提高了制动稳定性。同时，缩短了制动距离，减少了轮胎的磨损。

6. ABS 由普通制动系统和电子控制系统两大部分组成。电子控制系统主要由传感器（车轮转速和减速度传感器）、执行机构（压力调节器）等组成。

7. 驱动防滑系统（ASR、TRC）的作用是防止汽车在起步、加速和低附着系数路面行驶时驱动轮的滑转，以提高汽车的牵引性和操纵稳定性。目前，常采用发动机输出转矩调整

方式、驱动轮制动控制方式两种方法防止驱动轮的滑转。

8. ESP 系统的作用是在汽车左右转向时减少车辆横向滑移，防止出现转向不足和转向过度。

思考题

1. 名词解释：制动、汽车制动系统、行车制动、驻车制动、车轮制动器、中央制动器、鼓式制动器、盘式制动器、轮缸式制动器、凸轮式制动器、领蹄、从蹄、双领蹄式制动器、双从蹄式制动器、双向双领蹄制动器、单向自动增力制动器、钳盘式制动器、定钳盘式制动器、浮钳盘式制动器、双回路液压制动装置、制动间隙、制动踏板自由行程、汽车滑转率、ABS、ASR、ESP。

2. 简述鼓式制动器的基本结构与工作原理。

3. 简述盘式制动器的基本结构与工作原理。

4. 简述液压制动传动装置的组成与工作原理。

5. 简述气压制动传动装置的组成与工作原理。

6. 汽车制动时车轮抱死会产生什么后果？

7. 简述 ABS 的基本结构与工作原理。

8. 简述 ASR 系统的基本结构与工作原理。

9. 简述 ESP 系统的基本结构与工作原理。

第三篇　汽车车身

　　汽车车身主要的作用是为驾驶人和乘员提供安全、舒适的环境；对于货车，还要保证货物的安全。车身应有合理的外部形状，以减少空气阻力和燃料消耗；车身同时是一件精致的艺术品，要求造型美观，有个性。

　　车身的分类有很多种，按照用途可分为轿车车身、客车车身和货车车身等；按照车身壳体的承载情况可以分为非承载式、半承载式和承载式 3 种，其结构特点见表 Z-1。

表 Z-1　汽车车身类型

类型	定义	结构特点	性能特点	应用
非承载式	悬置于车架上的车身结构形式	车身与车架之间通过弹簧或橡胶垫作柔体连接，不承担车架载荷	平顺性、舒适性、安全性和互换性好；但汽车制造成本高，燃油消耗大，汽车质心高，操纵稳定性下降	货车、敞篷汽车及少数高级轿车采用
半承载式	车身与车架刚性连接，车身部分承载的结构形式	车身用螺栓联接、铆接或焊接等方式与车架作刚性连接，分担车架的部分载荷	简化了车架结构，但防振隔声效果不如非承载式车身	部分轿车和客车采用
承载式	无独立车架的整体车身结构形式	取消车架，车身兼作车架的作用，作为安装汽车各总成和承受各种载荷的基体	整车质量小，车厢内空间利用率高；但振动、隔声效果差，维修困难	大多数轿车和部分客车采用

　　1）非承载式车身。其最大的特点是汽车带有刚性车架，又称为底盘大梁架。常见车架的有 3 种：边梁式车架（图 Z-3a）、综合式车架（图 Z-3b）、脊骨式车架（图 Z-3c）。

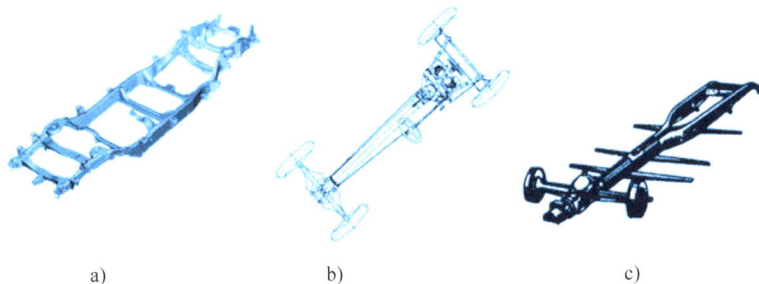

a)　　　　　　　　　　b)　　　　　　　　　　c)

图 Z-3　车架大梁类型

a）边梁式车架　b）综合式车架　c）脊骨式车架

2）半承载式车身。其显著特征是地板骨架和底盘车架焊接为一个完整的车身六面体（图 Z-4），地板骨架和车架共同承载各种载荷。

图 Z-4　半承载式客车车身

3）承载式车身。汽车没有刚性车架，只是加强了车头、侧围、车尾和底板等部位，车身和底架共同组成了车身本体的刚性空间结构。承载式车架的理念是用金属制成坚固的车身，再将发动机、悬架等机械零件直接安装在车身上。

汽车车身的结构主要包括车身本体、开闭件、顶盖、座椅、天窗及附属装置等，在货车和专用汽车上还包括车厢和其他装备。

车身壳体及车门、车窗

内容架构

第15章　车身壳体及车门、车窗

| 15.1　车身本体的结构与工作原理 | 15.2　车身开闭件的结构与工作原理 | 15.3　车顶盖与天窗的结构与工作原理 |

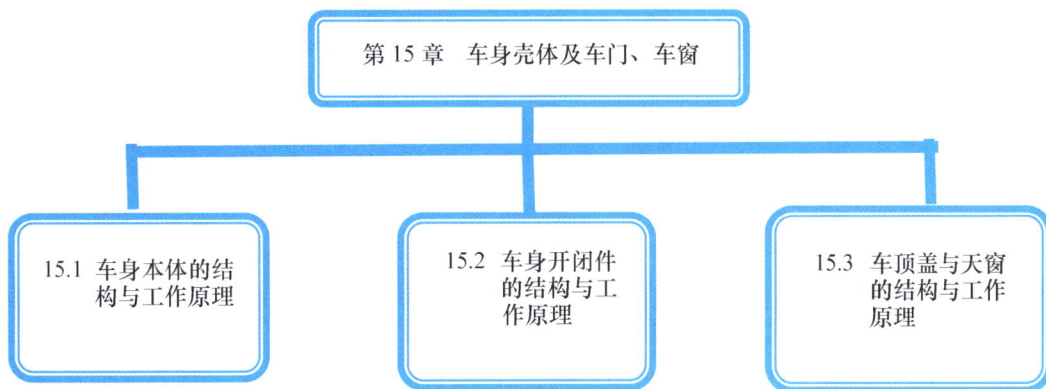

教学目标要求、重点与难点

序号	教学目标要求	教学重点	教学难点
1	掌握车身的作用、分类与总体组成	✓	
2	掌握车身本体的组成与结构特点	✓	
3	掌握电动式玻璃升降器的基本结构与工作原理	✓	
4	掌握车身开闭件的组成与结构特点	✓	
5	了解车顶盖的分类与结构特点		✓
6	了解电动天窗的基本结构与工作原理		✓
7	能够识别汽车车身的组成与主要零部件	✓	

15.1 车身本体的结构与工作原理

汽车车身本体由结构件和覆盖件组成，另有车门、车窗和车身附件等。（车身本体的结构认识参见《汽车构造与原理实训》教材及其光盘的项目 15.1）

15.1.1 车身结构件

车身本体是车身结构件与覆盖件焊接或铆接后不可拆卸的总成。传统车身采用钢铁材料制造，但是随着车身轻量化研究的深入，铝合金材料、玻璃增强材料和结构发泡材料等新型材料在车身上使用得越来越多。

在常见轿车中，车身结构件和覆盖件将车身空间划分为以下几个区域总成：

1）地板系统。位于车身底部，由骨架、板件、地毯及有关附件组成。
2）前围系统。位于客舱前部，由骨架、板件、风窗玻璃及有关附件组成。
3）后围系统。位于客舱后部，由骨架、板件、后窗玻璃及有关附件组成。
4）侧围系统。位于车身侧面，由骨架、板件、内饰玻璃及车门附件组成。
5）顶盖系统。位于客舱顶部，由骨架、板件、内饰及有关附件组成。

1. 地板系统

地板是汽车车身的基础，车身骨架直接或间接与地板连接。分块式车身地板如图 15-1 所示。车身前地板通常与前纵梁、前围挡板和侧门槛边梁焊成一体；车身后地板有两根纵梁，其前端与后门槛边梁焊接，后端与后横梁焊接，后行李箱地板装在其上；后保险杠固定在后横梁上。

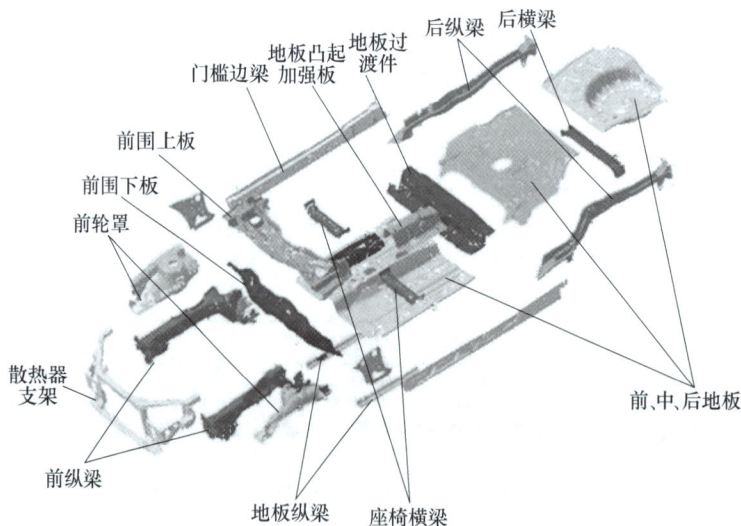

图 15-1 分块式车身地板

2. 前围系统

前围主要由转向器支架、雨水收集盒、前围挡板、前照灯支架及加强板等组成（图 15-2）。其中，前围总成两侧可与前轮罩焊接在一起，下边缘与前地板连接，也可以形成发动机舱。因为车头在高速撞击时首先承受撞击，因此在车身设计中必须满足有效吸收冲击能量

的要求。

3. 后围系统

后围由后围挡板、后围托架和上下连接板等组成。与前围一样，后围常常是撞击受灾较为严重的地方，因此同样需要具有吸收冲击能量的能力。

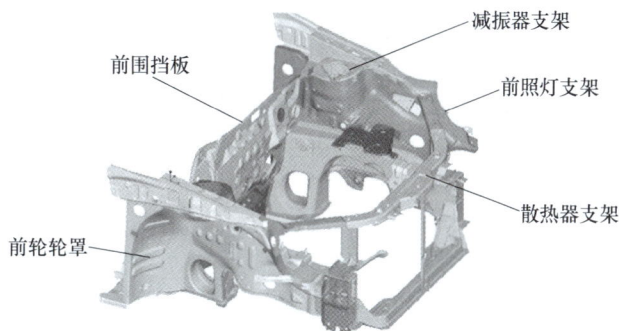

图 15-2　前围结构件

4. 侧围系统

侧围由 A 柱、B 柱、C 柱、顶盖侧梁和门槛等组成（图 15-3），它们焊接后能形成侧门框架。侧面需抵抗侧面撞击，一旦发生碰撞或者翻车等事故时，要求乘员舱变形尽可能小，而且车身和门变形后应能轻便地打开，因此必须保证其强度，通常将其断面设计为空间弯曲梁。

5. 顶盖系统

顶盖系统由顶盖外板、横梁和顶盖加强板等组成，如图 15-4 所示。

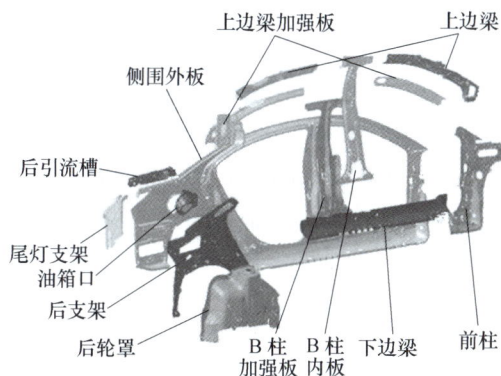

图 15-3　侧围结构件

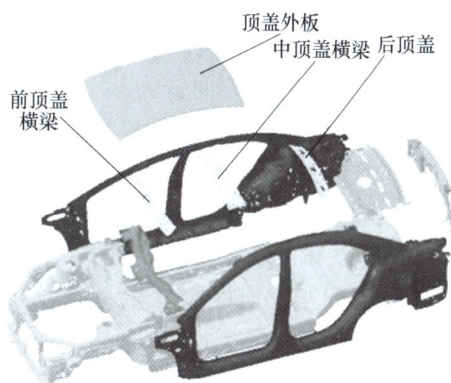

图 15-4　顶盖结构件

15.1.2　车身覆盖件

车身覆盖件指覆盖在车身骨架表面的板制件，如图 15-5 所示，主要有发动机罩、顶盖、背门、前挡泥板、侧围板、后轮罩、前翼子板和后翼子板等。这些零件要求制造精度高，表面光滑，棱角线条清晰且相邻线条吻合，且具有一定刚度。

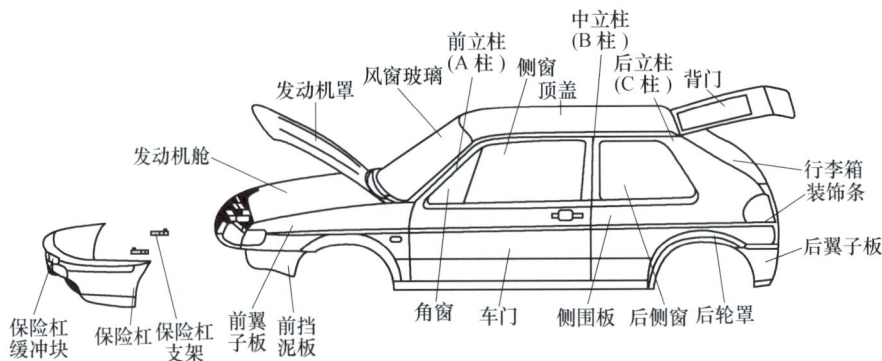

图 15-5　车身覆盖件

15.2　车身开闭件的结构与工作原理

车身开闭件指车门、车窗、发动机盖和行李箱盖。（车身开闭件的结构认识参见《汽车构造与原理实训》教材及其光盘的项目 15.1）

15.2.1　车门

1. 车门类型

车门按开启方式分为旋转式、折叠式、水平滑移式和上掀式等几种，如图 15-6 所示。

大多数汽车采用旋转式车门，根据车门打开的旋转方向分为顺开式和逆开式两种。顺开式车门朝汽车前进方向打开，当汽车行驶时，可以借气流的压力把车门关紧，比较安全，所以被广泛采用。逆开式车门方便上下车，但安全性较差，较少采用。

水平滑移式车门的开闭不受汽车侧向空间位置限制，多用于轻型客车。折叠式车门结构简单，广泛应用于大、中型客车。

图 15-6　车门开启方式

上掀式车门广泛应用于轿车和轻型客车的背门和部分轿车、赛车的侧门。

2. 车门基本结构

图 15-7 所示为桑塔纳轿车的前车门结构，主要由车门本体和车门附件两部分组成。

车门本体包括车门外板、内板、加强板和窗框等，是实现车门整体造型效果、强度、刚度及附件安装的基础框架。

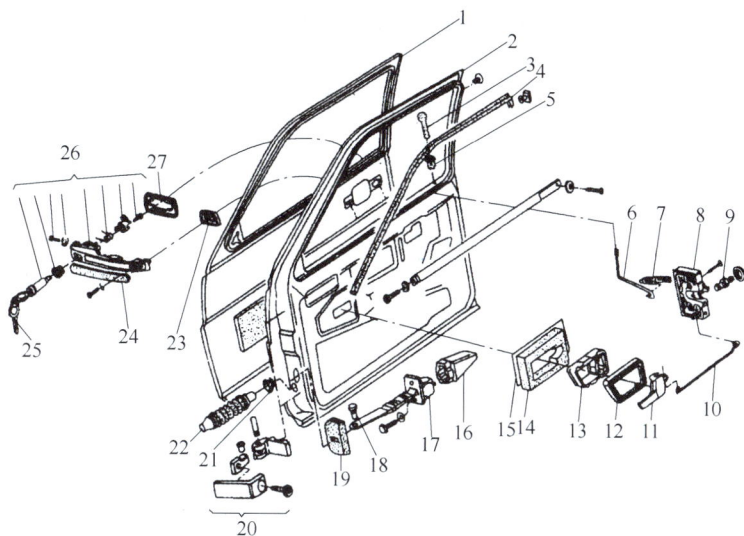

图 15-7　桑塔纳轿车的前车门结构

1—门外板　2—门内板　3—车门锁锁杆按钮　4—前门头道密封条　5—车门锁锁杆按钮饰圈

6—右前门安全杆　7—锁拉杆　8—右前门锁总成　9—车门锁挺杆　10—前门拉杆

11—右门锁内手柄　12—右内手柄饰框　13—右门锁内手柄框　14—内手柄框框架

密封垫　15—门锁内手柄后塑料薄膜　16—车门限位器盖　17—前门限位器总成

18—车门限位器铆钉　19—软垫　20—门铰链总成　21—橡胶套　22—穿线护套

23—前垫板　24—车门外手柄饰条　25—主钥匙坯

26—右前门外手柄总成　27—后垫板

车门附件是为满足车门的各项功能要求而装配的零件及总成，其中包括车门锁、铰链、限位器、玻璃、拉手、操纵钮、出风口、密封件及内外装饰件等，另外还有一些其他的在车门上装备的附件，如烟灰盒、扬声器、放物袋、限位块和行程开关等。

（1）车门铰链　车门铰链是连接车门和车身的部件。现代轿车大多采用隐藏式铰链，有臂式和合叶式两种（图 15-8）。与臂式相比，合页式铰链质量小、刚度大、结构紧凑和装配简单，被广泛采用。

（2）车门限位器　车门限位器用于限制车门的最大开度，以避免车门与车身相互碰撞，同时在车门最大开度时防止车门自动关闭。

图 15-9 所示为轿车的车门限位器，安装在车门的前端、上、下铰链的中间，是一个独立总成。限位器支架用螺栓固定在门柱上，壳体和盖板用螺栓固定在门内板总成上。其限位作用靠止动块及两滑动块卡住限位臂上的凹槽来实现。

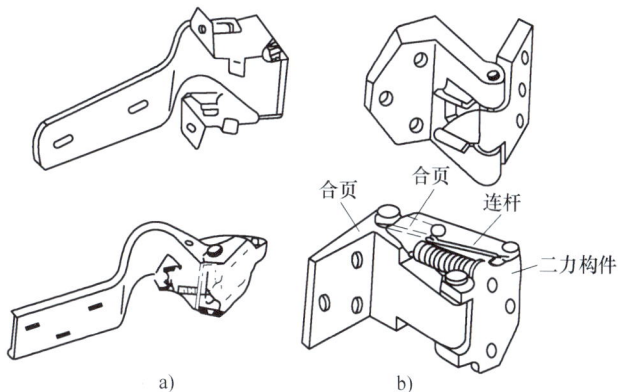

图 15-8　车门铰链

a）臂式　b）合叶式

（3）车门密封件　车门密封分为静态密封和动态密封两种。静态密封采用密封胶对各固定连接部分进行密封，以防止锈蚀，减小振动和噪声。动态密封采用密封条对门、窗和孔盖等活动部位之间的配合间隙进行密封，以防止风、雨和灰尘入侵室内，提高隔声和隔热性能，同时缓和车门关闭时的冲击力和车身在行驶中的振动。

图15-9　轿车的车门限位器

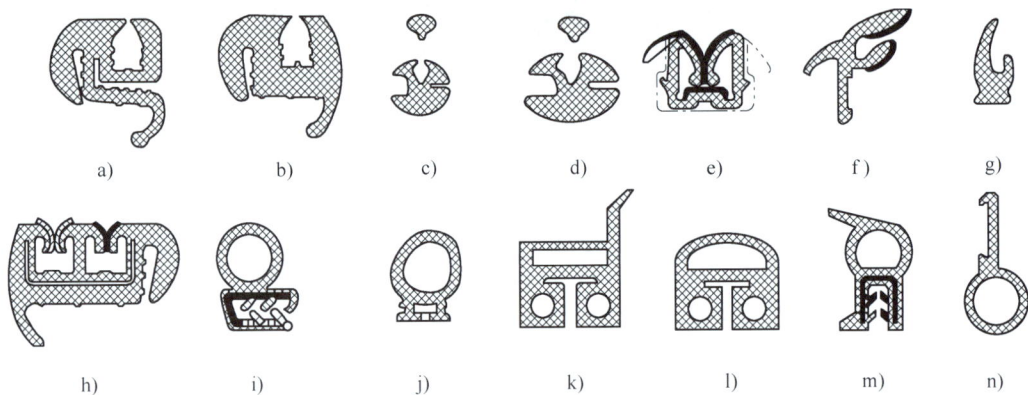

密封条一般采用弹性橡胶、海绵橡胶等材料制造，并且根据需要制成各种形状和断面。图15-10所示为桑塔纳轿车车身所使用的密封条。

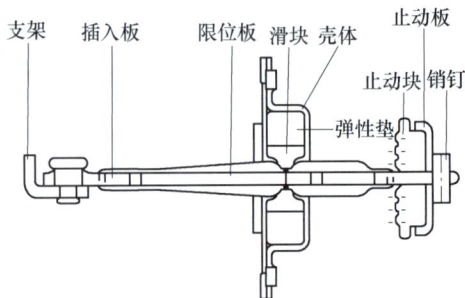

图15-10　桑塔纳轿车车身所使用的密封条

a）前风窗框用密封条（带装饰条）　b）、c）、d）窗框用密封条　e）升降玻璃导槽用密封条
f）升降玻璃窗台用密封条　g）开启式前风窗用密封条　h）轻型客车滑移式侧窗用密封条
i）门框用密封条　j）车门用密封条　k）折叠式客门边缝用密封条　l）折叠式
客门中缝用密封条　m）行李箱周边用密封条　n）罩盖等用密封条

（4）车门门锁　汽车门锁有机械式和电控式两大类（电控式在防盗系统中讲解）。

机械式汽车门锁按其结构的不同可分为舌式、棘轮式和凸轮式几种。目前常用的棘轮式车门锁结构一般由锁闩-锁柱机构、锁止机构和操纵机构三部分组成。

1）锁闩-锁柱机构。它处于车门外部和车身之间。常见的锁闩-锁柱机构有转子式和卡板式两种。

转子式车门门锁结构如图15-11所示。当关闭车门时，车门上的转子（齿轮）的齿卡在车身立柱上的定位器挡块的齿条里，车门不能打开。转子只有在车门把手的控制下才可顺时针转动打开车门。

卡板式车门门锁的结构简图如图15-12所示，它是以U形卡板与车身立柱上的环形锁扣接合实现车门的闭合的。若不操纵车门把手，卡板不能顺时针转动，锁扣就被卡死在卡板的缺口中，保证车门闭合。

2）锁止机构。它处于车门内部。常见的锁止机构有棘轮式和凸轮式两种。图15-13所示为棘轮式锁止机构，棘轮、锁钩（棘爪）和弹簧等组成了锁止机构。在弹簧的弹力下，

锁钩下端的棘爪卡在棘轮的齿槽内，棘轮只能沿一个方向旋转。棘轮和转子是同轴安装的，棘轮的运动决定了转子的运动。

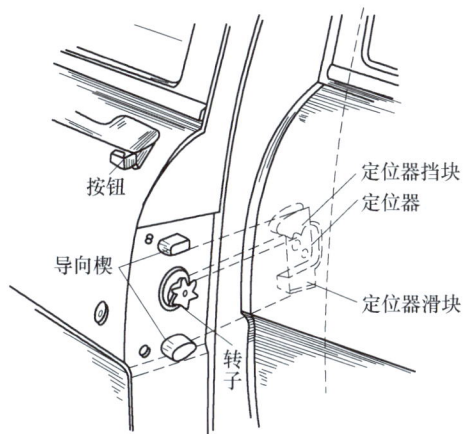

图 15-11　转子式车门门锁结构

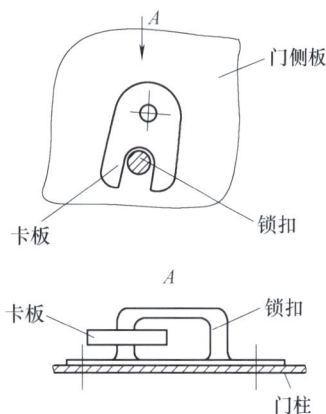

图 15-12　卡板式车门门锁的结构简图

3）操纵机构。它用于操纵车门的开闭。由车门内、外把手和车锁组成（图 15-13、图 15-14）。

按下车门外把手，推动外操纵杆克服弹簧的弹力而旋转锁钩，棘爪与棘轮脱离，棘爪可以自由旋转。旋转车门内把手，在连杆机构的带动下压下锁钩前端，使棘爪、棘轮脱离。若按下锁钮，则触动锁止器前端向下运动，后端逆时针运动，将棘轮卡死。此时，操纵车门内、外把手无法打开车门。车门锁死以后，在车内可以由锁钮打开（提起即可），在车门外可用车锁钥匙打开。

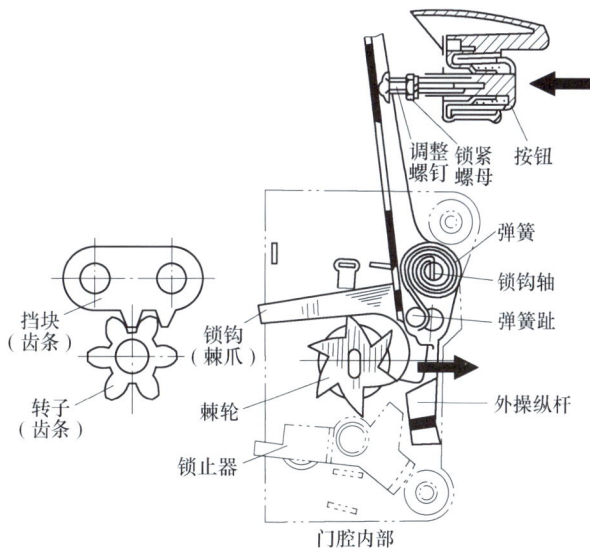

图 15-13　棘轮式锁止机构

15.2.2　车窗

1. 车窗概述

车窗的基本功能是保证视野与采光，同时与整车形体协调。汽车上的车窗有前、后风窗和后侧窗，有的前车门上还有三角通风窗（图 15-15）。

车窗主要由车身壳体上的车窗支柱框架、车窗玻璃与框架的连接件嵌条、接焊件、垫块等组成。所有车窗玻璃都是安全玻璃。为此，前风窗采用双层曲面玻璃，侧窗装钢化玻璃。双层玻璃用透明塑料薄膜热压而成，玻璃破碎时不会造成整块玻璃碎裂而影响视野，薄膜还能吸收撞击时的剩余能量。钢化玻璃在碎裂时会变为无锋利边缘的小块。有些汽车前、后风窗上装有除霜的电热丝。

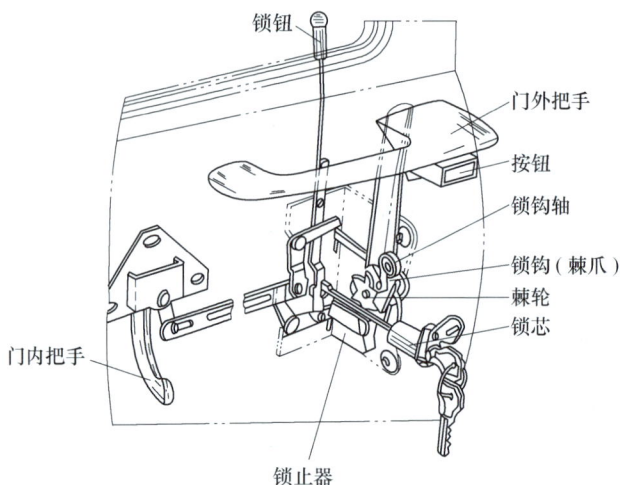

图 15-14　车门操纵机械

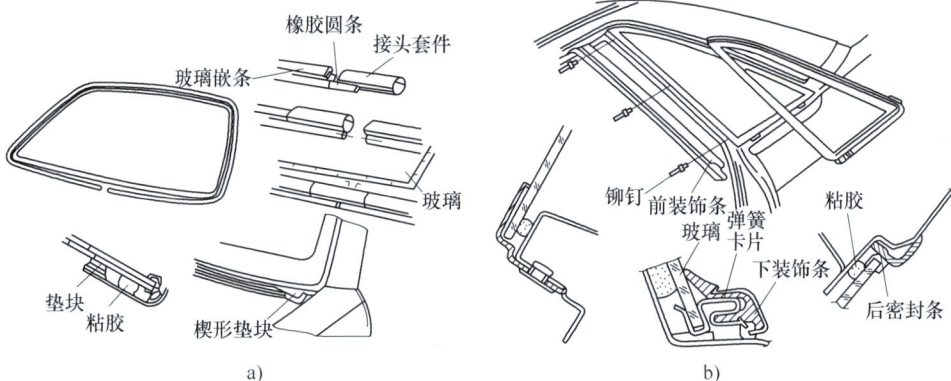

图 15-15　车窗结构
a) 前风窗　b) 后侧窗

2. 玻璃升降器

玻璃升降器是调整汽车车门窗玻璃开度大小的专用部件。汽车玻璃升降器按操纵方式分为手动式和电动式两种。

手动式玻璃升降器的结构如图 15-16 所示。摇动玻璃升降手柄，通过同轴齿轮带动扇形齿板，交叉双臂中的主动臂的上段与扇形齿板相连，随齿板运动，下端固定在玻璃托架上。从动臂上端与玻璃固定，下端可在玻璃托架的轨道上滑动。手柄的转动通过扇形齿板和交叉臂变为玻璃的上下移动，升降玻璃。

电动式玻璃升降器采用驱动电动机使玻璃升降。图 15-17 所示为广州本田雅阁轿车前车门电动式玻璃升降器，主要由玻璃托架、玻璃导轨、驱动电动机、减速器和牵引钢绳组成。通过起动驱动电动机，玻璃托架在牵引钢绳的拉动下沿着玻璃导轨上下滑动，实现玻璃的开度调节。

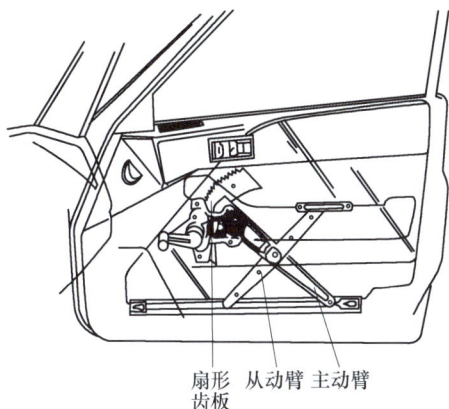

图 15-16　手动式玻璃升降器的结构

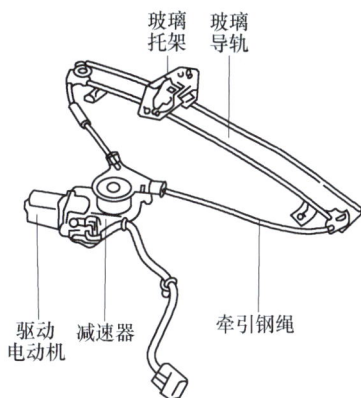

图 15-17　广州本田雅阁轿车
前车门电动式玻璃升降器

车窗升降器要保证不能被从外面直接打开，同时还有防夹手功能，即当车窗在上升过程中受到阻力，车窗上升行程需要停止或回落一定高度。

15.2.3　发动机盖和行李箱盖

1. 发动机盖

发动机盖即覆盖发动机舱的盖板（图 15-18）。它一般由外板和内板构成，中间夹以隔热材料。内板基本上为骨形架，外板外形也是车身造型的一部分。

发动机罩与车体用左、右铰链连接，可以开启，便于发动机的维修。发动机罩打开后用支承杆支承。发动机罩前端有保险钩，保证发动机罩关闭的情况下能与车身本体牢固连接，不至于非正常打开；需要时打开，需将驾驶控制保险钩的缆索按钮拉起。

2. 行李箱盖

乘用车行李箱一般置于车后部（图 15-19），用以放置和保护小件物品。

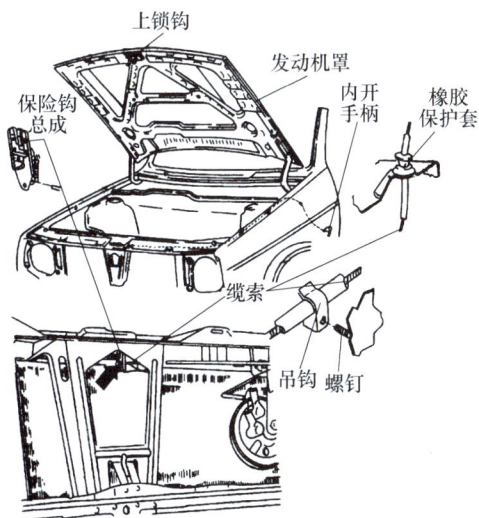

图 15-18　发动机罩

图 15-19　汽车行李箱及行李箱盖

159

15.3　车顶盖与天窗的结构与工作原理

15.3.1　车顶盖

车顶盖通常分为固定式顶盖和敞篷式顶盖两种。固定式顶盖不可以移动，是车身整体结构的一部分。它具有刚性强、安全性好，汽车侧翻时保护乘员的作用，缺点是固定不变，无通风性，无法享受到阳光及兜风的乐趣。

敞篷式顶盖一般用于档次较高的轿车或跑车上，通过电动和机械传动移动部分或全部顶盖，可以充分享受阳光和空气，体验兜风的乐趣；缺点是机构复杂，安全性和密封性较差。敞篷式顶盖有两种形式，一种称为"硬顶"，可移动顶盖用轻质金属或树脂材料做成，可以做成折叠式（图15-20）；另一种称为"软顶"，顶盖用篷布制成。

图 15-20　标致 207CC 折叠硬顶敞篷跑车

15.3.2　天窗

天窗有手动和电动两种，乘用车一般都采用电动天窗，它主要由滑动机构、开关、电子控制系统和执行机构等组成（图15-21）。

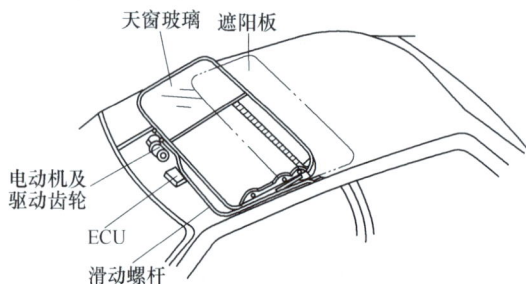

图 15-21　电动天窗的结构

电动天窗滑动机构主要由导向块，导向销，连杆，托架和前、后枕座等构成；驱动机构主要由电动机、传动机构和滑动螺杆等组成。

电动机通过传动装置向天窗提供动力，能双向转动，即通过改变电流的方向以改变电动机的旋转方向，实现天窗的开闭，其结构如图15-22所示。

传动机构主要由蜗轮蜗杆传动机构、中间齿轮传动机构（主动中间齿轮、过渡中间齿轮）和驱动齿轮等组成。齿轮传动机构接受电动机的动力，改变旋转方向，并将动力传给滑动螺杆，使天窗实现开闭；同时将动力传给凸轮，使凸轮触动限位开关进行开闭。中间主动齿轮与蜗轮固定在同一轴上，并与蜗轮同步转动；过渡中间齿轮与驱动齿轮固定在同一输出轴上，被主动中间齿轮驱动，使驱动齿轮带动玻璃开闭。

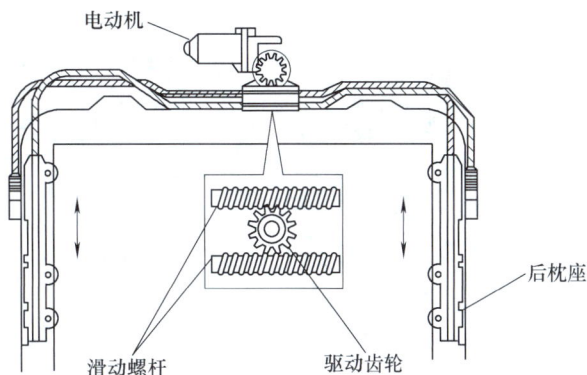

图 15-22　电动天窗的结构及工作原理

电动天窗的开关由控制开关和限位开关组成。控制开关主要包括滑动开关和斜升开关。滑动开关有滑动打开、滑动关闭和断开（中间位置）3 个档位。斜升开关有斜升、斜降和断开（中间位置）3 个档位。通过操作这些开关，可使天窗驱动机构的电动机实现正、反转，在不同状态下正常工作。

限位开关主要用来检测天窗所处的位置。限位开关靠凸轮转动来实现断开和闭合。凸轮安装在驱动机构的动力输出端。当电动机将动力输出时，通过驱动齿轮和滑动螺杆减速以后带动凸轮转动，于是凸轮周边的凸起部位触动开关使其开闭，以实现对天窗的自动控制。

控制系统是一个数字控制电路，并设有定时器、蜂鸣器和继电器等，其作用是接收开关输入的信息，通过数字电路进行逻辑运算，确定继电器的动作，控制天窗开闭。

找一找

找一辆有电动天窗的汽车，分析其结构与工作原理。

本章小结

1. 汽车车身主要的作用是为驾驶人和乘员提供安全、舒适的环境；对于货车，还要保证货物的安全。

2. 汽车车身按受力情况分为非承载式、半承载式和承载式 3 种形式。

3. 汽车车身结构主要包括车身本体、开闭件、顶盖、座椅、天窗及附属装置等，在货车和专用汽车上还包括车厢和其他装备。

4. 汽车车身本体由结构件和覆盖件组成，另有车门、车窗和车身附件等。汽车结构件是汽车主要的受力部件，是影响被动、主动碰撞安全性及车身刚度和强度的主要部件。

5. 车身开闭件包括车门、车窗、发动机盖和行李箱盖等。

6. 车顶盖通常分为固定式顶盖和敞篷式顶盖两种。敞篷式顶盖有硬顶和软顶两种形式。

7. 电动天窗主要由滑动机构、开关、电子控制系统和执行机构等组成。

思考题

1. 名词解释：承载式车身、非承载式车身、半承载式车身、车身本体、车身结构件、车身覆盖件、车身地板系统、车身前围系统、车身后围系统、车身顶盖系统、车门系统、车身开启件。

2. 车身壳体承载方式有哪几种？各自的特点是什么？

3. 车身结构件的主要作用是什么？

4. 车门开启方式有哪些？各有什么优缺点？

5. 哪些机构可以实现玻璃升降？

6. 电动天窗有哪几种开启形式？分别有什么特点？

第 ⑯ 章

汽车座椅及安全防护装置

内容架构

第16章 汽车座椅及安全防护装置

- 16.1 汽车座椅
- 16.2 汽车安全带
- 16.3 汽车安全气囊
- 16.4 汽车其他安全装置

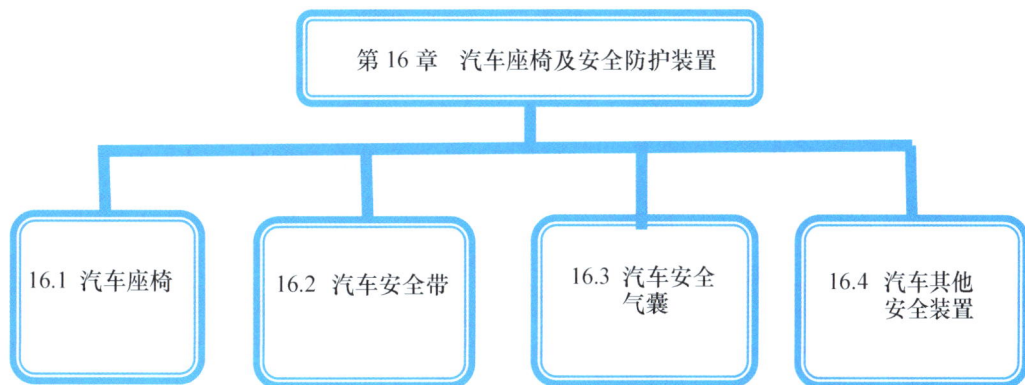

教学目标要求、重点与难点

序号	教学目标要求	教学重点	教学难点
1	理解座椅的基本结构，学会座椅的调节方法	✓	
2	掌握儿童座椅的特点与分级	✓	
3	掌握三点式安全带的基本工作原理，学会正确的使用方法	✓	
4	掌握安全气囊的作用、分类、基本组成与工作原理	✓	✓
5	理解保险杠的基本组成与工作原理	✓	
6	熟悉其他汽车安全装置及其使用方法	✓	
7	能够识别各类装置及其主要零部件	✓	

16.1　汽车座椅

汽车座椅用于支承人体，对驾驶人和乘员的乘坐舒适性和安全有重要的影响。

16.1.1　座椅的分类

座椅按照所处位置可以分为驾驶人座、前排乘员座椅和后排座椅；按形状可分为开式座椅、长座椅；按功能可分为固定式、可卸式和调节式；按乘坐人数可分为单人、双人和多人座椅；按照功能分，从最早的固定式座椅，一直发展到多功能的动力调节座椅、气垫座椅、电动座椅、立体音响座椅、精神恢复座椅，直到电子调节座椅；按材质分为真皮座椅和绒布座椅等。

16.1.2　座椅的基本结构

座椅主要由骨架、弹簧、缓冲垫、蒙皮、调节装置及辅助装置构成（图16-1）。（座椅的拆装、调整与结构认识参见《汽车构造与原理实训》教材及其光盘的项目16.1）

座椅的调节装置用于改变座椅的位置及姿态，以适合不同身材的驾驶人和乘员的舒适性要求。

最基本的调节有座椅的前、后、上、下位置调节和靠背角度调节（图16-2）。随着人们物质需求的增加，6向、8向、12向的调节座椅在市场上也越来越普遍。

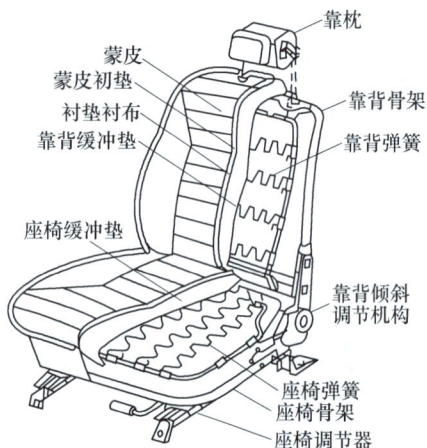

图 16-1　座椅的一般结构

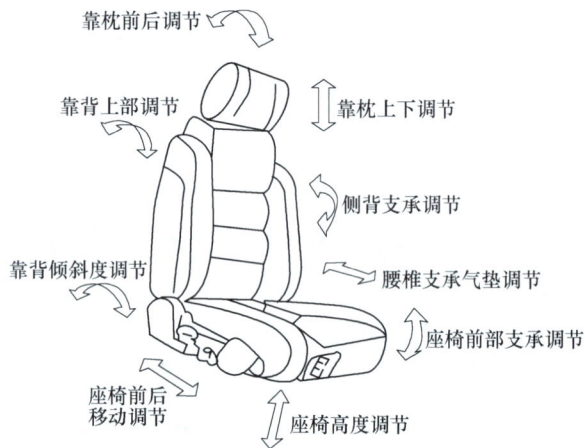

图 16-2　具有全方位可调节功能的电动座椅

现代乘用车很多采用电动调节座椅，其结构主要由座椅本体、座椅调节器开关、座椅调节器和调节器电动机（图16-3）等组成。

1. 电动机

电动机一般采用永磁式双向直流电动机。它通过控制开关来改变流经电动机内部的电流方向，从而实现转动方向的改变。

2. 传动装置

传动装置主要包括变速器、联轴节、软轴及齿轮传动机构等。变速器的作用是降速增矩。电动机轴分别与软轴相连，软轴和变速器的输入轴相连，动力经过变速器降速增矩后，从变速器的输出轴输出，变速器的输出轴与蜗杆轴或齿轮轴相连，最终蜗轮蜗杆或齿轮齿条

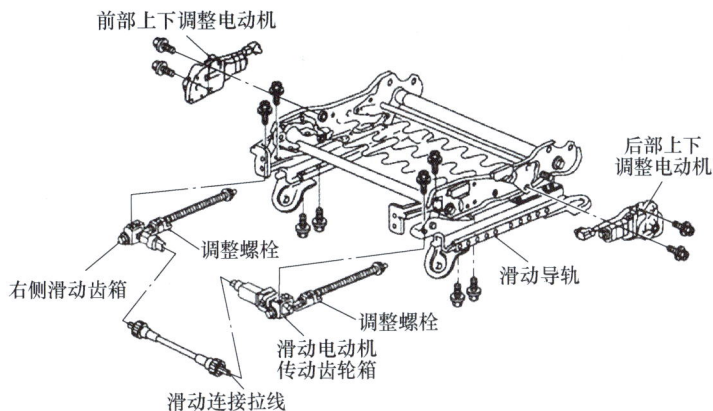

图 16-3　电动座椅的组成

带动座椅支架产生位移。

3. 控制电路

图 16-4 所示为电动座椅控制电路（不带储存功能）。该图中的电动座椅包括滑动电动机、前垂直电动机、倾斜电动机、后垂直电动机和腰椎电动机，可以实现座椅的前后移动、前部高度调节、靠背倾斜程度调节、后部高度调节及腰椎前后调节。

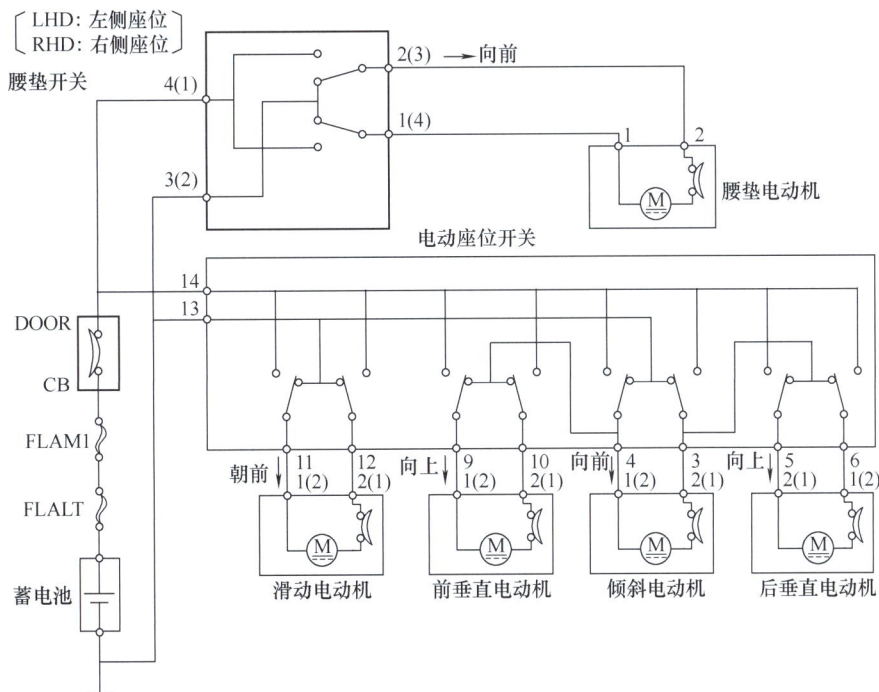

图 16-4　电动座椅控制电路（不带储存功能）

电路中有 5 个开关，分别控制 5 个电动机。开关有一个共同特点：均为常搭铁型结构，即电动机没有动作时，电动机两端通过开关搭铁；当开关转向一侧时，动作侧开关接通电源。每个电动机中均设有断路器，当座椅位置调整到极限位置时，流过电动机的电流增加，

断路器断开，切断电动机电流，保护电动机不被烧损；松开调整开关并冷却后，断路器复位。下面以座椅靠背的倾斜调节为例，介绍电路的控制过程。

当电动座椅的开关处于倾斜位置时，如果要调整靠背向前倾斜，则闭合倾斜电动机的前进方向开关，即端子 4 置于左位，电路为：蓄电池正极→FLALT→FLAM1→DOOR CB→端子 14→（倾斜开关"前"）→端子 4→1（2）端子→倾斜电动机→2（1）端子→端子 3→端子 13→搭铁。此时，座椅靠背前移。

当端子 3 置于右位时，倾斜电动机反转，座椅靠背后移。此时的电路为：蓄电池正极→FLALT→FLAM1→DOOR CB→端子 14→（倾斜开关"后"）→端子 3→2（1）端子→倾斜电动机→1（2）端子→端子 4→端子 13→搭铁。此时，座椅靠背后移。

16.1.3　座椅蒙皮

汽车座椅蒙皮大致可以分成 3 种：织物蒙皮、真皮蒙皮和人造革蒙皮。

1. 织物蒙皮

织物座椅在汽车座椅中属于经济适用型，它有透气性好、对温度不敏感和摩擦力大等优点。由于织物表面充满网格空隙，能保证乘坐时的通风透气，且吸水性好，使乘员在乘坐过程中不会感觉闷热。织物散热性好的另一表现就是对温度不敏感。纤维纹路和表面的绒毛可以产生丰富较强的吸附摩擦力，使驾驶人在驾驶时身体可以更好地贴合座椅，保证与车身相对固定。

但织物座椅面料表面有无数的网格，车内的灰尘、液体可能弄脏织物表面，也可能渗入坐垫内部。

2. 真皮蒙皮

真皮指从动物身上剥落的原皮，经过加工而成。因为它的稀有和工艺的繁杂所以价格昂贵。真皮比起一般的布料、棉质耐脏，即使长时间放置，其表面也只是沾染点灰尘而已，用清洗剂擦拭即可焕然一新。皮质汽车座椅的清洗十分讲究清洗剂的挑选，如果选用了不合适的清洗剂，对真皮带来损伤。

和它的耐脏相对应的是不透气、对温度敏感和摩擦力不足的缺点。真皮座椅表面光滑，没有织物座椅的纹路，因此臀部和背部的水汽无法散去，会感觉非常闷热，而且驾驶人在驾驶过程中会有两边滑动的感觉，这样很不利于驾驶安全。除此之外，真皮制造过程中使用的化学物质残留及皮革气味也是不可忽视的缺点，且真皮容易老化，其养护成本较高。

3. 人造革蒙皮

人造革是 PVC 和 PU 等人造材料的总称，它的外观、手感类似于皮革。这是一种从早期至今一直活跃在座椅蒙皮市场的材料，如今它的表面工艺越发成熟，几乎可以达到真皮的效果，而价格却比真皮便宜许多，因此受到广大车主的青睐。

16.1.4　儿童安全座椅

1. 儿童安全座椅的分类

我国于 2012 年 7 月 1 日开始实施的《机动车儿童乘员用约束系统》（GB 27887—2011），根据儿童的身高和体重，把儿童安全座椅分为 5 个级别：

0 级：适用于年龄在 9 个月以下，体重低于 10kg 的婴儿。

0 + 级：适用于年龄在 18 个月以下，体重低于 13kg 的婴儿。

1 级：适用于体重为 9 ~ 18kg 的幼儿。

2 级：适用于 7 岁以上，体重为 15 ~ 25kg 的儿童。

3 级：适用于 7 岁以上，体重为 22 ~ 36kg、身高低于 1.5m 的儿童。

目前市面上有一种复合式儿童座椅，其设计同时提供两种功能：反向安装座椅可用于新生儿到 9 个月的婴儿，正向安装可用于 9 个月的婴儿到 4 岁的儿童。这种座椅虽然没有摇摆、便携手提以及与手推车合用的功能，但可固定在车内并能长久使用。

其安装方式有安全带固定方式、欧洲标准的 ISO FIX 固定方式、美国标准的 LATCH 固定方式，它们有各自的优缺点。

2. 儿童安全座椅的组成

0 级儿童安全座椅一般采用提篮式（图 16-5a），底部可摇摆，提高了座椅的乘坐舒适性，上部有角度可调的提手和遮阳篷，即方便户外使用，也阻挡前风窗玻璃透过的阳光，保护婴儿敏感脆弱的眼睛。一般情况下，这个级别的安全座椅应是半躺式且背向安装的，宝宝的骨骼发育不完全，背向安装能更好地将力分散在背部，减少对脆弱的颈部的伤害。

提篮式的安全座椅有含底座式的，有直接用安全带固定的无底座式的。含底座式的安全座椅可以将底座固定在后座上，平时上、下车只需提走或者安上即可，使用方便、安全性高。

该级别的安全座椅自带可调节安全带，按下中间安全带调节按钮可以将上端安全带拉伸至最长，拉动下端安全带可以收紧安全带（与婴儿保持一掌间隙为佳），保险扣保证安全带的收紧能力。婴儿的头部最为脆弱，颈部骨骼发育不完全，最容易受到伤害，因此这一级别安全座椅应注意头枕及防撞侧围的设计。目前市面常将 0 + 级与 0 级混用。

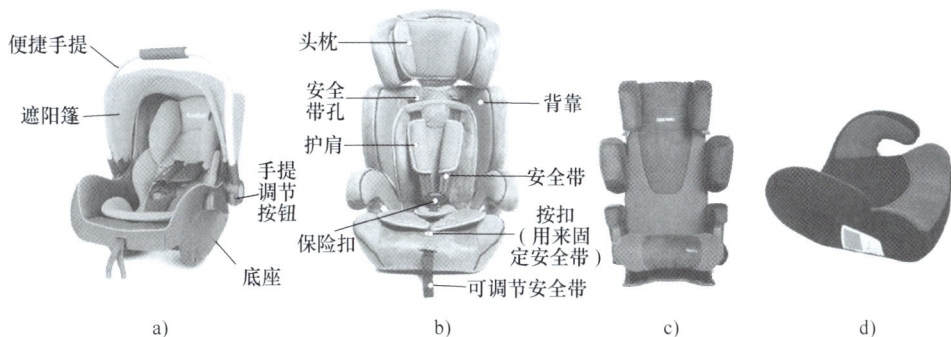

图 16-5　安全座椅的分类
a) 0 级/0 + 级　b) 1 级　c) 2 级　d) 3 级

1 级儿童安全座椅同样带有长度可调的安全带（图 16-5b），以适应儿童不断增长的身高。这个阶段的儿童已经可以很好地坐立，背向安装的儿童座椅会妨碍儿童的伸腿动作，反而不利于成长，因此需要正向安装的安全座椅。它的内部结构与 0 级安全座椅相似，因规格变大而省去了遮阳篷和提手，有些产品弱化了头枕的保护。

2 级儿童安全座椅没有自带的安全带，而由汽车自带的安全带将儿童与座椅一同固定在汽车座椅上（图 16-5c）。7 岁以下的儿童体型尚小，用儿童座椅显得局促拥挤会造成不舒适，但成年人的安全座椅又不适用于他们，因此这一级别的安全座椅一方面可以将他们身体垫高，另一方面用侧面等包围来保护他们尚在发育的骨骼。

3级儿童安全座椅的实质是一个坐垫（图16-5d），其目的就是垫高儿童身高以适应成人安全带。

16.2　汽车安全带

16.2.1　安全带分类

安全带按照固定点可以分成两点式、斜挂式、三点式和四点式，如图16-6所示。

1. 两点式

两点式又称为腰带式，是安全带的基本型。软带从腰的两侧挂在腹部，优点是使用方便，容易逃出车外；缺点是腹部负荷很大，在撞车时，上身容易前倾，前排乘员头部会碰到仪表板或风窗玻璃。后排乘员一般可以使用这种安全带。

2. 斜挂式

斜挂式安全带又称为安全肩带。软带经乘员胸前斜挂在肩部，可防止上体移动。其缺点是撞车时乘员受力不均匀，下体容易向前挤出，若安装不当，身体会从带中脱出或头部被撞。这种安全带欧洲采用较多，但日本、加拿大和澳大利亚等国在标准中排除了这种安全带。国际标准中虽通过了这种安全带，但不推荐使用。由于最近开发了膝部保护装置与这种安全带并用，消除了这一缺点，目前美国已认可使用。

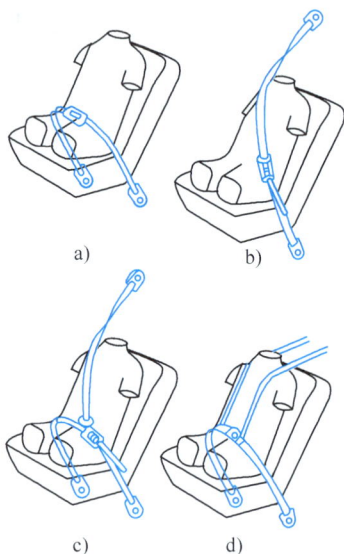

图16-6　安全带的分类
a）两点式　b）斜挂式
c）三点式　d）四点式

3. 三点式

安全带有两种：一种是两点式和斜挂式合二为一的复合式，又称为连续三点式；另一种是将防止上体前倾的肩带连在两点式安全带上任意点而成的，称为分离三点式。三点式兼有两点式和斜挂式的长处，并且消除了短处，对乘员保护效果良好，实用性高，是现在最常用的一种安全带。

4. 四点式

四点式安全带又称为马夹式安全带，是两点式安全带上连两条肩带组合而成的，其保护效果最好，也是最完善的一种，但使用不便，一般用于特殊用途车或赛车上。

16.2.2　安全带的组成

安全带（图16-7）是由织带、卷收器和预紧器等部件组成的一套安全系统。（安全带的拆装、调整与结构认识参见《汽车构造与原理实训》教材及其光盘的项目16.1）

安全带织带是用于约束乘员身体并将所受到的力传到安全带固定点的柔性部件，要求耐光照、耐低温、耐高温、耐湿性好、耐磨和伸长率在一定范围内。织带宽度一般不小于

46mm。市面上常用的织带有尼龙织带和高强涤纶织带。

锁舌和锁扣是用来扣合、脱开安全带的，并与底支架、导向板形成三点织带的三点固定。

卷收器有多种结构形式，普通卷收器佩带时对人体稍有压迫感。目前许多轿车都采用功能较完备的紧急锁止式卷收器（ELR），在正常情况下，安全带对人体不起约束作用。当乘员向前弯腰时，安全带从卷收器内拉出；当乘员恢复正常姿势时，卷收器自动把织带回收，使织带随时保持与人体贴合。在紧急情况下，即汽车减速度超过预定值或车身严重倾斜时，卷收器会将织带卡住，有效保护乘员安全。

安全带主要靠卷收器和预紧器来保护驾乘人员。市面上有很多种安全带卷收器和预紧器的机械结构。卷收器大多采用棘轮结构，这种简单机械可以实现锁止工作。

以汽车运动触发的锁定机构在卷收器内部设有一个类似钟摆的原件（图 16-8），当车辆突然减速时，惯性会使钟摆元件向前摆动，带动与其连接的卡榫与卷收器卷轴的棘轮紧密咬合，从而达到锁止作用。

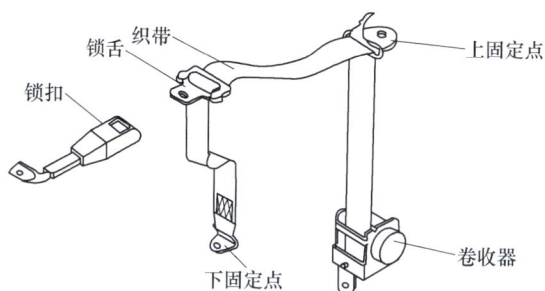

图 16-7　安全带零件图

图 16-8　钟摆式锁止机构

离心式锁定机构原理如图 16-9 所示，系统在猛拉安全带时，利用卷轴旋转的速度作为激活动力锁定卷轴。

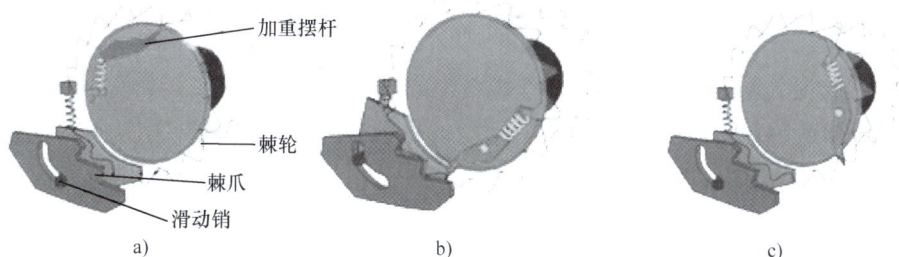

图 16-9　离心式锁止机构原理

在旋转卷轴上安装了一个加重摆杆。当卷轴缓慢旋转时，如图 16-9a 所示，摆杆并不摆动。一个弹簧使它保持在原来的位置。当猛拉安全带时，卷轴将快速旋转，离心力驱使摆杆的加重端向外摆动，如图 16-9b 所示，伸长的摆杆会推动卷收器壳上的凸轮，如图 16-9c 所示。凸轮通过滑动销与一个旋转棘爪相连。当凸轮移到左侧时，滑动销沿棘爪的槽口移动。这会将棘爪逆时针移动插入与卷轴相连的旋转棘轮。棘爪锁入轮齿，禁止棘轮旋转。汽车运动触发型卷收器是发生碰撞时马上动作锁紧安全带，而安全带运动触发是碰撞后乘员前冲带动安全带时才动作，因此汽车运动触发型动作快于安全带运动触发。

16.3　汽车安全气囊

16.3.1　安全气囊的作用

安全气囊（Supplemental Restraint System，SRS）可以在发生一次碰撞后、二次碰撞前，迅速在乘员和汽车内部结构物之间打开一个充满气体的袋子，使乘员撞在气袋上，避免或减缓与驾驶室内部物件二次碰撞造成伤害，从而达到保护乘员的目的。由于乘员和气囊相碰时容易因振荡造成乘员伤害，所以在气囊的背面开有两个直径2.5cm左右的圆孔，这样，当乘员和气囊相碰时，借助圆孔的放气释放能量可减轻振荡，有助于保护乘员，同时也可以打开驾乘人员视野。

16.3.2　安全气囊的类型

按照安全气囊安装的位置可以分为正面和侧面两大类。正面安全气囊安装在驾驶人和乘员的正面，对汽车正面碰撞起安全保护作用。正面安全气囊一般安装在转向盘中央的衬盖内，前排乘员一侧安装在仪表板上，有的车辆还在仪表板下方安置了膝部免受伤害的安全气囊。侧面和顶部安全气囊分别安装在驾驶人、乘员的侧面和顶部，对汽车侧面碰撞和汽车翻倾起安全保护作用。

按照总体结构划分，安全气囊可以分为机械式和电子式。机械式安全气囊和电子式对比，它没有电源和电路，碰撞检测和引爆点火都依靠机械结构设计来实现。

按照气囊的个数安全气囊可分成单个、双个和多个。单个安全气囊安装在转向盘上，只保护驾驶人；双个安全气囊安装在驾驶人侧与前排乘员侧正面；拥有3个及以上数量的称为多个，可以保护其他乘员。

16.3.3　安全气囊的结构

安全气囊主要由碰撞传感器、安全气囊系统控制组件（SRS ECU）和安全气囊系统指示灯等组成（图16-10）。（安全气囊的结构认识参见《汽车构造与原理实训》教材及其光盘的项目16.1）

碰撞传感器一般设有3～4个，分别安装在车身前部和中部，如汽车前两翼子板内侧，两侧前照灯支架下面，发动机散热器支架左、右两侧，左、右仪表板下面和SRS ECU内部。

安全气囊系统控制组件通常称为SRS ECU，它包括电源电路、故障诊断与监测电路和点火引爆电路等，一般安装在变速杆手柄前面或后面的装饰内、后排座椅下面中部位置或行李箱内。

安全气囊组件包括气囊、螺旋弹簧（即螺旋线束）、气体发生器和点火器等。

安全气囊指示灯用来指示安全气囊的工作状态，当系统异常时，能通过指示灯直观地向驾驶人反映。

1. 碰撞传感器

碰撞传感器是安全气囊系统中主要的控制信号输入装置。安全气囊系统除了安装在左前、右前、前部中央用来监测汽车碰撞的强度信号的碰撞传感器，还有安装在SRS ECU内

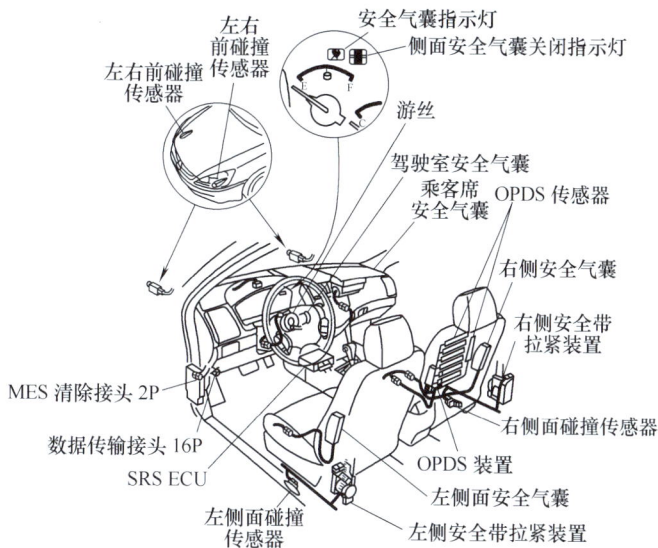

图 16-10　安全气囊的组成

部的碰撞防护传感器，简称为防护传感器，用来控制气囊点火器电源电路。碰撞传感器和防护传感器的结构与工作原理完全相同，但是设定的减速度阀值不同，碰撞防护传感器的减速度阀值比碰撞信号传感器稍小。各碰撞传感器间并联，与防护传感器串联，只有防护传感器与其他任意一传感器同时接通，点火引爆系统才能正常工作。这样就防止了在检修传感器时，不慎接通信号输出使气囊膨胀开来，造成损失。

碰撞传感器按结构可分为机电结合式、电子式和水银开关式，现大多数采用惯性式机械开关结构。它利用机械运动控制电器触点工作，常见的有滚球式、滚轴式和偏心锤式 3 种。

（1）滚球式碰撞传感器　滚球式碰撞传感器主要由铁质滚球、永久磁铁、壳体、电器触点和滚筒等组成。

两个触点分别和传感器引线连接，滚球可以在滚筒内来回滚动，利用惯性力与永久磁铁配合可以感测减速度大小。在永久磁铁的引力作用之下，滚球被吸向永久磁铁，触点和滚球分离，则传感器处于静止状态，如图 16-11 所示。当汽车减速度达到一定阀值时，滚球惯性力大于磁场吸引力，则滚球在滚筒内向触点方向滚动并接触，固定触点接通并向 SRS ECU 输入碰撞信号。

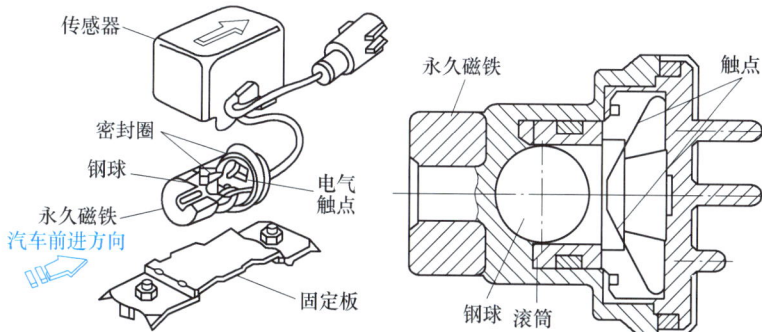

图 16-11　滚球式碰撞传感器

（2）滚轴式碰撞传感器　滚轴式碰撞传感器主要由止动销、滚动触点、固定触点、滚轴、片状弹簧和底座组成。它的工作原理与滚球式碰撞传感器相似，滚轴在片状弹簧的弹力作用下与固定触点断开，当减速度达到阀值时，惯性力大于弹力则滚轴滚向固定触点并接触，固定触点接通并向 SRS ECU 输入碰撞信号。

（3）偏心锤式碰撞传感器　偏心锤式碰撞传感器由偏心锤、偏心锤臂、转动触点臂、转动触点、固定触点、回位弹簧、挡块和壳体组成（图16-12）。转子由偏心锤、转动触点臂和转动触点组成，安装在转动器轴上，偏心锤偏心安装在偏心锤臂上。

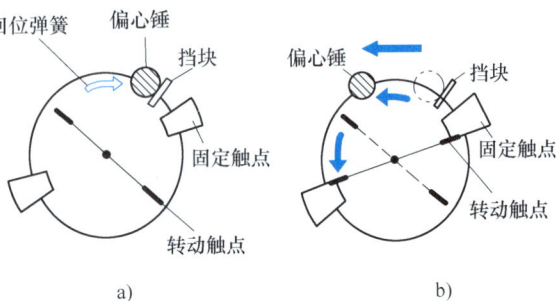

它的工作原理是在回位弹簧的弹力作用下，偏心锤与挡块接触，触点断开，传感器电路处于断开状态。当汽车碰撞而减速度达到一定阀值时，偏心锤产生的惯性力矩大于回位弹簧力矩，转子总成沿逆时针方向转动一定角度，带动转动触点臂，使转动触点和固定触点接触，传感器电路接通并向 SRS ECU 输入碰撞信号。

图 16-12　偏心锤式碰撞传感器
a）静止状态　b）碰撞状态（箭头指减速度方向）

（4）电子式碰撞传感器（图16-13）　电子式碰撞传感器有压阻效应式和压电效应式两种。在压阻式碰撞传感器中，电阻应变片随弹性元件受到碰撞而产生形变，电阻阻值随之发生变化，经信号调理电路转变为电压后，向 SRS ECU 输入碰撞信号。在压电式碰撞传感器中，压电晶体在碰撞压力作用下输出电荷发生变化，经过放大电路转变成相应电压，向 SRS ECU 输入碰撞信号。

（5）水银开关式碰撞传感器　水银开关式碰撞传感器由水银、壳体、密封圈、电极和密封螺塞组成（图16-14）。水银在重力作用下处于 1 号位置，当发生碰撞减速度达到设定阀值时，水银的惯性力向上分力大于重力，水银抛向传感器电极，利用水银良好的导电特性使电极接通，并向 SRS ECU 输入碰撞信号。

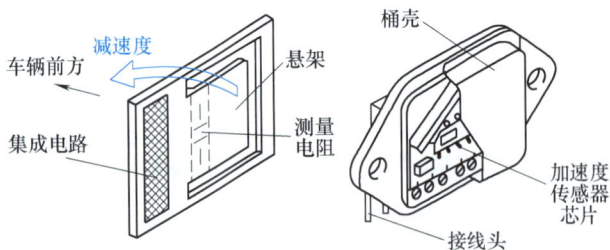

图 16-13　电子式碰撞传感器

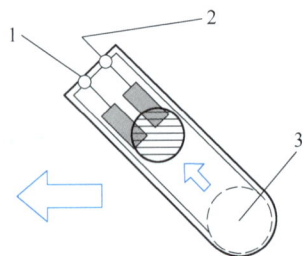

图 16-14　水银开关式碰撞传感器

2. SRS ECU

SRS ECU 是安全气囊系统中的核心部件，安装位置因车型而异，结构有繁有简，主要由专用中央处理单元（CPU）、备用电源电路、稳压电路、信号处理电路、保护电路、点火

电路和监测电路组成（图 16-15），一般集成在微机中。当汽车发生碰撞事故时，电控装置接收多个传感器传来的车身不同位置的减速信号，经过反复不断地分析、比较和计算，决定是否发出点火信号。要求控制装置能够在复杂的碰撞情况下做出非常准确的判断，点火时刻也必须精确控制。

（1）CPU　CPU 的主要功能是监测汽车纵向减速度是否达到设定值，控制气囊点火器引爆电路。

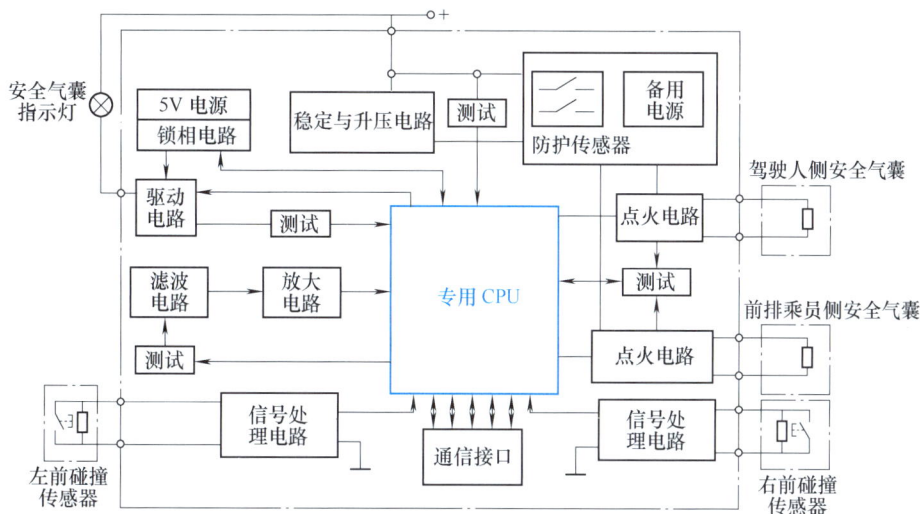

图 16-15　双安全气囊系统 ECU 结构框图

（2）备用电源电路　安全气囊系统有两个电源，一个是汽车电源，另一个是备用电源。备用电源电路由电源控制电路和若干个电容器组成。点火开关接通但汽车电源电压高于 SRS ECU 的最低工作电压时，即可完成备用电源的储能。备用电源电路的作用是当汽车电源和 SRS ECU 之间的电路被切断后，在一定时间内（一般为 6s）维持安全气囊系统的供电，保证安全气囊的正常使用，在 6s 内向点火器供电引爆点火剂。时间超过 6s，备用电池的供电能力将下降，会使安全气囊无法正常打开。

（3）信号处理电路　信号处理电路主要由放大器和滤波器组成，其功用是对传感器检测的信号进行整形、放大和滤波，以便 SRS ECU 能够接收、识别和处理。

（4）稳压保护电路　在汽车电气系统中，许多电器部件带有电感线圈和电器，电器负载变化频繁。当线圈电流接通或切断、开关接通或断开、负载电流突然变化时，都会产生瞬时脉冲电压（即过电压），这些过电压会使系统中的电子元件因电压过高而损坏。因此，系统中必须设置稳压电路。

3. 安全气囊组件

安全气囊组件由气囊、点火器和气体发生器等组成。

（1）气囊　气囊是用聚酰胺织物制成的，内层涂有聚氯丁二烯，用以密闭气体。气囊在静止时像降落伞一样折叠成包，安放在气体发生器上部与气囊饰盖之间。气囊开口一侧固定在气囊的安装支架上，先用金属垫圈与气囊支架的座圈夹紧，然后用铆钉铆接。此外，固

定气体发生器的专用螺栓也穿过金属垫圈和支架座圈将气体发生器固定在一起，以便承受气体的冲击。

气囊的饰盖表面膜压有撕印，以便使气囊充气时撕裂饰盖，并减小冲出饰盖的阻力。目前，气囊的材料是由 420d、630d、840d 的尼龙或尼龙 66 织物织成的（d 代表织物纤维度单位：旦尼尔）。气囊在具有良好的耐磨性和防裂性能的同时，也具有机械强度高、使用寿命长、表面涂膜容易与涂层结合牢固等优点。气囊织物必须进行不少于 50 项的特性试验。气囊的大小依制造公司不同而有所不同。

气囊一般在汽车遭受碰撞后 10ms 内开始充气，从开始充气到完全膨胀开的整个时间约为 30ms。它沿转向柱偏风窗玻璃方向膨开，防止驾驶人面部与风窗玻璃、胸部与转向盘发生碰撞。气囊背面或顶部有 2~4 个排气孔，当驾驶人在惯性力的作用下压到气囊上时，气囊便从排气孔排气，持续时间不到 1s，从而吸收驾驶人与气囊碰撞的动能，使人体不受伤害。

图 16-16　气体发生器

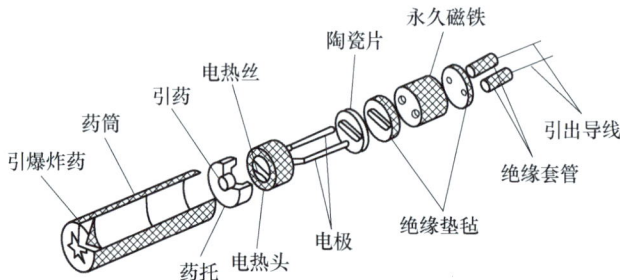

（2）气体发生器（图 16-16）　安全气囊系统要求气体发生器能够在较短的时间内（30ms 左右）产生大量的气体充满气囊。产生的气体必须对人体无害，且不能温度太高，同时要求气体发生器有很高的可靠性和稳定性。气体发生器主要有：压缩气体式、烟火式和混合式 3 种形式。混合式气体发生器是压缩气体式和烟火式相结合的发生器，也是目前广泛应用的一种气体发生器。

（3）点火器　点火器安装在气体发生器内部中央位置，作用是根据 ECU 指令引爆点火剂，产生热量使充气剂受热分解。如图 16-17 所示，导线将电流导入电极，加热电热丝，点燃引药，再利用引药引爆炸药，为气体发生器提供热量。

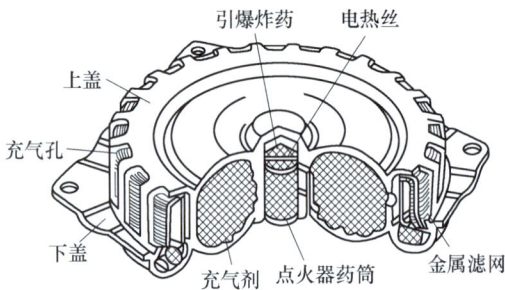

图 16-17　点火器分解图

4. 安全气囊指示灯

安全气囊指示灯又称为安全气囊警告灯，能直观地向驾驶人反映安全系统状况。当点火开关起动时，如果安全气囊指示灯先亮后灭表示安全气囊状况良好，如果指示灯不亮或者一直发亮，或者行驶途中突然亮起或闪亮表示自诊断系统发现安全气囊故障，应尽快排除故障。

16.3.4　安全气囊的工作原理

当汽车遭受撞击时，安装在汽车各部位的碰撞传感器检测到汽车减速信号，会将信号输送给 SRS ECU 判断是否发生碰撞。当减速度达到设定阀值时，SRS ECU 发出指令，引爆点火器，点火剂受热爆炸并迅速产生大量热量，使充气剂受热分解放出大量氮气充入气囊，气囊冲开装饰盖板并向驾驶人和乘员方向膨胀，使驾驶人和乘员面部和胸部靠压在满气体的气

囊上，通过气囊产生变形和排气节流来吸收人体碰撞产生的动能，从而达到保护人体的目的。

安全气囊的工作过程图解如图 16-18 所示。

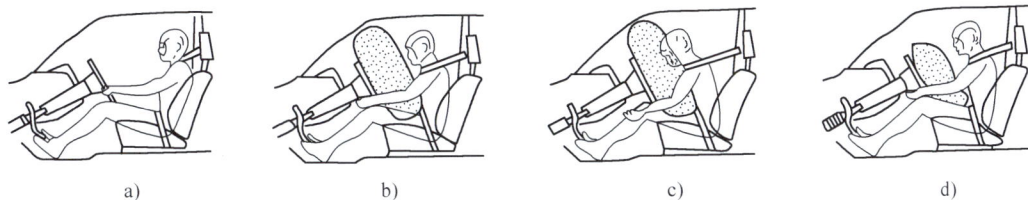

图 16-18 安全气囊的工作过程图解
a）10ms b）40ms c）60ms d）110ms

1）碰撞后 10ms，安全气囊达到引爆点，点火器引爆点火剂产生大量热量，使充气剂受热分解出大量氮气，此时驾驶人尚未有动作。

2）碰撞后 40ms，气囊完全充满，体积最大，此时驾驶人向前移动，安全带同时给予驾驶人束缚力，部分冲击能量已被安全带吸收。

3）碰撞后 60ms，驾驶人头部及胸部压入安全气囊，气囊通过变形吸收人体与气囊碰撞产生的能量。

4）碰撞后 110ms，安全气囊通过放气释放大量能量，此时大部分气体已从气囊中排出，驾驶人身体上部回到座位靠背上，前方视野恢复。

安全气囊的注意事项如下：

1）气囊不是为儿童设计的。气囊加上三点式安全带能够为成年人提供最佳的保护，但是却不能保护儿童和婴儿的安全，气囊巨大的爆发力，对于骨骼发育不完全的婴幼儿而言可能会造成致命伤害。

2）气囊安装位置。驾驶人侧的气囊在转向盘的中央，前排乘员侧的气囊在右侧仪表板内。观察转向盘、前排乘员侧仪表板等处标有 SRS 或 AIRBAG 字样，则表示该车辆装有安全气囊。注意：如果在乘员和气囊中间有物品，气囊就可能无法正常膨开，或者可能会将此物品打到乘员身上，导致严重伤害甚至死亡。因此，在气囊膨开的空间内不能有任何物品，即不要在转向盘上或气囊罩盖附近放置任何东西。

3）安全气囊需与安全带配合使用。安全气囊是通过爆发瞬间充气产生作用，这就必须保证驾乘人员与转向盘或安全气囊安装点保持一定距离，不至于被安全气囊爆破冲击造成二次伤害，因此汽车行驶中必须系好安全带，安全气囊只能作为辅助安全系统，只有与安全带协同配合才能起到安全保护的作用。

想一想

安全气囊没有与安全带配合使用会产生什么后果？

16.4 汽车其他安全装置

16.4.1 汽车保险杠

1. 保险杠的作用

保险杠的作用有两方面：保护作用和装饰作用，既要在汽车与其他车辆或障碍物发生碰撞时，避免损伤车身和附件，又要保证与车身其他覆盖件之间的契合度，使得外形美观。汽车轻量化要求越来越高，密度较小、防腐性能更好的塑料材料在汽车保险杠上的用量正在逐年递增。

2. 保险杠的分类及其组成

汽车保险杠按位置可分为前保险杠（图16-19）和后保险杠（图16-20）。前、后保险杠由壳体、缓冲材料和加强材料组成，但部分车型的后保险杠无缓冲材料。

按其使用的材料，保险杠可分为金属材料保险杠和非金属材料保险杠。金属材料保险杠一般用高强度钢板冲压而成。这种钢板既有较高的强度，又有良好的冲压性能，与一般热轧钢板相比，其厚度可以减薄，从而降低材料消耗和减轻重量。金属材料保险杠一般用于客车和货车。非金属材料保险杠采用模压塑料板材、改性PP材料，也可用玻璃纤维增强塑料，这些材料的力学性能接近冷轧钢板，密度仅为钢材的1/5。非金属材料保险杠一般用于轿车。

保险杠按其功能可分为非吸能型保险杠和吸能型保险杠。非吸能型保险杠只起装饰作用。当发生事故时，该类型的塑料保险杠没有足够的强度

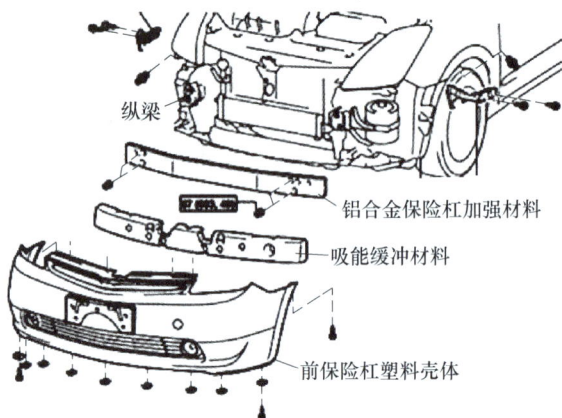

图16-19 前保险杠

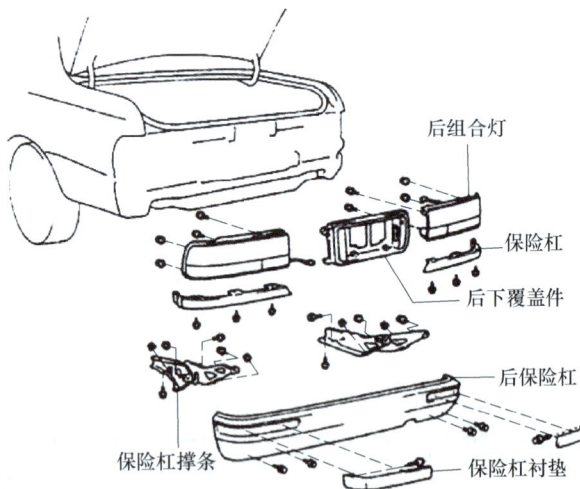

图16-20 后保险杠

和刚度来抵御强烈的碰撞，不起保护作用，将导致轿车翼子板开裂，散热器和灯具严重损坏，客车则损坏前围。更严重的可以损坏风窗玻璃，转向盘和仪表板发生严重变形，甚至对驾驶人构成致命危害。它只由支架和外罩组成，外罩一般采用树脂制成。吸能型保险杠分为液压缓冲型保险杠和自身吸能型保险杠。

液压缓冲型保险杠的横杠内侧加强件通过橡胶垫与液压缓冲减振器的活塞杆相连接，活

塞杆为空心结构，内装有浮动活塞。活塞将其分隔成左、右两腔，左腔充满氮气，右腔充满机械油，如图16-21所示。当汽车与障碍物碰撞时，保险横杠受到的冲击力传到活塞杆上，活塞杆端部移动，挤压机械油经节流孔压向活塞杆右腔，推动浮动活塞向左移动，并使氮气受到压缩。利用机械油通过节流孔时的黏性阻力吸收撞击能量。撞后被压缩的气体能推动浮动活塞运动使保险杠复位。这类油气弹簧式的缓冲减振器有效地利用了气体缓冲、液体节流减振的工作方式，工作特性比较稳定，但价格昂贵，一般用在高档汽车上。

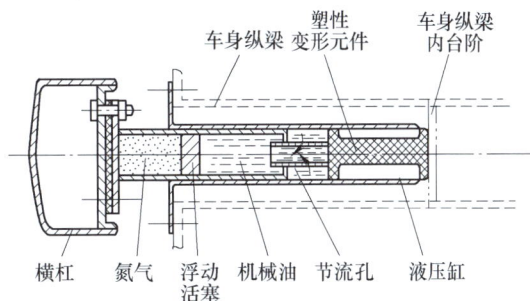

图 16-21　液压缓冲型保险杠

自身吸能式保险杠通常由横杠、内衬加强件和树脂类泡沫填料等组成（图16-22）。碰撞时，利用内衬元件的变形吸收能量。由于支架需要有一定的强度，因此通常使用金属材料，而内衬的材料则多种多样，包括各种塑料、泡沫状金属材料、树脂等复合材料和蜂窝状材料等。这种保险杠的缓冲性能通常由缓冲材料的特性决定。此类结构多用于中、低档轿车。

带气腔式保险杠（Gas Tube Bumper System）是一种自身吸能型保险杠。气腔通常作为内衬安装在外盖板和横杠之间，如图16-22b所示。当碰撞发生时，气腔被压缩，进而影响其外面包裹部件的变形方式，从而改善吸能效果。

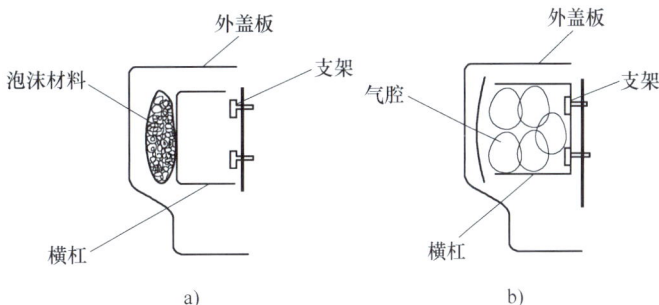

图 16-22　自身吸能式保险杠
a）泡沫填充式保险杠　b）带气腔式保险杠

3. 保险杠材料

汽车保险杠是一种表面积较大、形状复杂的大型薄壁结构部件，对保险杠材料而言，不仅要求具有优异的高低温冲击韧性、刚性、耐老化性、耐热性和耐寒性，还应具有耐汽油、润滑油和油漆等性能。

保险杠材料大致分为金属和非金属两种。金属保险杠笨重且外观不好看，现已逐渐被淘汰，目前常用于客车和货车。塑料保险杠是现代轿车中最常见的，它按软硬程度可分为两大类：一类是软质保险杠，一般采用反应注射成型聚氨酯（RIM），该保险杠吸收冲击的能力好，但价格较高，适用于高档汽车；另一类是普通汽车使用的硬质保险杠，主要是采用改性PP注射成型的。

PP是目前使用最多的保险杠材料，是综合性能优良的一种通用塑料，但PP本身低温性能及抗冲击性能差、耐老化性及尺寸稳定性差，难以满足汽车保险杠对材料性能的要求。因此，在汽车保险杠中使用的PP材料均为改性PP。

改性PP保险杠具有成本低、重量轻、可循环再利用等优势。近年来，改性PP保险杠的用量正逐渐增大，并正逐步取代其他各种类型的保险杠。目前，国内生产保险杠材料的方法大多都采用均聚PP或共聚PP，然后加入过氧化物调节相对分子质量，与EPDM共混挤出

造粒，制得用于工业化生产的保险杠专用料。这样的共混材料可以改善 PP 材料的低温韧性等一系列参数性质。影响共混料性能的主要因素有基础树脂的相对分子质量、相对分子质量分布、共混料中各组分的比例和特征以及对橡胶的交联处理等。随着基础树脂相对分子质量的提高，韧性将得以改善，但流动性会明显下降，从而给加工带来困难。这一方面可以通过过氧化物热降解技术、动态硫化技术改善。

其他材料还有 PC/PBT 塑料合金，用它注射成型的保险杠具有高刚性、可焊性和涂装性好等优点，在国外汽车上的用量越来越多。除 PC/PBT 合金可用于保险杠外，PC/ABS 合金也可用于保险杠。

4. 保险杠加工工艺

PP 保险杠普遍采用注射成型工艺，其主要的优点是可成型一些形状比较复杂的产品、生产效率较高、能赋予制品必要的刚性等，其缺点是必须采用流动性较佳的原料，制品的坚固性较差，受冲撞时易断裂、小批量生产的成本高。目前，国外还能够采用吹塑成型技术来生产 PP 保险杠。吹塑成型与注射成型相比，可采用相对分子质量高达 35 万以上的嵌段共聚 PP 作为基础树脂进行改性的 PP/EPDM 共混料进行加工，极大地提高产品的低温韧性和强度性能。所生产的产品具有很高的刚性和弯曲强度、结构简单、制作容易、轻薄、价格低廉，且易于更改产品的外形设计；制品中残留的内应力很小，抗撞击韧性好。但是，由于单件冷却，制品的成型周期较长，难以制取形状复杂的制品，表面粗糙度也较难以达到注塑制品的精度。

16.4.2　其他安全器械

汽车上除上述安全装置外，还有大量电子安全装置将在本丛书下册中进行讲解，这里介绍几种安全器械。

1. 灭火器

在汽车发生自燃时，灭火器可以在一定程度上控制损失。灭火器的使用方法如图 16-23 所示。平时要时常检查灭火器的压力值以及查看其是否过期。压力表指针处于绿色区域时是正常值，黄色区域为警示值，到达红色区域时，就要对其进行更换了。

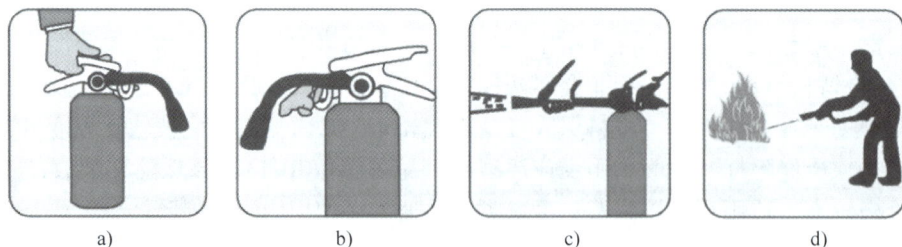

图 16-23　灭火器的使用方法
a）取出灭火器　b）拔掉保险销　c）一手握住压把，另一手握住喷管
d）对准火苗根部喷射（人站立在上风位）

2. 三角警示牌

当行车中遇到故障或事故时，首先要做的就是将汽车尽量停放在路边，并且在逆着车流

的方向放置三角警示架。以起到提醒和警示后车的作用，避免二次事故的发生。

3. 安全锤

现代汽车用了很多电子技术，当车辆进水时，车窗及车门锁等很可能因水泡的原因而无法工作，此时就需要破窗逃生。要记得在破窗时，敲击车窗的四角是最有效的位置，这样可以使玻璃迅速碎裂，加快逃生速度。如果手边没有现成的逃生工具，可利用头枕的金属棒将玻璃"撬"碎。

找一找　汽车还有哪些安全装置？

本章小结

1. 汽车座椅主要由骨架、弹簧、缓冲垫、蒙皮、调节装置及辅助装置等构成，可进行多方位和多角度调节。

2. 儿童需乘坐安全座椅，其分为 5 个级别。

3. 安全带一般由织带、卷收器和预紧器等部件组成。

4. 安全气囊是为了减少汽车在发生碰撞时因巨大的惯性对乘员造成伤害而设置的，主要由碰撞传感器、SRS ECU 和安全气囊系统指示灯等组成。

5. 保险杠分为非吸能型和吸能型两类。吸能型保险杠分为液压缓冲型保险杠和自身吸能型保险杠。

6. 汽车灭火器、三角警示牌和安全锤等供紧急时刻使用。

思考题

1. 名词解释：座椅蒙皮、汽车一次碰撞、汽车二次碰撞、ISO FIX、LATCH、三点式安全带、安全气囊。

2. 汽车座椅如何分类？有哪些调节？

3. 儿童安全座椅如何分类？

4. 安全带有哪几种？它们各自有什么优缺点？

5. 安全气囊的作用是什么？其组成及工作原理如何？

6. 保险杠分为哪几类？各有何特点？

第 17 章

专用汽车车身及改装

内容架构

```
第 17 章 专用汽车车身及改装
├── 17.1 专用汽车概述
├── 17.2 厢式汽车
├── 17.3 罐式汽车
├── 17.4 自卸汽车
├── 17.5 起重举升汽车
├── 17.6 仓栅式汽车
├── 17.7 特种汽车
├── 17.8 专用汽车改装
└── 17.9 房车
```

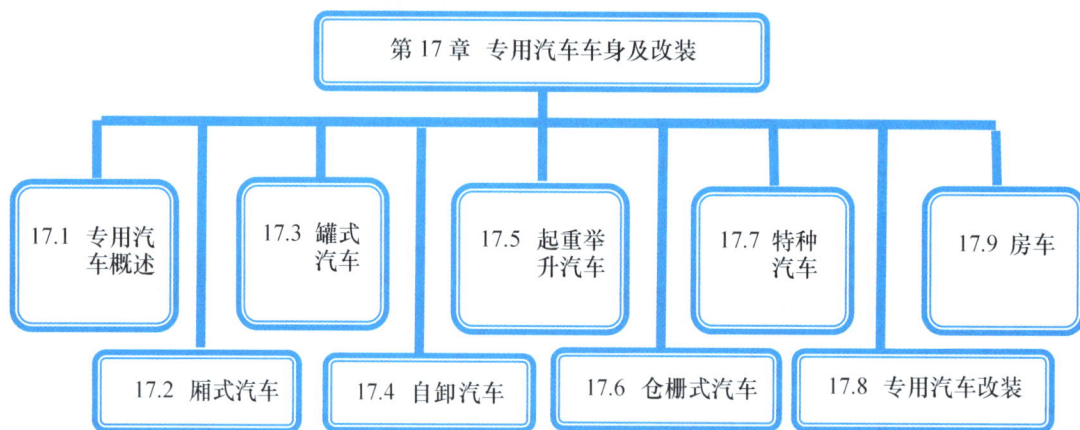

教学目标要求、重点与难点

序号	教学目标要求	教学重点	教学难点
1	掌握专用汽车的分类方法和设计原则	✓	
2	掌握专用汽车的主要性能指标与分类	✓	
3	理解厢式汽车的基本结构与工作原理		✓
4	理解冷藏保温汽车的基本结构与工作原理		✓
5	掌握罐式汽车的基本组成与工作原理	✓	
6	掌握自卸式汽车的基本结构与工作原理	✓	✓
7	了解仓栅式汽车的基本结构与工作原理		
8	了解特种汽车机构的基本结构与工作原理		
9	掌握专用汽车的改造原则	✓	
10	了解房车的基本组成		
11	能够辨认不同类型的专用汽车	✓	

17.1　专用汽车概述

1. 专用汽车用途

专用汽车是为了承担专门的运输（货物或人员）或作业任务，装有专用设备或经过特殊改装，从事专门运输或专门作业的具备专用功能的车辆。专用汽车可提高汽车运输效率、降低运输成本和保证货物运输质量。专用汽车将汽车的功能进行扩展，使得运输货物的包装简单化、装卸机械化，并可完成某些特定条件下的运输或作业。随着我国汽车运输业的迅速发展，为了满足运输的需要，各种不同用途的专用汽车越来越多，越来越专业化。专用汽车已超过数千种，并且还在不断地增加。

2. 专用汽车分类

按照 GB/T 17350—2009《专用汽车和专用挂车术语、代号和编制方法》的规定，将我国的专用汽车划分为厢式汽车、罐式汽车、专用自卸汽车、起重举升汽车、仓栅式汽车和特种结构汽车六大类。

（1）厢式汽车　具有独立的封闭结构车厢或与驾驶室连成一体的整体式封闭结构车厢，装备有专用设备，用于载用人员、货物或承担专门作业的专用汽车和汽车列车。

（2）罐式汽车　装有罐装的容器，并且通常带有工作泵，用于运输液体、气体或粉状物质以及完成特定作业任务的专用汽车和汽车列车。

（3）专用自卸汽车　装有由本身发动机驱动的液压举升机构，能将车厢卸下或是车厢倾斜一定角度，货物依靠自重能自行卸下的专用汽车。

（4）起重举升汽车　装有起重设备或可升降的作业台的专用汽车。

（5）仓栅式汽车　具有仓笼式、栅栏式结构的车厢，用于运输散装颗粒食物、禽畜等货物的专用汽车和汽车列车。

（6）特种结构汽车　具有桁架型结构、平板结构等各种特殊结构的专用汽车和汽车列车。

另外，按用途可分为运输型汽车和作业型汽车，按服务对象可分为商业服务、环卫环保、建筑作业、农牧副渔、公安消防、林业运输普通专用、机场作业和医药卫生等类型。（各种专用汽车结构认识参见《汽车构造与原理实训》教材及其光盘的项目 17.1）

专用汽车的分类代号见表 17-1。

表 17-1　专用汽车的分类代号

汽车种类	厢式汽车	罐式汽车	专用自卸汽车	起重举升汽车	仓栅式汽车	特种结构汽车
代号	X	G	Z	J	C	T

3. 专用汽车的设计要求

专用汽车通常是在汽车制造厂生产的各类基本车型或底盘上局部改装具有专用功能的上装部分，以完成某些特殊的运输和作业功能。因此在专用汽车的总体设计上，除了要满足基本型汽车的性能要求外，还要满足专用功能的要求，概括如下：

1）一般选用定型的基本型汽车底盘进行改装设计。选到一种好的汽车底盘是能否设计出一种好的专用汽车的前提。对于不能直接采用二类底盘或三类底盘进行改装的专用汽车，

也应尽量选用定型的汽车总成和部件进行设计，以缩短产品的开发周期和提高产品的可靠性。

2）专用汽车设计的主要工作是总体布置和专用工作装置匹配。设计时，既要保证专用功能满足其性能要求，也要考虑汽车底盘的基本性能不受到影响。在必要时，可适当降低汽车底盘的某些性能指标，以满足实现某些专用工作装置性能的要求。

3）设计应考虑产品的系列化，以便根据不同用户的需要很快地进行产品变型。对专用汽车零部件的设计，应按"三化"的要求进行，最大限度地选用标准件，或选用已经定型产品的零部件，尽量减少自制件。

4）设计应遵循单件或小批量的生产特点，要更多考虑通用设备加工的可能性。

5）对专用汽车工作装置中的某些核心部件和总成，如各种水泵、油泵、气泵、空气压缩机及各种阀等，要从专业生产厂家中优选。因为专用汽车专项作业性能的好坏，主要决定于这些部件的性能和可靠性。

6）在普通汽车底盘上改装的专用汽车，底盘受载情况可能与原设计不同，因此要对一些重要的总成结构件进行强度校核。

7）设计应满足有关机动车辆公路交通安全法规的要求。对于某些特殊车辆，如重型半挂车、油田修井车和机场宽体客车等，应作为特定作业环境的特种车辆来处理。

8）某些专用汽车可能会在很恶劣的环境下工作，其使用条件复杂，要了解和掌握国家及行业相应的规范和标准，使专用汽车有良好的适应性，工作可靠，要设安全性装置。

由于专用汽车种类繁多、结构复杂、使用面广和开发期短等特点，所以专用汽车设计人员既要具备汽车设计的知识，也要掌握专用汽车各种不同工作装置的原理与设计计算。此外专用汽车设计人员还需要对用户的要求、市场动态有充分的了解，这样设计的产品才能在性能上和市场需求上满足要求。

17.2　厢式汽车

17.2.1　厢式汽车的特点与分类

与一般车辆相比，厢式汽车有如下优点：外形尺寸固定，有利于安全运输；封闭独立结构的车厢，改善了货物运输的卫生条件，减少了货物的包装费用，提高了运输效率。厢式汽车的分类如下：

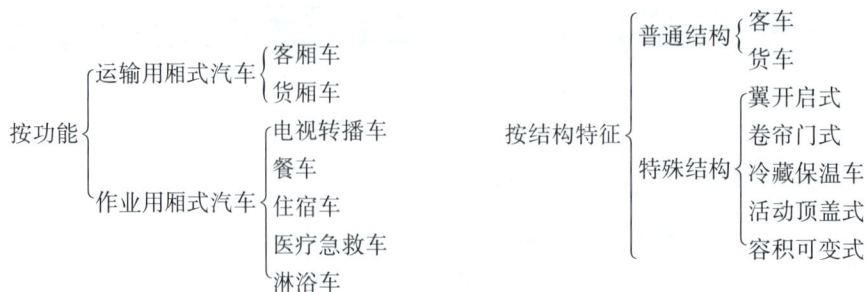

（分类图：按功能分为运输用厢式汽车（客厢车、货厢车）和作业用厢式汽车（电视转播车、餐车、住宿车、医疗急救车、淋浴车）；按结构特征分为普通结构（客车、货车）和特殊结构（翼开启式、卷帘门式、冷藏保温车、活动顶盖式、容积可变式））

本节以普通厢式货车和冷藏保温车为例，具体介绍厢式货车的结构。

17.2.2　厢式汽车的整体结构

厢式货车一般是在二类货车底盘基础上，安装一个独立封闭的车厢而成，也有专门设计制造的厢式运输半挂车。车厢设置有后门或者侧门，厢内装有通风、采光设施，具有良好的防雨、防晒、防尘和防盗等功能。厢式零担运输车的整体结构如图 17-1 所示。

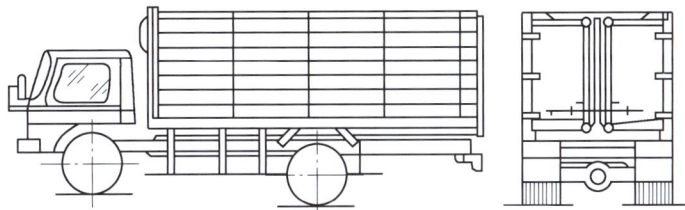

图 17-1　厢式零担运输车的整体结构

厢体的布局应遵循以下 3 个原则：

1）质心高度应该满足 GB 7258—2012 的标准，当车辆在空载时，侧倾稳定角不小于 35°。

2）改装后最大总质量不应该超过原来车型允许的最大总质量，轴载质量不应该超过原车型最大轴载质量的 3%。

3）厢体应该有足够的内部高度和宽度，以便装卸作业及集装容器的运输。

车厢与底盘的连接实际上就是将车厢底架（副车架）纵梁紧固在底盘的纵梁上。一般同时采用角铁连接与传统的 U 形螺栓联接，以提高连接的可靠性。

17.2.3　车厢骨架结构

车厢骨架的结构形式要满足车厢的强度和刚度的要求，同时尽可能地减轻自重。在截面面积、材料等其他条件相同的情况下，管形截面的抗扭刚度最佳，其次是厢型截面，然后是开口截面。抗弯能力，闭口截面优于开口截面。

车厢骨架通常是井字形。制造工序时先将组成车厢的顶盖、地板、前围、后围、左右侧 6 部分分别加工成骨架分总成，然后将这 6 个骨架分总成焊接成一个完整车厢骨架。

底板是车厢的基础、受力的关键，采用槽型截面的横纵梁搭接的结构可以提高强度和刚度（图 17-2）。

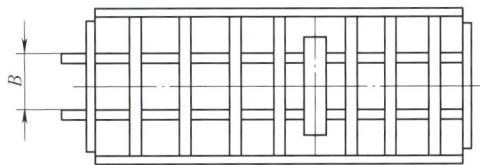

图 17-2　车厢底架的结构图

也有无骨架式车厢，它采用高强度的"铁塑夹层板"作为车厢的壁板，同时兼有骨架和蒙皮的作用，从而大大减轻车厢的自重。

17.2.4　车厢蒙皮设计

蒙皮本身就是薄壁板件，通过一定形式的连接，如铆接、焊接和粘接等，将其固定在骨架的框架面上，成为车厢的内、外表面。每块蒙皮的大小、形状是根据骨架的结构与板料尺寸规格确定的。蒙皮之间应留有约 15mm 的搭接量，这一方面是结构上的需要，另一方面可

借此补偿骨架和蒙皮本身的尺寸误差。

　　蒙皮材料通常采用0.8～1.5mm厚的薄钢板，但也有的采用铝合金板或玻璃钢板。非金属蒙皮厚度为2～3mm。为了提高蒙皮的刚度，往往事先在薄板上压制截面形状各异的加强筋（图17-3）。从提高刚度考虑，弧形最佳，其次是三角形和矩形。

　　车厢内饰一般采用人造夹层板制作，以减轻车厢自重。夹层板应用对接方式，并采用装饰压条进行封口。另外，也可在人造夹层板的表面粘贴铝塑板，这样可以不使用压条。采用

图17-3　外蒙皮的截面形状

人造夹层板的车厢内饰时，必须要考虑其防护问题，一般在其外表面敷盖一层压制有加强筋的内蒙皮。为减轻重量，可将内蒙皮制成条状，从上至下间断布置。这样既可以保护内饰件，又可使货物直接与内蒙皮接触。

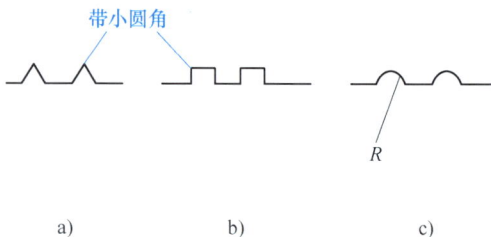

17.2.5　车厢门结构

　　车厢一般设置后门，这样有利于货物的装卸和交通安全。对于较长车厢还应考虑增设侧门，对于不便或不能打开后门的场合，可利用侧门进行装卸作业。

　　车厢门的形状一般采用矩形平面结构。货车后门及门框通常占据了整个车厢后围，并且门可以转过270°，与车厢外侧壁相叠，这样开门不占空间，方便装卸，有利于在狭窄作业地点工作。

　　后门开启方式有单开式和对开式两种。单开式后门开启时扫过的空间大、操作不安全，门框受力集中，结构不合理，但厢门开启、关闭机构简单、可靠；左右对开式后门设计较合理，它克服了单开式的缺点，是广泛采用的后门开启方式。

　　侧门宽度一般在1200～2000mm内选取。根据我国交通法规，侧门一律在车厢右侧。侧门中心线与车厢前端的距离应为车厢总长的1/2左右。

17.2.6　冷藏保温车的结构

1. 冷藏保温车的分类

　　保温汽车指装有隔热车厢而未装有任何制冷或加热装置，用于短途保温运输的专用汽车。冷藏汽车指既装有隔热车厢，又装有制冷装置，用于冷藏运输的专用汽车。

　　冷藏保温汽车可按以下方式分类：

　　1）按制冷装置的制冷方式分为机械冷藏汽车、液化气冷藏汽车、冷板冷藏汽车、干冰冷藏汽车和水（盐）冰冷藏汽车。

　　2）按隔热车厢总传热系数K分为普通隔热型车厢的冷藏汽车、强化隔热型车厢的冷藏汽车。

2. 制冷方式

　　（1）固体制冷　固体制冷是利用固体在液化或汽化（升华）时的吸热作为制冷方式。固体制冷常用的固体有水冰、盐冰和干冰。

　　1）水冰及盐冰制冷在大气压力下，冰的融点为0℃。冰融化时的吸热为334.8kJ/kg。

在水冰中添加盐类可降低其融点。在一定范围内，水冰中盐的成分越多，则融点越低。试验证明，当加入食盐的质量为水冰质量的29%时，其混合物的融点可达到最低值 -21.2℃。若再增加盐分，则融点不再下降。通常是根据冷藏货物的运输适温来选择不同成分的盐冰。例如采用含盐量为22%的盐冰，车厢内温度可保持在 -18 ~ -13℃。

2）干冰制冷　在一个大气压力下，干冰（固态CO_2）的升华温度低（-78.9℃），升华吸热量大（573.5kJ/kg），故将它作为车厢冷源，不仅可以获得较低温度（一般低于-20℃），而且可获得较大的制冷量，因此该制冷方式适于冷冻食品的运输。干冰制冷装置简单、投资和运行费用较低、使用方便、货物不会受潮。干冰升华产生的气体能抑制微生物繁殖、减缓脂肪氧化以及削弱水果、蔬菜的呼吸。但是，干冰升华易引起结霜，CO_2气体过多则将导致水果、蔬菜等冷藏物呼吸困难而坏死，厢内温度难调，干冰成本较高，且消耗量较大。

（2）冷板制冷　冷板制冷是利用蓄冷剂冷冻后所蓄存的冷量进行制冷。运输前先将厢内冷板中的蓄冷剂进行"充冷"，使其冷却冻结，然后在运输途中利用冷板中的蓄冷剂融化吸热，使厢内温度保持在运输货物的适温范围内。故冷板又称为"蓄冷板"。

冷板制冷装置的结构形式分为整体式和分体式。整体式的动力装置、制冷机组和蓄冷板等，均置于车上；分体式在车上仅装有制冷机组和蓄冷板（图17-4）。当停车时，利用地面动力装置驱动制冷机组对蓄冷板"充冷"。实际应用中多采用后者。常用蓄冷剂均为低融点共晶溶液，其融点通常比厢内适温低10℃左右。当运输货物的适温改变时，则所选用的共晶溶液成分也要随之改变。

冷板装置本身较重、体积较大，占据了车厢的一定容积，而且冷板充冷一次仅可持续工作8 ~ 15h。因此冷板制冷适于中、轻型冷藏汽车的中、短途运输，

图17-4　冷板制冷

近几年来，随着能源和环境污染问题日益突出，冷板制冷的应用发展较快，已成为仅次于机械制冷的制冷方式。

（3）液氮制冷　液氮制冷是利用液氮汽化吸热进行制冷。在大气压力下，液氮的沸点为~196℃，汽化潜热为200kJ/kg。氮气的比热为1.05kJ/（kg·℃），因此每千克液氮汽化并升温至 -20℃时，所吸收的热量约为385kJ，液氮沸点低，且是制氧的副产品，因而得到了较广泛的应用。

液氮制冷装置结构简单、工作可靠，无噪声和污染；液氮制冷量大、制冷迅速，适于速冻。液氮汽化不会使厢内受潮，并且氮气对食品保鲜、防止干耗均有好处。此外，液氮制冷控温精确。但是液氮成本较高，需经常充注，因而推广受到一定限制。同理，其他低温汽化的液态气体，也可作为制冷剂，如液态CO_2。

（4）机械制冷　机械制冷的方式有蒸气压缩式、吸收式和蒸汽喷射等。目前以蒸气压缩式应用最为广泛（图17-5），其结构和工作原理与汽车空调相似，请参考丛书下册。

3. 冷藏保温汽车隔热车厢的结构

冷藏保温汽车隔热车厢的结构主要是围绕如何提高车厢的隔热保温性能进行设计。隔热车厢的结构形式有如下几种：

（1）整体结构隔热车厢　整体结构隔热车厢是在一般车厢基础上发展而成的传统结构，其骨架如图 17-6 所示。在骨架交汇处，一般焊接加强板，以增加整体强度和刚度。

（2）整体隔热层式车厢　整体隔热层式车厢的结构形式是先以整体骨架形式或以分片拼装形式制成车厢，预留隔热层空间，然后整体注入硬聚氨脂泡沫。这种车厢的最大特点是它具有完整的隔热层，车厢的隔热、密封性能好。

图 17-5　整体式机械冷藏汽车

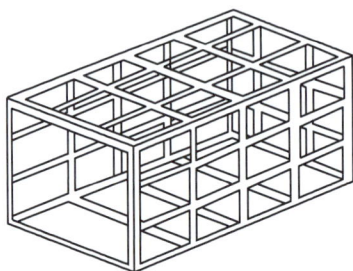

（3）"三明治"板预制粘接式隔热车厢　"三明治"板预制粘接式隔热车厢是近年来发展起来的一种新型隔热车厢结构。它不但在冷藏保温汽车上得到迅速发展，而且在冷藏集装箱上也被广泛采用。

"三明治"板又称为复合板或夹层板，它由上、下蒙皮和夹在中间的隔热材料板组成。蒙皮材料多为铝板、不锈钢板等金属板以及玻璃纤维类的工程塑料板。隔热材料一般选用性能优良的硬聚氨酯泡沫，也可选用硬聚苯乙烯泡沫，还可选用硬聚苯乙烯泡沫与硬聚氨酯泡沫组合而成的隔热层。

这种车厢还具有厢体外表平整、光滑，厢体质量小，结构简单，工序简便，适合成批和多品种生产车厢隔热，密封性能好，热工指标可达国家专业指标的A级标准；但是它存在粘接强度及车厢强度较差的问题。

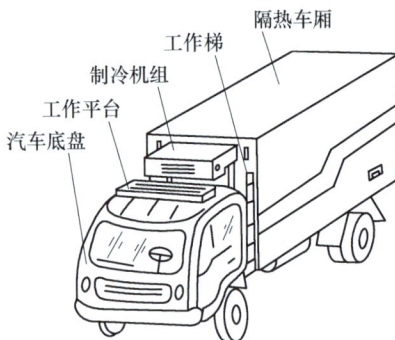

图 17-6　整体式车厢骨架示意图

17.3　罐式汽车

17.3.1　罐式汽车的特点

罐式汽车指装有罐状的容器，并且通常带有工作泵，用于运输液体、气体或粉粒状物质，以及完成特定作业任务的专用汽车和专用汽车列车。其主要优点如下：

1）提高了运输效率。由于罐体是装载物料的容器，可以采用机械化装卸方式，大大地缩短了装卸时间，加快了车辆周转，提高了运输效率。

2）保证物料在运输途中不变质。罐体通常是个密封容器，罐内物料不受气候条件影响，若物料对温度有要求，还可做成隔热罐体、加热罐体等特殊结构的罐体来保护物料。所以，物料不易变质，也不易污染和泄漏。

3）改善装卸条件，减轻劳动强度。罐式汽车运输可实现装、运、卸机械化，且都在封闭状态下进行，大大地减少了装卸工人人数和减轻了劳动强度，也减少了粉尘飞扬和散发异味。

4）节省包装材料、降低运输成本。物料散装运输，节省了包装材料，增加了装载质量，运输成本下降。

5）有利于安全运输。由于是密封运输，物料不会泄漏，即使是有毒物质，也不会污染环境。对于易爆、易燃物品，也不易发生意外事故。

但是，罐式汽车也有一些不足之处。因罐体是专用设备，只能装载规定的物料，往往在返程时是空车；装卸货物要有相应的装料设备和接收设备。

17.3.2 罐式汽车的分类

1. 按运输货物种类和作业性质分类

（1）液罐汽车 液罐汽车是用于装运液体物质的罐式汽车，如装运水、轻质燃油、润滑油、酸类、饮料、牛奶和酒类等的罐式汽车。图 17-7 所示为轻质燃油加油汽车外形。

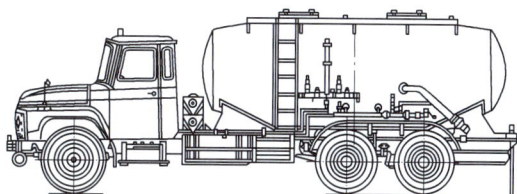

（2）粉罐汽车 粉罐汽车是用于散装粉状物料的罐式汽车，如装运水泥、面粉、滑石粉和粉煤灰等的罐式汽车。图 17-8 所示为气卸散装电石粉罐式汽车外形。

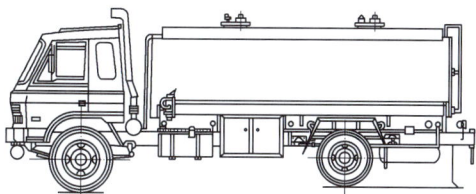

图 17-7 轻质燃油加油汽车外形

图 17-8 气卸散装电石粉罐式汽车外形

（3）颗粒罐汽车 颗粒罐汽车是用于散装颗粒状物料的罐式汽车，如装运谷物、豆类、颗粒盐和粒状塑料等的罐式汽车。其结构与气卸散装粉罐汽车基本相似。

（4）气罐汽车 气罐汽车是用于装运液化气体的罐式汽车，如装运液化石油气、液氮和液氧等的罐式汽车。图 17-9 所示为液化石油气罐式汽车。

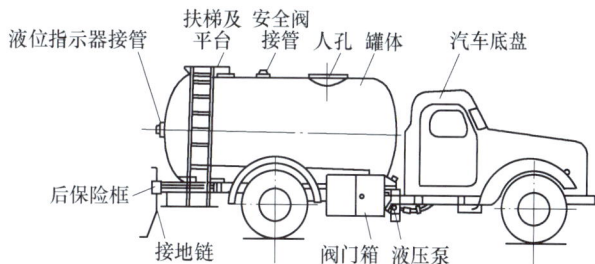

图 17-9 液化石油气罐式汽车

（5）其他专用罐式汽车 能完成某种作业的罐式汽车，如洒水汽车、沥青洒布汽车等。

2. 按罐体能承受的内压力大小分类

根据 GB 150—2011《压力容器》，罐体按内压分级有下列 4 个等级：

低压罐体（$0.1MPa \leqslant p < 1.6MPa$）、中压罐体（$1.6MPa \leqslant p < 10.0MPa$）、高压罐体（$10MPa \leqslant p < 100MPa$）、超高压罐体（$p \geqslant 100MPa$）。

专用汽车中的液化气罐车承受的内压在 1.1MPa 以上，罐体设计要按照 GB 150—2011《压力容器》及有关规定进行。其他的罐式汽车（如液罐汽车、粉罐汽车等）内压均在 0.6MPa 以下，可不按此要求进行。

3. 按罐体与汽车或挂车的连接方式分类

1）半承载式罐车。罐体刚性固定在汽车或挂车的车架上，载荷主要由车架承受，罐体只承受部分载荷。罐体容积不太大的罐车多采用半承载式结构。

2）承载式罐车。罐体除作为容器外，还起车架作用，为无车架结构，全部载荷由罐体承受。由于省去了车架部分质量，所以在总质量一定的情况下，装载质量要比半承载式罐车大一些，这对提高运输效率是有利的；但对罐体设计和制造要求相应提高。

17.4 自卸汽车

17.4.1 自卸汽车的分类

自卸汽车是利用本车发动机动力驱动液压举升机构，将其车厢倾斜一定角度卸货，并依靠车厢自重使其复位的专用汽车。

自卸汽车按其用途可分为两大类：一类属非公路运输用的重型和超重型（装载质量在20t以上）自卸汽车，主要承担大型矿山、水利工地等运输任务，通常与挖掘机配套使用，这类汽车又称为矿用自卸汽车，它的长度、宽度、高度以及轴荷等不受公路法规的限制，但它只能在矿山和工地上使用；另一类用于公路运输用的轻、中、重型（装载质量为2~20t）普通自卸汽车，主要承担砂石、泥土和煤炭等松散货物运输，通常是与装载机配套使用。

某些自卸汽车是针对专门用途设计的，故又称为专用自卸汽车，如摆臂式自装卸汽车、自装卸垃圾汽车等。

普通自卸汽车按装载质量 m_f 分为轻型自卸汽车（$m_f < 3.5t$）、中型自卸汽车（$3.5t \leqslant m_f < 8t$）和重型自卸汽车（$m_f \geqslant 8t$）；按运载货物倾卸方向分为后倾式、侧倾式、三面倾式和底卸式自卸汽车；按车厢栏板结构分为栏板一面开启式、栏板三面开启式和簸箕式（即无后栏板）自卸汽车。

17.4.2 车厢形式

车厢是用于装载和倾卸货物的，一般由前栏板、左右侧栏板、后栏板和底板等组成。图17-10所示为典型的底板横剖面呈矩形的后倾式车厢结构。为避免装载时物料下落碰坏驾驶室顶盖，通常车厢前栏板加向上前方延伸的防护挡板。车厢底板固定在车厢底架之上。车厢的侧栏板、前栏板、后栏板外侧面通常布置有加强筋。

后倾式车厢广泛用于轻、中和重型自卸汽车。它的左、右侧栏板固定，后栏板左、右两端上部与侧栏板铰接，后栏板借此即可开启或关闭。

17.4.3 举升机构

举升机构分为直推式和连杆组合式两类，它们均采用液体压力作为举升动力。

直推式举升机构利用液压油缸直接举升车厢倾卸。该机构布置简单、结构紧凑、举升效率高；但由于液压油缸

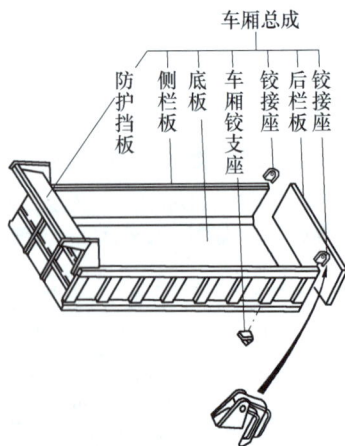

图17-10 典型的底板横剖面呈矩形的后倾式车厢结构

工作行程长，故一般要求采用单作用的2级或3级伸缩式套筒油缸。

按油缸布置位置不同，直推式举升机构可分为前置式和后置式（又称为中置）两种，如图17-11所示。前置式一般采用单缸，后置式既可采用单缸，也可采用并列双缸。在相同举升载荷条件下，前置式需要的举升力较小，举升时车厢横向刚度大，但油缸活塞的工作行程长；后置式的情况与前置式的相反。

连杆组合式举升机构具有举升平顺、油缸活塞的工作行程短、举升机构布置灵活等优点。常用的连杆组合式举升机构布置有两种：油缸前推式（又称为T式）和油缸后推式（又称为D式），如图17-12所示。

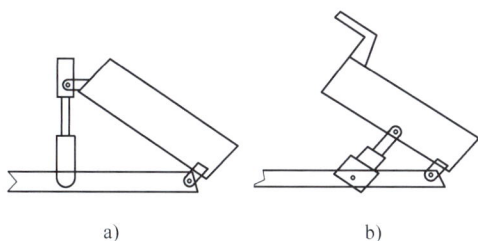

图 17-11 直推式举升机构的布置
a）前置式 b）后置式

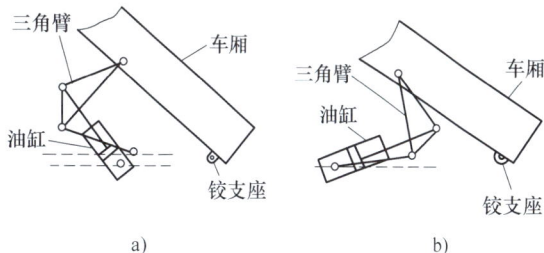

图 17-12 连杆组合式举升机构
a）油缸前推式 b）油缸后推式

自卸汽车的质心位置指满载或空载时整车质量中心位置。自卸汽车的质心位置对使用性能（如汽车的制动性、操纵稳定性等）影响很大。因此，自卸汽车总体设计时应尽量使质心位置接近原货车的质心位置。

最大举升角的确定关系着货品装卸的安全性。确定车厢最大举升角的依据是倾卸货物的安息角（散料在堆放时能够保持自然稳定状态的最大角度）。设计的车厢最大举升角 θ_{max} 必须大于货物安息角，以保证把车厢内的货物卸净。此外，在处于最大举升角 θ_{max} 时，车厢后栏板与地面需保持一定的间距 H，如图17-13所示。为了避免车厢倾卸时与底盘纵梁后端发生运动干涉，故图17-13中的 ΔL 必须大于零。设计时，自卸汽车车厢最大举升角可在50°~60°范围内选取。

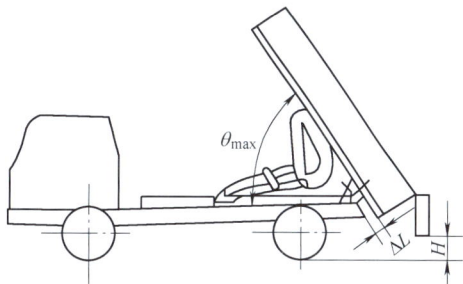

图 17-13 自卸汽车后倾
最大举升角的确定

液压系统

自卸汽车的液压系统由动力部分、操纵部分和执行部分（举升油缸）三部分组成，如图17-14所示。

动力部分主要有取力器、液压泵以及连接两者的传动机构。操纵部分用来控制举升油缸实现车厢倾翻，它应具有举升、停止和下落3个动作。控制阀多采用三位四通阀。操纵控制阀的方式可分为：手动机械杠杆式、手动液压伺服式和气动操纵式3种。

1. 机械操纵式

机械操纵式的可靠性好、通用性强、维修方便，但其杆件较多、布置复杂，对于可翻转

式驾驶室不宜采用这种操纵方式。采用机械操纵式方向控制阀的液压系统布置如图 17-15 所示。

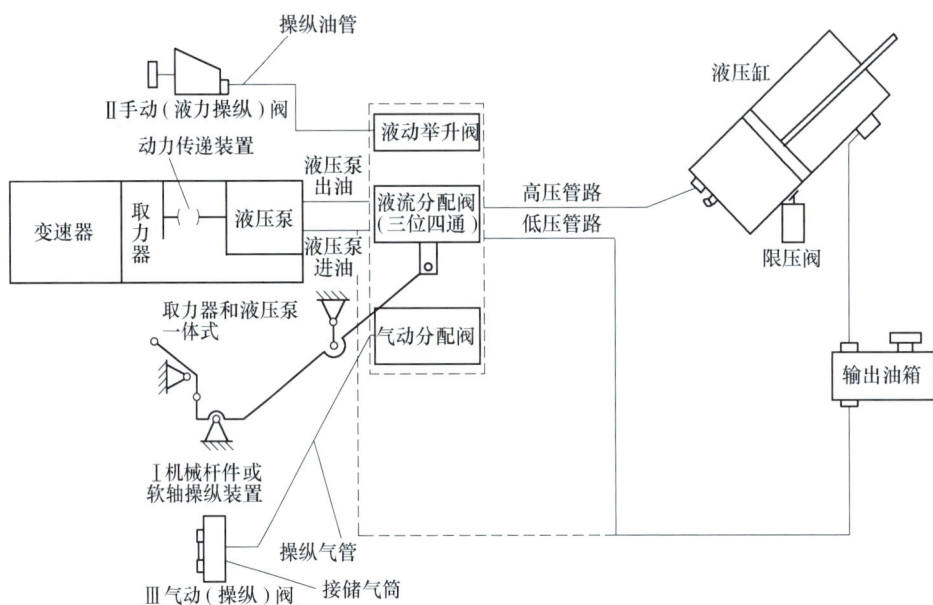

图 17-14　自卸汽车的液压系统

2. 液压操纵式

液压操纵式依靠手动阀建立起来的油压来关闭或打开举升方向控制阀，实现车厢的举升和下降。该阀通过切断动力实现停止工作。采用液压操纵式方向控制阀的液压系统布置如图 17-16 所示，图示液压系统用于我国斯太尔系列重型自卸汽车上。它便于远程控制，操纵可靠，但反应较慢。

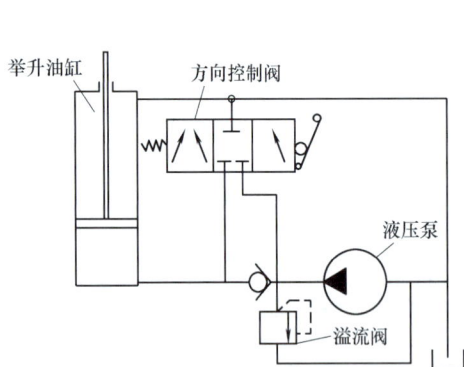

图 17-15　机械操纵式方向控制阀的液压系统

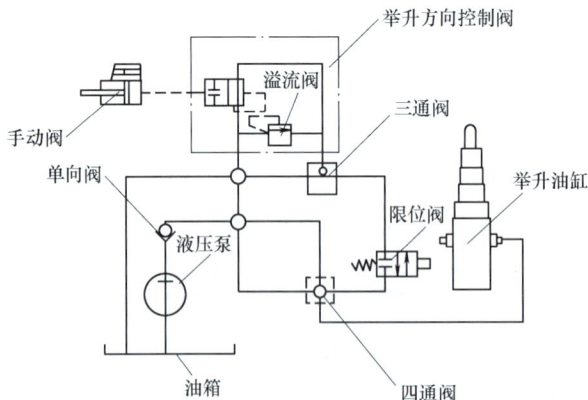

图 17-16　液压操纵式方向控制阀的液压系统

3. 气动操纵式

气动操纵式依靠汽车储气筒的压缩空气，通过控制气阀操纵气控液压换向阀，控制油路方向实现车厢举升、下降和中停。该系统操纵简便、功能齐全，结构较先进，适用于中、重

型自卸汽车。它的缺点是气动转化成液动需要两套管路。

17.5　起重举升汽车

起重举升汽车指装有起重设备或可升降的作业台（斗）的专用汽车。它包括随车起重运输车、栏板起重运输车以及具有举升功能的作业型汽车，后者包括高空作业车、云梯消防车和航空食品供应车等。例如在载货汽车上加装臂架式起重装置，就成为具有装卸能力的随车起重运输车；在汽车或二类底盘上加装举升装置，就成为能迅速把工作人员和器材举升到空中作业现场实施相应作业的各类高空作业车。

起重举升汽车主要有随车起重运输车、栏板起重运输车、高空作业车和云梯消防车。

随车起重运输车是装有臂架式起重机的运输汽车，其最大起重质量可从 1t 到 10t。由于具有中小型货物自装卸的功能，即集运输和装卸于一体，效率高，故近年来得到很大发展，是上述车型中发展最快的一种。

栏板起重运输车是利用栏板的自起重装卸功能来装卸和运输小型货物，特别适用于箱、袋、捆、包等包装方式的货物运输，在邮政、城市商业运输中得到较多应用。

高空作业车是利用其臂架的变幅、伸缩和弯曲等功能，使工作台升降，进行高空作业的专用汽车，主要用于电力线路、照明的安装和维修。

云梯消防车指在汽车底盘上装有多节梯子的消防车，且梯子能旋转、起伏和伸缩，有高空消防和人员营救的能力，用于高层建筑的救火。

按照起重机相对于汽车的位置，随车起重运输车可分为前置、中置、和后置 3 种结构形式。下面以前置式为例，说明起重举升装置的结构与工作原理。

图 17-17 所示为伸缩臂式随车起重运输车整车图。由于起重臂间不能折叠，吊放需由卷扬机经钢丝绳带动吊钩吊运货物。

图 17-18 所示为一种折叠臂式起重运输车总成外形图。这种起重机无卷扬装置，起吊作业结束后，臂架可折叠成倒三角形横置于驾驶室和车厢之间。因此，折叠臂式随车起重运输车具有质心较低、行驶稳定性好等优点，有取代伸缩臂式起重机的趋势。

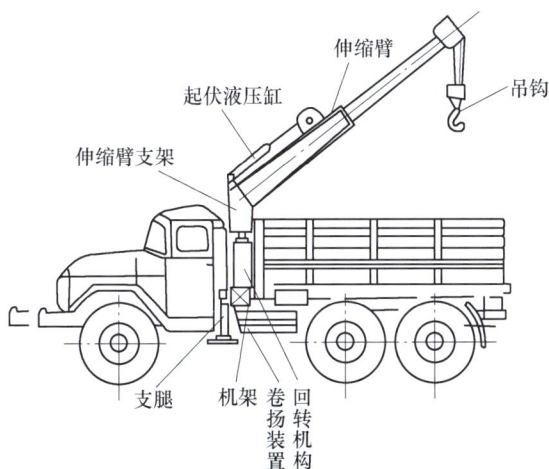

图 17-17　伸缩臂式随车起重运输车整车图

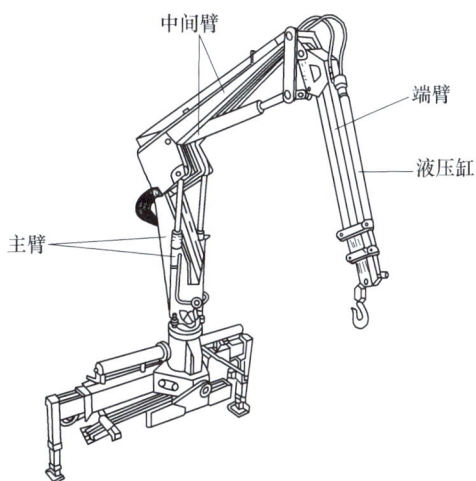

图 17-18　折叠臂式起重运输车总成外形图

无论哪种形式的随车起重运输车起重机，均由机架（汽车主车架和起重机的连接架）、起重臂、起重臂支架、回转机构、卷扬装置、液压支腿和液压缸等主要部件组成。

> **找一找**　找一辆起重运输车，分析其结构与工作原理。

17.6　仓栅式汽车

仓栅式汽车是具有仓笼式或栅栏式结构车厢的专用汽车，主要用于运输散装颗粒食物或饲料、畜禽等货物。

目前我国仓栅式汽车主要有散装粮食运输车、散装饲料运输车、牲畜运输车、家禽运输车和养蜂车等。其中，散装粮食运输车、散装饲料运输车为仓笼式汽车，牲畜运输车、家禽运输车和养蜂车等为栅栏式汽车。

17.6.1　仓笼式汽车车厢结构

1. 敞开式车厢

敞开式（散装粮食、散装饲料）运输车一般由普通货车或二类底盘改装其车厢部分而成。车厢顶盖（即雨棚）有翼开式、带雨棚钩或雨棚架式、滑动雨棚式等，如图 17-19a、b、c 所示。

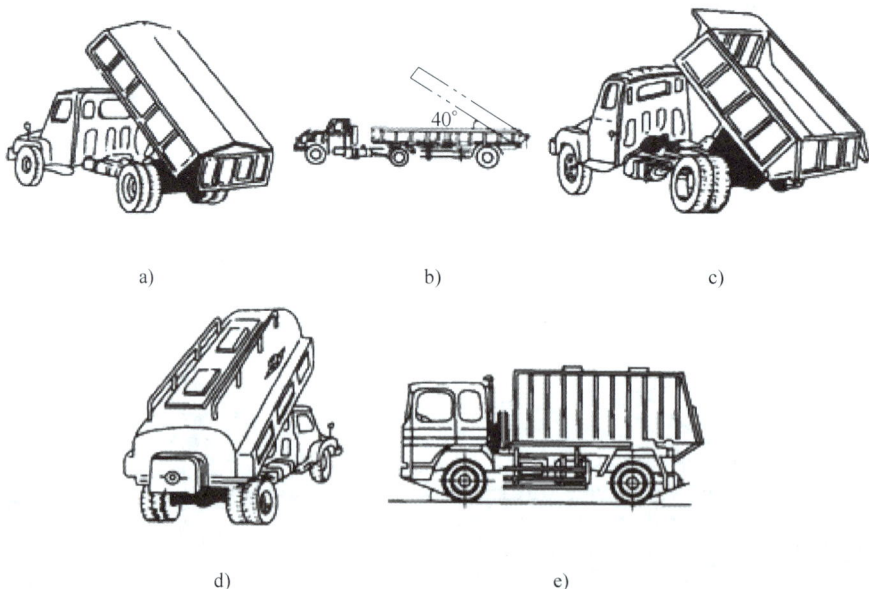

图 17-19　散装粮食运输车车厢结构形式
a）、b）、c）敞开式车厢　d）、e）封闭式车厢

这3种形式的车厢栏板开启方式分为：栏板三面开启三面倾卸式、栏板三面开启后卸式和后栏板开启后卸式。其结构与普通自卸汽车车厢相比有以下特点：

1）车厢栏板高，车厢容积大，从而保证相应的载重量。

2）车厢栏板比普通自卸汽车栏板薄，从而自重减小，载货量增大。

3）车厢开启栏板边沿装有密封装置，从而保证运输过程中不会发生泄漏现象。

2. 封闭式车厢

封闭式车厢包括罐式料仓式和厢式料仓式两种形式，如图 17-19d、e 所示。厢式车厢为箱体结构，而罐式车厢为罐形结构。罐式车厢根据罐体中心线与汽车车架保持垂直或平行关系，可分为立罐和卧罐两种。

17.6.2　栅栏式汽车总体结构

栅栏式汽车的车厢采用栅栏结构，其主要适用于运输牲畜和家禽等。

栅栏式汽车车厢多为两层或三层结构，多层结构的车厢运输效率高，适用于长途运送牲畜和家禽。栅栏式牲畜运输车均设有便于牲畜上、下车的门梯，该门梯通常利用后厢板翻倒作为登坡板，也有的采用电动绞盘提升登坡板。

有些牲畜运输车还专门设有排污系统，包括牲畜粪便的收集、清除和污水槽等。有些车厢在其底板装有不锈钢板，防止底板腐蚀。为防止牲畜在汽车上、下坡或紧急制动时拥挤在一起，车厢应装有分仓隔板。

车厢内壁一般比较平整，从而防止车厢内壁与牲畜接触时刺伤牲畜。有些车辆在夏季运输时，设有水箱、喷淋设施，它利用汽车储气罐的压缩空气将水箱内的水从喷管内喷出，从而改善夏季运输条件。为便于夜间装卸和查看，应在车厢内的适当部位设置夜间照明装置。

双层车厢运输车最为常见。对于双层车厢牲畜运输车，根据其第二层车厢底板的结构特点可分为可拆式底板、液压折叠式底板和液压升降式底板 3 种形式。

（1）可拆式底板　可拆式底板指第二层车厢底板可以拆装。在运输牲畜时，将其插进车厢栏板上的滑槽里，即可形成双层车厢。当不需要时，将其靠装在侧栏板上，不仅增加侧栏板的高度，还可作为一般运输车辆使用。这类牲畜运输车的结构简单、使用可靠、成本低；其缺点是拆装麻烦。

（2）液压折叠式底板　液压折叠式底板是两块鱼鳞板铰链连接在车厢侧壁骨架上，不需要时挂靠在侧壁上；需要时则通过液压缸将其推到水平位置，形成第二层车厢的底板。同时，车厢顶盖可设计成可折叠式，从而使得车厢底板拼装方便，操作省力。另外，每层车厢的高度较高，有利于人在车厢内打扫卫生等。该形式的缺点是结构复杂，配套的牲畜上、下车装置也较复杂。

（3）液压升降式底板　液压升降式底板的第二层车厢底板由分布于车厢 4 个角的 4 个液压缸实现上升和下降。当装载时，首先将活动底板搁在底层底板上，当装满牲畜后，将其举升到一定高度后锁止固定，然后装载底层车厢；卸载相反。这种形式的牲畜运输车的优点是装载、卸载都非常方便，必要时可将活动底板降落在底层底板上，作为一般货车使用；其缺点是结构复杂，成本较高。

17.7 特种汽车

17.7.1 特种车的定义

特种结构汽车指具有桁架结构、平板结构等各种特殊结构，用于承担专项作业的专用汽车和专用汽车列车，如集装箱运输车、车辆运输车、运材车（运输各类管材、原木、建筑大板等长件货物）、混凝土泵车、修井车和照明车等。

图17-20所示为我国生产的一种车辆运输半挂汽车列车。为了能多装车辆，牵引车采用载货汽车底盘改装，既能牵引，又能装车辆。牵引车与半挂车之间采用球铰总成连接，车身采用了特种车架结构，具有上、下两层，半挂车上车架的后端能绕前端铰点向下摆动。半挂车下车架的后端装有弹簧助力式翻转跳板总成，这样，装载车辆能自行装卸。装车时，跳板先伸出，再由液压举升装置将半挂车上车架后端向下摆到最低位，装载车辆经跳板自行上车，然后上车架在液压举升装置推动下后端向上摆，升到原定高度时由定位锁紧装置固定于后立柱上，使液压举升机构卸载。上层装满后再装下层，下层装好后跳板回位。装载车辆的前、后轮均用前、后三角斜块总成定位，用固定带总成将装载车辆的车轮可靠地固定在车架底板上，以保证装载车辆运输安全。

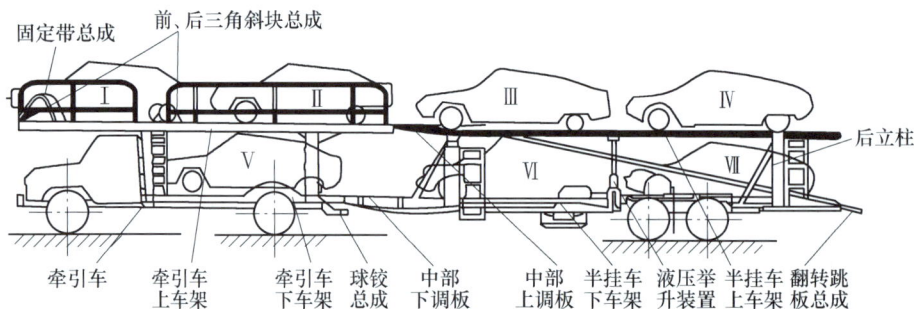

图17-20　车辆运输半挂汽车列车

图17-21所示为另一种轿车运输车，采用了专用底盘，有较低的货台，装载车辆的密度也有增加，从而提高了运输效率和经济性，但结构较复杂。

图17-21　轿车运输车

图17-22所示为自走式油田修井车，是在专用底盘上装置了特种结构的修井设备而成的。油田修井车是一种专用功能比较强，以修井作业为主的特种结构汽车。它通常具有后备

功率大、通过性好和综合修井能力强等特点。为了提高修井车在井场的通过能力和井口对中性能，一般在传动系统中部装有液力变矩器和主传动比较大的驱动桥，底盘采用 6×6、8×8、10×8 等多轴驱动形式。为了保证多轴车辆转向要求，对驱动形式为 8×8、10×8 的修井车均采用双前桥转向装置。修井设备主要包括：修井动力设备、井架、吊升设备、旋转设备、循环冲洗设备以及其他修井专用设备等。

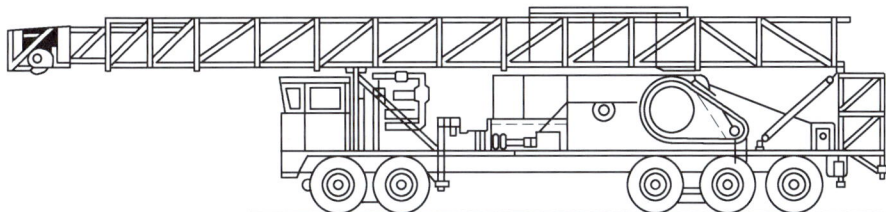

图 17-22　自走式油田修井车

特种结构汽车品种繁多，结构形式差异也很大，除上述各章涉及的 5 类专用汽车（厢式汽车、罐式汽车、专用自卸汽车、起重举升汽车和仓栅式汽车）外，其他的专用汽车均属于特种结构汽车。在设计特种结构汽车时，除必须满足汽车安全法规的要求外，还需根据其功能要求进行特种结构设计，使其能完成特定作业任务。

17.7.2　集装箱运输车

1. 集装箱运输车的结构和类型

集装箱运输车是专门用来运输集装箱的车辆，其由集装箱、运输车和锁固装置组成，如图 17-23 所示。

集装箱运输车按车型可分为 4 种类型：普通载货汽车、半挂汽车列车、全挂汽车列车和双挂汽车列车。由于普通载货汽车和全挂汽车列车使用条件等限制，目前很少使用。集装箱半挂汽车列车具有良好的机动性，且适于区段运

集装箱
锁固装置
运输车

图 17-23　集装箱运输车

输、甩挂运输和滚装运输，在世界各国广泛采用。运输车的结构尺寸和承载能力等参数应与集装箱的有关标准参数相吻合。图 17-24 所示为能装一个 12m（40ft）集装箱或两个 6m（20ft）集装箱的半挂汽车列车。

集装箱半挂车根据车架的形式分为平直式和鹅颈式两类。鹅颈式主要用于运输底前下部有沟槽的集装箱；平直式集装箱半挂车则是当前应用最广泛的形式，其按结构特点可分为骨架式和平板式。各国均以骨架式集装箱半挂车作为正规的公路运输集装箱半挂车。

2. 集装箱的结构

集装箱是装运货物的容器，1970 年国际标准化组织（ISO）技术委员会对集装箱的定义是凡具备以下 5 个条件的运输容器，都可以称作集装箱：

1）能长期重复使用，具有足够的强度。

2）途中转运，不动容器内的货物，可以直接换装。

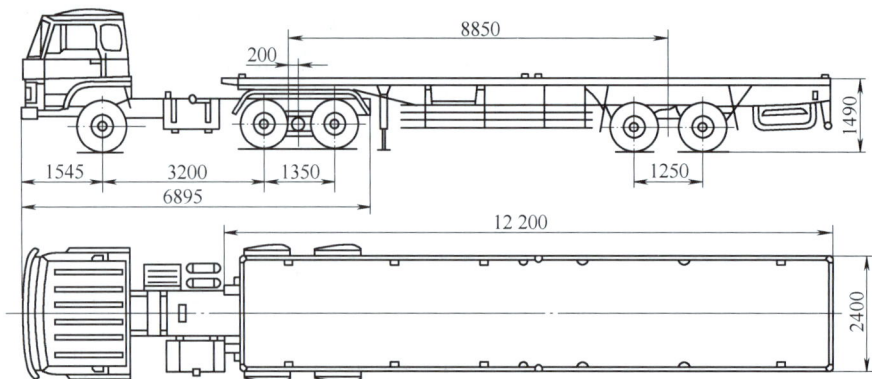

图 17-24　能装一个 12m（40ft）集装箱或两个 6m（20ft）集装箱的半挂汽车列车

3）可以进行快速装卸，并可以从一种运输工具直接、方便地换装到另一种运输工具。

4）便于货物的装满及卸空。

5）具有 1m³ 以上的内部容积。

在上述集装箱的定义中，没有包括车辆和普通包装的含义。

17.8　专用汽车改装

17.8.1　专用汽车改装原则

1）应严格执行国家关于各类专用汽车的改装标准。

2）确保改装车通用的安全性、可靠性、操纵稳定性和耐久性。

3）达到各类专用汽车的相关性能指标要求。

4）尽量选用定型的汽车总成和部件进行改进设计。

5）零部件尽量采用通用件，减少自制件。

6）必须进行产品安全和各项性能指标试验和认证。

17.8.2　主车架改造

主车架是汽车底盘上各总成及专用工作装置安装的基础，改装时受到的影响最大，因此，要特别注意。

1. 主车架的钻孔和焊接

主车架是受载荷很大的部件，除承受整车静载荷外，还要受到车辆行驶时的动载荷，为了保证主车架的强度和刚度，原则上不允许在主车架纵梁上钻孔和焊接，应尽量使用车架上的原有孔。

如果安装专用设备或其他附件，不得不在车架上钻孔或焊接时，应避免在高应力区钻孔或焊接。主车架纵梁的高应力区在轴距之间纵梁的下翼面和后悬的上翼面处。因为这些部位纵梁应力较大，钻孔容易产生应力集中。

当对于主车架纵梁高应力区以外的其余地方需要钻孔或焊接时，应注意以下事项：

1）尽量减小孔径，增加孔间距，对钻孔的位置和孔径规范，应满足一定的要求。

2）在纵梁翼面高应力区外的其他部位钻孔，只能在中心处钻两个孔，如图 17-25a 所示。

3）在纵梁的边、角区域禁止钻孔或焊接。如图 17-25b、c 所示的区域即为不允许钻孔和焊接加工的部位，因为在这些部位进行钻孔或焊接，极易引起车架早期开裂。

4）严禁将车架纵梁或横梁的翼面加工成缺口形状。

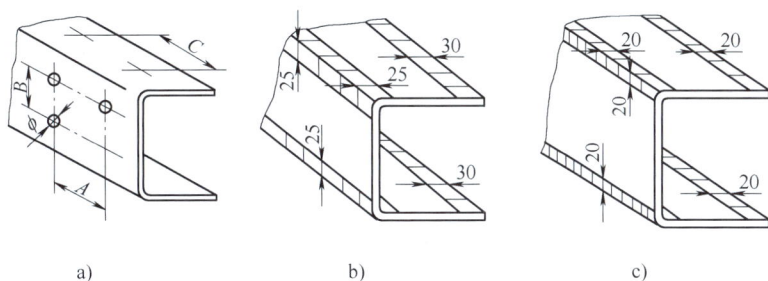

图 17-25 车架改装

a）主车架钻孔的孔径和孔间距 b）主车架纵梁禁止钻孔区
c）主车架纵梁禁止焊接区

2. 主车架的加长设计

因专用汽车总布置的需要，对主车架有时要进行加长。例如厢式零担货物运输车和轻泡货物运输车，若用普通汽车底盘改装，则需要将轴距加大，改装长货厢来提高运输效率，此时要将车架在其中部断开后再加长。也有将车架后悬部分加长的改装设计。

车架加长部分应尽量采用与原车架纵梁尺寸规格一样、性能相同的材料。车架的加长部分与车架的连接一般采用焊接。首先在纵梁腹板处按与纵梁轴线成夹角45°或90°的方向把纵梁断开，然后把切口断面加工成坡口形状，如图 17-26 所示。最后，将加长部分与车架纵梁对接起来。

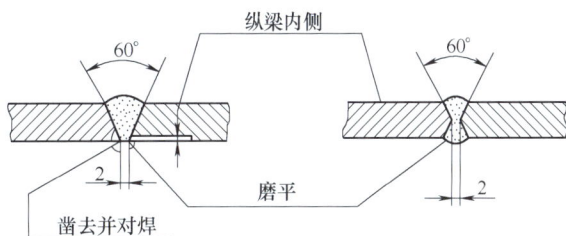

图 17-26 纵梁的坡口形状

为了获得 V 形焊缝对接接头的最佳强度，防止焊缝起点出现焊接缺陷，应采用引弧焊法或退弧焊法。焊接时，应根据纵梁的材料选择合适的焊条型号、直径及焊接规范。可采用焊条电弧焊或气体保护焊，并选用磁性焊条，保证在高载荷、变形和振动情况下的焊接强度。

17.8.3 副车架改造

在专用汽车设计时，为了改善主车架的承载情况，避免集中载荷，同时为了不破坏主车架的结构，一般多采用副车架（副梁）过渡。

在增加副车架的同时，为了避免由于副车架刚度的急剧变化而引起主车架上的应力集中，对副车架的形状、安装位置及与主车架的连接方式都有一定的要求。

如专用汽车副车架的截面形状一般和主车架纵梁的截面形状相同，多采用槽形结构，其截面形状尺寸取决于专用汽车的种类及其承受载荷的大小。

找一找 找一辆改装汽车，分析其改装的地方。

17.9 房车

1. 房车及其类型

房车被称为"车轮上的家"，兼具了房子和汽车两大功能。它是社会发展和人们越来越提倡自由生活、享受生活的必然产物。国内外诸多品牌都有自己的房车，诸如长城、中欧、驼马和宇通等。

常见的房车类型有自行式、拖挂式、移动别墅和越野房车。

2. 房车的基本组成

房车需配备各类家具、生活用品、灯具、五金件、管道和给排水系统等。

3. 房车设计要点

1）区域划分。一个合理的房车应该具有卧室、卫生间、厨房、驾驶室、餐厅和休闲区几个区域（图17-27）。

2）给排水系统。一套可靠的给排水系统，满足做饭、洗漱等都需要，给排水方便可靠。

3）供电系统。房车不只提供汽车发动机等其他动力用电，还需要兼顾生活用电，所以房车需要重新规划一套供电系统。

4）动力系统。房车比原车重量更重，因此动力系统必须达到房车的需求。

图 17-27 房车内部布置

5）车身结构。房车车身比原车车身更重，且重量配比发生巨大变化，结构设计应重新规划。

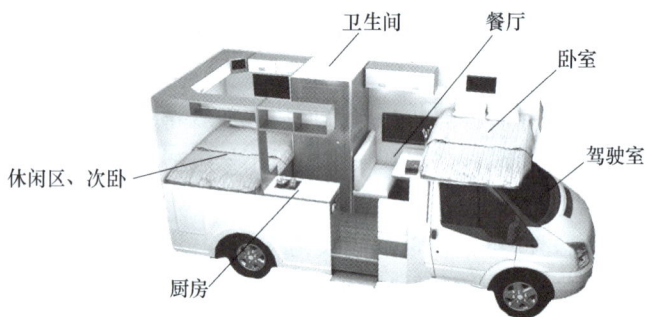

找一找 找一辆房车，分析其结构特点。

本章小结

1. 专用汽车是为了承担专门的运输（货物或人员）或作业任务，装有专用设备或经过特殊改装，从事专门运输或专门作业的具备专用功能的车辆。

2. 我国的专用汽车划分为厢式汽车、罐式汽车、专用自卸汽车、起重举升汽车、仓栅

式汽车和特种结构汽车 6 大类。

3. 厢式汽车的优点是外形尺寸固定，有利于安全运输；封闭独立结构的车厢，改善了货物运输的卫生条件，减少了货物的包装费用，提高了运输效率。

4. 罐式汽车指装有罐状的容器，并且通常带有工作泵，用于运输液体、气体或粉粒状物质，以及完成特定作业任务的专用汽车和专用汽车列车。

5. 自卸汽车是利用本车发动机动力驱动液压举升机构，将其车厢倾斜一定角度卸货，并依靠车厢自重使其复位的专用汽车。

6. 起重举升汽车指装有起重设备或可升降的作业台（斗）的专用汽车。

7. 仓栅式汽车是具有仓笼式或栅栏式结构车厢的专用汽车，主要用于运输散装颗粒食物或饲料、畜禽等货物。

8. 特种结构汽车指具有桁架结构、平板结构等各种特殊结构，用于承担专项作业的专用汽车和专用汽车列车。

9. 专用汽车改装应严格执行国家相关标准，确保改装车的安全性、可靠性、操纵稳定性和耐久性等原则。

10. 房车兼具了房子和汽车两大功能。常见的房车类型有自行式、拖挂式、移动别墅和越野房车。

思考题

1. 名词解释：厢式汽车、罐式汽车、专用自卸汽车、起重举升汽车、仓栅式汽车、特种汽车、二类底盘、三类底盘。
2. 专用汽车有哪几类？
3. 冷藏保温汽车有几种冷藏方式？
4. 罐式汽车通常用来运输什么？
5. 液压升降机如何锁止？
6. 随车起重运输车的整车结构形式有哪几种？各有什么优缺点？
7. 仓栅式汽车分为哪两类？各自的用途是什么？

参 考 文 献

[1] 杨晓，李耀刚，姜钊，等. 基于 ADAMS 和 ANSYS 的电动汽车悬架仿真研究[J]. 机电工程，2015 (03)：201-205.

[2] 陈家瑞. 汽车构造：下册[M]. 5 版. 北京：人民交通出版社，2014.

[3] 刘仁鑫，蔡兴旺. 汽车构造与原理(中册 底盘 车身)[M]. 3 版. 北京：机械工业出版社，2013

[4] 王海林，蔡兴旺. 汽车构造与原理(上册 发动机)[M]. 3 版. 北京：机械工业出版社，2013.

[5] 蔡兴旺. 汽车文化[M]. 北京：机械工业出版社，2014.

[6] 蔡兴旺. 新能源汽车结构与维修[M]. 北京：机械工业出版社，2014.

[7] 李然，王哲，邱新桥. 便携式汽车车轮检测仪磁力夹紧定位装置研发[J]. 机械科学与技术，2014 (09)：1373-1376.

[8] 史文库，姚为民. 汽车构造(下册)[M]. 6 版. 北京：人民交通出版社，2013.

[9] 杨立平，刘凤良. 汽车构造[M]. 北京：机械工业出版社，2013.

[10] 肖生发，赵树朋. 汽车构造[M]. 北京：北京大学出版社，2012.

[11] 贺展开. 汽车装配技术[M]. 北京：机械工业出版社，2012.

[12] 鲁道夫·施陶贝尔，路德维希·福尔拉特. 汽车工程用塑料外部应用[M]. 谢鹏程，等译. 北京：化学工业出版社，2011.

[13] 张西振. 汽车发动机电控技术[M]. 3 版. 北京：机械工业出版社，2016.

[14] 关文达. 汽车构造[M]. 3 版. 北京：机械工业出版社，2011.

[15] 朱国梁. 汽车车身构造与维修[M]. 北京：机械工业出版社，2011.

[16] 日本自动车技术会. 汽车工程手册. 3：造型与车身设计篇[M]. 中国汽车工程学会，译. 北京：北京理工大学出版社，2010.

[17] 陈开考. 汽车构造与拆装：下[M]. 北京：机械工业出版社，2010.

[18] 乔维高. 专用汽车结构与设计[M]. 北京：北京大学出版社，2010.

[19] 陈家瑞. 汽车构造：下[M]. 3 版. 北京：机械工业出版社，2009.

[20] 余志生. 汽车理论[M]. 5 版. 北京：机械工业出版社，2009.